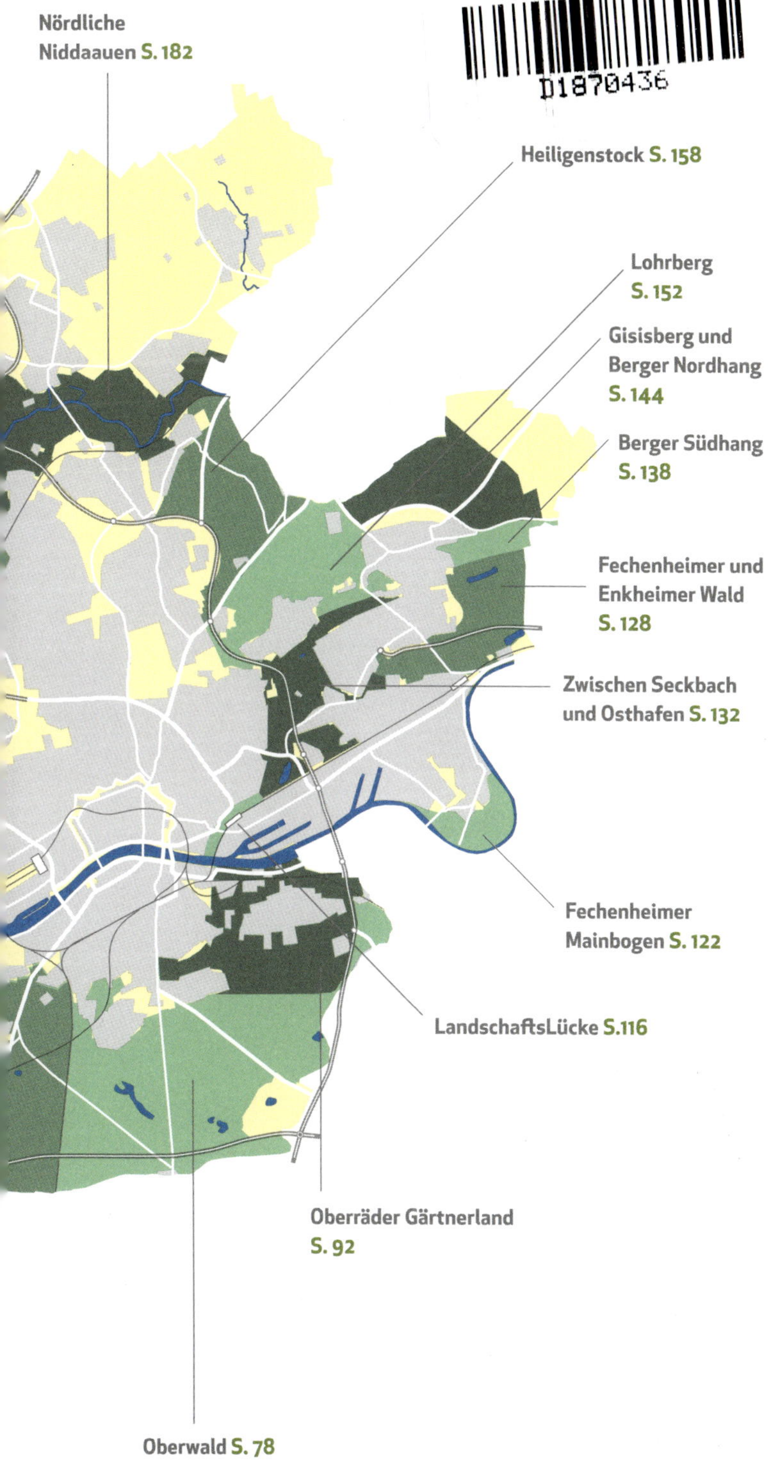
Nördliche Niddaauen S. 182
Heiligenstock S. 158
Lohrberg S. 152
Gisisberg und Berger Nordhang S. 144
Berger Südhang S. 138
Fechenheimer und Enkheimer Wald S. 128
Zwischen Seckbach und Osthafen S. 132
Fechenheimer Mainbogen S. 122
LandschaftsLücke S.116
Oberräder Gärtnerland S. 92
Oberwald S. 78

cocon

Kreuz und quer

DURCH DEN FRANKFURTER GRÜNGÜRTEL
TOUREN, TIPPS UND THEMEN

cocon

Impressum

Herausgeberin:
Stadt Frankfurt am Main
Projektgruppe GrünGürtel

Geschäftsadresse:
Umweltamt
Galvanistraße 28
60486 Frankfurt am Main
Tel.: 069 212-39100
E-Mail: umwelttelefon@stadt-frankfurt.de

Konzept und Redaktion:
Ingrid Wentzell, Umweltamt, Projektgruppe GrünGürtel

Gestaltung:
Daniel und Manfred Nachtigal

In der Projektgruppe GrünGürtel arbeiten Umweltamt, Grünflächenamt und Stadtplanungsamt der Stadt Frankfurt am Main gemeinsam an der Pflege und Weiterentwicklung des Frankfurter GrünGürtels.
www.gruenguertel.de

GrünGürtel Frankfurt

ISBN 978-3-86314-317-6
2. Auflage Hanau 2017

CoCon Verlag GmbH
In den Türkischen Gärten 13
63450 Hanau
Tel.: 06181 17700
Fax: 06181 181333
E-Mail: kontakt@cocon-verlag.de
www.cocon-verlag.de

Inhalt

BERGER RÜCKEN

NIDDATAL

Zum einfachen Finden:

Rad- oder Wandertour
Thema
Ziel
Top Tipps

Gebrauchsanweisung

18 Landschaften

Grundsätzliches und Übergreifendes ist in den Kapiteln zu den drei großen Landschaftsräumen Stadtwald, Berger Rücken und Niddatal beschrieben.
Genaueres findet man bei den 18 Landschaften, in die der GrünGürtel aufgeteilt ist. Manche davon sind eindeutig erkennbar und altbekannt, wie etwa der Fechenheimer Mainbogen. Andere , wie die Rödelheimer Niddaauen, werden erstmals in diesem Buch als solche vorgestellt.

25 Touren

Vierzehn ausgeschilderte Wege laden zu Ausflügen ein, vier davon zum Radfahren, zehn zum Wandern und Spazieren. Zusätzlich werden elf nicht ausgeschilderte Extra-Touren beschrieben, wovon zwei für Radler geeignet sind. Grundsätzlich können alle Radtouren auch zu Fuß erkundet werden. Die Touren sind jeweils einer GrünGürtel-Landschaft zugeordnet, vier weitere führen hinaus in die Region.
Wichtig: Bei den ausgeschilderten Touren kann sich die Wegeführung in Einzelfällen ändern, es gelten deshalb die vor Ort aufgestellten Wegweiser. Im Textteil ist der Wegeverlauf bei ausgeschilderten Touren nicht immer im Detail beschrieben.

100 Tipps

Die besten Freizeittipps im Frankfurter GrünGürtel, sortiert nach Themen und Jahreszeiten

6 Ziele

Sechs ganz besondere Ausflugsziele

15 Themen

Manche Themen, beispielsweise „Tiere" oder „Pflanzen", betreffen den ganzen GrünGürtel. Ihnen sind eigene Kapitel gewidmet, in denen vertiefend informiert oder literarisch nachgedacht wird.

WissensWert

44 WissensWert-Boxen
Wichtige Informationen kompakt zusammengefasst

Service
Im Anhang finden Sie nützliche Adressen, Mobilitätshinweise und die GrünGürtel-Verfassung.

TourInfo

Touren-Texte

(T15) Koordinaten in der beigefügten GrünGürtel-Freizeitkarte, sie geben die Lage des jeweiligen Ortes an.

Touren-Karten

Wanderweg

Radweg

GrünGürtel-Freizeitkarte

Eine Spezialausgabe der Freizeitkarte ist dem Buch beigefügt. Darin sind alle beschriebenen Touren eingetragen. Damit der GrünGürtel klar erkennbar ist, ist nur er in Grün dargestellt – andere Landschaften, Parks, Grünanlagen und Wälder sind gelb, aber an ihrer jeweiligen Signatur trotzdem gut zu erkennen.

Mobilität mit Kultur!
Bitte nehmen Sie Rücksicht auf Langsamere – denn die gibt es immer – und haben Sie Verständnis für alle, die schneller vorankommen wollen.

Vorwort

Liebe Leserinnen und Leser,

willkommen zum Froschkonzert, zum Picknick unterm Apfelbaum, zum Training im grünen Fitnessstudio! Auf 80 Quadratkilometern im Frankfurter GrünGürtel finden alle ihr Glück – Naturerlebnis, Bewegung, Panoramablicke, sogar Momente der Stille.
Doch der große Freiraum, der die innere Stadt umgibt, erschließt sich nicht so leicht wie der Mainuferpark oder der Grüneburgpark. Mancher Schatz versteckt sich hinter Autobahnen und Eisenbahntrassen. Deshalb haben wir zum 25jährigen Geburtstag des Frankfurter GrünGürtels diesen Führer für Sie aktualisiert. Ich bin sicher, er macht Lust auf das Abenteuer Stadtlandschaft. Bisher hat die Stadt Frankfurt ihr Versprechen aus der GrünGürtel-Verfassung von 1991 gehalten: Die Landschaft wurde kaum angeknapst in einer Großstadt, die ständig auf der Suche ist nach Bauflächen. Ein gutes Zeichen. Dass dies gelang, liegt vor allem an den Frankfurterinnen und Frankfurtern selbst. Sie ziehen nach Feierabend und am Wochenende so gerne ins Grüne, dass es auf manchen Wegen schon eng wird. Es ist aber auch das Verdienst aufgeschlossener Planer und vieler Verbündeter, die sich von Beginn an für den GrünGürtel engagierten.
So dauerte es nicht lange von der ersten Idee über die Charakterisierung der drei GrünGürtel-Landschaften Stadtwald, Niddaauen und Berger Rücken bis zum ersten Rundweg mit dem GrünGürtel-Logo. Hinzu kamen weitere Wege auf den Spuren Hölderlins oder der Tiere des Opelzoos, der naturnahe Umbau der Nidda, Attraktionen wie das Ich-Denkmal an der Gerbermühle und vor allem die Umgestaltung des Alten Flugplatzes – eine geniale, preisgekrönte Verbindung von Artenschutz und Ausflugsvergnügen.
Bei alledem ist der GrünGürtel auch Wirtschaftsraum geblieben, kein Landschaftsmuseum. Ich denke dabei nicht nur an die legendären sieben Kräuter für die Grüne Soße und die Äpfel für den Apfelwein, sondern auch an den Weizen, der direkt in Frankfurt gemahlen und verbacken wird, oder die Holzernte in einem der größten kommunalen Forste Deutschlands.
Wer bei GrünGürtel nur an die Nidda denkt, verpasst Dünen und bizarre Alteichen, geheimnisvolle Tümpel und Wälle im Wald, alte Patrizierparks und bahnbrechende Gartenanlagen der frühen Moderne. Nutzen Sie die Tipps, lassen Sie den Alltag zurück und entdecken Sie Orte, die Sie noch nicht kennen. Oder folgen Sie einfach mal der eigenen Nase – trotz aller Wildnis der Stadtlandschaft finden Sie sicher wieder zurück.
Viel Vergnügen!

Ihre
Rosemarie Heilig
Dezernentin für Umwelt und Frauen

GrünGürtel
Ein Einblick

Frankfurts grüne Lunge zieht an: zum Spazieren, Radfahren oder einfach nur zum Durchatmen. Stadtwald, Niddatal und Berger Rücken bilden die drei großen Landschaftsräume des GrünGürtels.

Blick von Bonames über den Alten Flugplatz auf die Skyline

Der Frankfurter GrünGürtel

Applaus brauste durch den Plenarsaal im Frankfurter Römer. Sämtliche Stadtverordneten hatten dem „GrünGürtel-Beschluss" zugestimmt. Das war am 14. November 1991.
Doch was war daran eigentlich so besonders? Stadtwald, Berger Rücken und Niddatal gab es doch schon zuvor, und am Tag darauf gingen viele Menschen genau die gleichen Wege wie eh und je. War das wirklich eine **Jahrhundertentscheidung**, wie viele sagen? Ja, denn die gesamte Fläche war ab sofort vor möglicher Bebauung geschützt!
Einen ähnlichen Beschluss gab es in Frankfurt schon einmal: Als zu Beginn des 19. Jahrhunderts die nun überflüssigen Befestigungsanlagen der Stadt abgerissen wurden, sollten dort nicht nur neue Bürgerhäuser gebaut, sondern auch eine öffentliche, baumbestandene Promenade mit angrenzenden Gärten für die Bevölkerung angelegt werden. In einer sogenannten Wallservitut wurde der Schutz der neuen Freifläche vor Bebauung festgeschrieben. Dieser Schutz hat bis heute gehalten – wenn man von wenigen Ausnahmen wie dem Bau der Stadtbücherei (heute Literaturhaus), des Stadtbades (heute Hilton Hotel), der Oper (heute Alte Oper) und der Städtischen Bühnen absieht. Ja, die ursprünglich nur elf Hektar großen **Wallanlagen** gewannen im Laufe der Jahrhunderte sogar das Doppelte an Fläche hinzu, indem die privaten Gärten in öffentliches Grün umgewandelt wurden. Auf Sachsenhäuser Seite gab es keinen Schutz, und dementsprechend sucht man dort heute vergeblich einen Anlagenring. Die Wallservitut diente der **GrünGürtel-Verfassung** als Vorbild. Für den GrünGürtel sollten nun fast 8000 Hektar, das entspricht immerhin etwa

Die Hälfte des GrünGürtels ist Wald.

einem Drittel der gesamten Stadtfläche, als grüner Freiraum erhalten bleiben. Er sollte sogar darüber hinaus entwickelt werden, wie die Planer sagen, als Erholungsraum für Menschen und Lebensraum für Tiere und Pflanzen an Qualität gewinnen. An jenem Novembertag fällten die Stadtverordneten also eine wahrlich vorausschauende Entscheidung, die den Menschen, die in Frankfurt leben oder arbeiten, dauerhaft mehr Lebensqualität bringt. Seit 1995 ist der gesamte GrünGürtel zusätzlich nach Hessischem Naturschutzrecht ein **Landschaftsschutzgebiet,** eine weitere Garantie zum Schutz der Landschaften und ihrer Qualitäten.

Gerade in einer geschäftigen Stadt wie Frankfurt braucht man **Raum** zum Entspannen und Durchatmen, zum Aus-sich-rausgehen und Zu-sich-kommen. Orte, um die Seele baumeln zu lassen oder den Körper ins Schwitzen zu bringen. Hier ist Platz für jeden und Raum für vieles: um Frust und Kummer zu verlieren oder Freude und Kondition zu gewinnen, um miteinander angeregt zu diskutieren oder frisch verliebt zu schweigen, um allein in der ersten Frühlingswärme zu träumen oder mit anderen über einen Sommerregen zu lachen.

WissensWert

GrünGürtel-Verfassung

Die Stadtverordneten beschlossen am 14.11.1991 einstimmig die GrünGürtel-Verfassung (siehe S. 270). Darin sind in einer Karte die Grenzen des GrünGürtels festgelegt, in einer zweiten die geplanten Entwicklungen und Nutzungen. Der Text beschreibt die Ziele und Entwicklungsschwerpunkte wie den Schutz vor Bebauung, die Verbesserung des Stadtklimas, den Erhalt von Lebensräumen für Pflanzen und Tiere und des Erholungsraums für die Frankfurter Bürgerinnen und Bürger.

Zwanzig Prozent sind Felder und Wiesen.

WissensWert

Landschaftsschutzgebiet

Der gesamte GrünGürtel ist Landschaftsschutzgebiet. Es hat zum Ziel, den grünen Raum für Menschen, Tiere und Pflanzen zu schützen. Außerdem sind auch außerhalb des GrünGürtels Flächen unter Schutz gestellt; Das vollständige Frankfurter Landschaftsschutzgebiet umfasst 42 Prozent der Stadtfläche.

Stadtklima

Das Frankfurter Stadtklima ist von der geschützten Lage der Stadt vor dem Taunus und an den Flussläufen von Main und Nidda geprägt. Auch die charakteristische Bebauung beeinflusst die Wind- und Temperaturverhältnisse maßgeblich. So treten in Frankfurt häufig Winde aus Nordost und Südwest auf und belüften speziell in hochsommerlichen Hitzeperioden die Stadt, die je nach Bebauungsdichte und Grünanteil ganz unterschiedliche Überwärmungstendenzen zeigt. Im Gegensatz zum Wetter, das den kurzfristigen Zustand der Atmosphäre beschreibt, ist das Stadtklima ein langfristiger ortstypischer Aspekt, den man durch geeignete Stadt- und Freiraumplanung positiv beeinflussen kann.

In den Wiesen, Wäldern und Feldern des GrünGürtels finden wir bunte Schmetterlinge, freilebende Wildschweine und seltene Vögel. Aber auch **Straßen und Schienen**, die ihn zerschneiden, und Flugzeuge, die Lärmteppiche hinter sich herziehen – die Nähe zur Stadt und zum Ballungsraum RheinMain ist immer mal wieder zu sehen oder zu hören. Doch gleichzeitig ist diese Nähe zur Stadt auch gerade das Beste am Grün-Gürtel – denn welchen Nutzen hätte er für uns, wenn er weit entfernt in unserem Lieblingsurlaubsgebiet läge? Da er sich um den Kern von Frankfurt schmiegt, ist er von den meisten Wohnungen weniger als ein oder zwei Kilometer entfernt. Die Strecken sind zu Fuß, mit dem Rad oder auch mit Bus und Bahn leicht zu überwinden. Dann heißt es **Eintritt frei** und hinein in den GrünGürtel, und das 24 Stunden täglich. Unterwegs gibt es neben den landschaftlichen Attraktionen auch Gaststätten, Kioske, Toiletten, und im Ernstfall ist eine Notärztin schnell zur Stelle. Natur mit Zivilisationsanbindung

Hobbygärten machen zehn Prozent aus.

Der Frankfurter GrünGürtel

Prozent (gerundet)	Hektar	Nutzung
50	3837	Wald
20	1525	Landwirtschaft
10	765	Hobbygärten
4	337	Parks
4	333	Sport
3	204	Streuobstwiesen
1	119	Naturschutzgebiete
8	578	Verkehrsflächen
100	7698	GrünGürtel Frankfurt

für den kleinen Urlaub vor der Haustür! Übrigens: Auch wer sich nicht selbst in den GrünGürtel begibt, profitiert von ihm. Ein gesundes und erträgliches **Stadtklima** braucht unbebaute Flächen, Wälder und Wiesen, in denen sich die Luft abkühlen, als frischer Wind strömen und die aufgeheizte Stadt in Sommernächten mit frischem Sauerstoff versorgen kann.

Ingrid Wentzell

Spazieren, Wandern, Strolchen

„Ich halte den Gang für das Ehrenvollste und Selbständigste in dem Manne und bin der Meinung, dass alles besser gehen würde, wenn man mehr ginge."
Dies schrieb Johann Gottfried Seume, der 1803 seinen „Spaziergang nach Syrakus" unternahm. **Neun Monate** war er unterwegs, von Grimma bei Leipzig nach Syrakus in Italien und über Paris zurück nach Deutschland – und nennt dies einen Spaziergang. Vielleicht meinte er es ironisch, vielleicht war es für ihn wirklich ein Spaziergang?

„Für mich gibt es nur eine angenehmere Art zu reisen als zu Pferd: das Wandern zu Fuß. Man bricht auf, wenn es einem behagt, man macht nach seinem eigenen Willen halt, man strengt sich so viel oder so wenig an, wie man will. Man schaut sich das ganze Land an; man wendet sich nach rechts, nach links, lässt sich auf alles ein, was einen ergötzt; man verweilt an jedem Aussichtspunkt. Erblicke ich einen Fluss, gehe ich ihm entlang; einen dichten Wald, wandle ich in seinem Schatten; eine Grotte, so besuche ich sie; einen Steinbruch, untersuche ich Mineralien. Wo es mir gefällt, da bleibe ich. Sobald ich mich langweile, ziehe ich weiter. Ich bin weder von Pferden noch vom Postillion abhängig. Ich habe es nicht nötig, ausgebaute Wege, bequeme Straßen zu wählen. Ich komme überall durch, wo ein Mensch passiert, sehe alles, was ein Mensch zu sehen vermag; und da ich nur von mir selbst abhänge, **genieße ich die ganze Freiheit, deren ein Mensch sich freuen kann.**" So beschrieb Jean-Jacques Rousseau (1712–1778) „Die Kunst des

Wanderns". Sinngemäß trifft dies ebenso auf die Kunst des Spazierengehens zu. Was also macht den Unterschied?

So man will, lassen sich zwei Tendenzen beschreiben: Der Spaziergänger bleibt seinem Ort verhaftet. Er bricht meist für einen überschaubaren Zeitraum auf und kehrt alsbald in seine **vertraute Welt** zurück. Anders die „echten Wanderer". Sie machen die Tür hinter sich zu, brechen auf ins Ungewisse. Auch wenn sie ebenfalls die Absicht haben zurückzukehren, so suchen sie eben gerade den Horizont des Ausgangspunkts zu überschreiten, sowohl geistig als auch geografisch. Das Unbekannte lockt nicht nur für ein paar Augenblicke. Man gibt sich ganz in das Offene hinein, verlässt die eingerichteten Verhältnisse des Alltags. Wie weit tragen die eigenen Beine durch unbekanntes Gelände? Wie weit trägt das Selbstvertrauen in fremden Verhältnissen?
Noch eine weitere, gewissermaßen zeitgenössische Fortbewegung hat sich etabliert: das Herumstrolchen. Dies erfolgt vornehmlich auf **Industriebrachen** und bietet von beidem etwas: Bald kehrt man in die gewohnte Welt zurück, aber zwischendurch ist das Erlebnis vom Ungewissen dominiert. Ganz das Gegenteil des gutbürgerlichen sonntäglichen Spaziergangs, wie ihn Spitzweg karikiert hat, lebt dieses Streunen mitunter von dem Kick, verbotenes oder sogar gefährliches Areal zu betreten. Jeder möchte ein bisschen Humboldt in sich spüren.

Bertram Weisshaar

Spaziergangswissenschaft

Spaziergangswissenschaft [Synonym: Promenadologie; englisch: Strollology] Entwickelt in den 1980er Jahren von dem Schweizer Soziologen Lucius Burckhardt vor dem Hintergrund seiner kritischen Auseinandersetzung mit Design, Stadtplanung, Landschaftsschutz und Wissenschaftsgläubigkeit. Die Praxis der Spaziergangsforschung möchte unter anderem eine Stadt- und Landschaftswahrnehmung etablieren, die sämtliche Zonen umfasst, wozu dann auch Denk-Würdigkeiten, Brachen, Infrastrukturen und Zwischenzonen gehören. www.spaziergangwissenschaft.de

Tour

Der GrünGürtel-Rundwanderweg

Schritt für Schritt die eigene Stadt umrunden. Neue Perspektiven sehen. Den grünen Raum erkunden

TourInfo

Länge: 67 km
Start und Ziel: (P6) Mainfähre zwischen Schwan-heim und Höchst
Landschaft: Abwechslungsreich; Felder, Wälder, Wiesen, Parks, Gartenanlagen, Flüsse, Weiher, alte Ortskerne und eine Düne
Wege: Meistens flach, Steigungen am Berger Rücken, überwiegend Schotterwege, aber auch Erdpfade, Asphaltwege, gepflasterte Trottoirs neben Straßen
Broschüre: „Der Rundwanderweg im Frankfurter GrünGürtel – Wanderpass" sowie „GrünGürtel-Freizeitkarte, 1:25.000" mit dem eingetragenen Wanderweg, beides beim Frankfurter Umweltamt kostenlos erhältlich.
Eingerichtet: 2003
Besonderheiten: Neun Stempelstelen; für den vollen Wanderpass gibt es einen goldenen GrünGürtel-Tier-Anstecker bei der Frankfurter Bürgerberatung am Römerberg 32. Elf Objekte der Komischen Kunst direkt am Weg oder nah daran
Rastplatz: Mehrere
Gastronomie: Zahlreiche
Anreise ÖPNV: S1, S2 bis „Bahnhof Höchst", dann die Justinuskirchstraße geradeaus bis zum Mainufer gehen, dort links zum Fähranleger abbiegen; Straßenbahn 11 bis „Bolongaropalast", dann links am Palast vorbei zum Main hinab, dort dann nach rechts
ÖPNV unterwegs: Haltestellen direkt am Weg, viele weitere nur 200 bis 900 Meter entfernt
Fährzeiten Höchst-Schwanheim: Mittwochs kein Fährbetrieb (Mai–Sept.: Maintouren)
Mo, Di, Do, Fr: 9–17 Uhr (März–Okt bis 18 Uhr)
Sa: 9–14 Uhr (März + Okt bis 16 Uhr, April–Sept bis 18 Uhr)
So, Feiertag: 11–16 Uhr (März + Okt bis 17 Uhr, April bis September 10–19 Uhr)
Der Fahrplan wechselt mit der Zeitumstellung.
Auskunft unter Tel: 069 303486 und www.facebook.com/Höchster-Mainfähre-Walter-Kolb.
Außerhalb der Fährzeiten bitte die Leunabrücke benutzen (400 m).

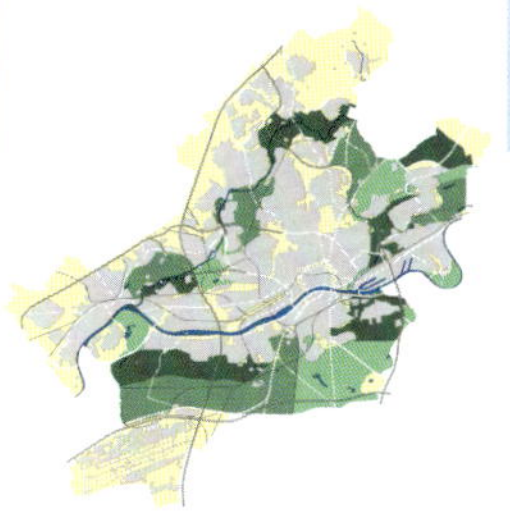

Stempelstele

Wir wollen es wagen und einmal zu Fuß um Frankfurt herumgehen, im Grün-Gürtel! Eine verrückte Idee? Vielleicht. Aber der gut markierte GrünGürtel-Rundwanderweg führt so elegant durch die Landschaften zwischen Frankfurts Kern und äußeren Stadtteilen, zwischen Straßen und Schienen, dass wir manchmal vergessen können, in der Stadt zu sein. Die 67 Kilometer lange Tour kann leicht in **individuell gewählten Etappen** bewältigt werden. Die nächste Bus- oder Bahn-Haltestelle ist meist nur ein bis vier Kilometer entfernt. Sportliche schaffen die Wanderung in drei bis vier Etappen. Gemütliche nehmen sich vielleicht zehn Tage Zeit. Wichtig: Wer sich vorher einen **Wanderpass** besorgt, kann ihn mit den neun Stempeln prägen, die sich entlang des Weges in Stelen befinden – und hinterher eine Anerkennung bekommen! Wir starten am Höchster Mainufer und gehen die Tour gegen den Uhrzeigersinn.

Schwanheimer Unterfeld

Neunzig Meter über dem Meeresspiegel, tiefster Punkt Frankfurts. Die Höchster Fußgängerfähre bringt uns über den Main und entlässt uns in die abwechslungsreiche Landschaft der einstigen Mainauen. Zwischen Wiesen, Pferdekoppeln, Baumschule und Anglerteich erreichen wir in Richtung Süden gleich ein erstes Glanzlicht, die **Schwanheimer Düne** (Q7). Krumm gewachsene Kiefern und sandige Böden – ein Hauch von Ostsee! Hinter der Düne erblicken wir am Horizont den Frankfurter Stadtwald.

Schwanheimer Wald (4,5 km)

Über eine Brücke geht es in die Wald-Welt, in der wir uns die nächsten 16 Kilometer bewegen werden. Steigungen erwarten uns kaum, Gaststätten sind selten, und nur wenige Menschen begegnen uns. Es ist der entlegenste Teil des Rundwanderwegs, auch wenn wir über

Von der Fähre bei Schwanheim

durch den Stadtwald

uns immer wieder die Flugzeuge hören. Im Schwanheimer Wald wecken große alte Eichen den Eindruck von **Zeitlosigkeit**. Kurz geben sie den Blick frei auf die ausgedehnten Schwanheimer Wiesen mit viel Himmel darüber. Vorbei am „Struwwelpeter" (R7) – einem Beispiel der **Komischen Kunst**, der wir häufig unterwegs begegnen und die eine Besonderheit des GrünGürtel-Rundwanderwegs ist. Wieder im Wald, geht es die Kelsterbacher Terrasse hinauf. Links abbiegen, Richtung Osten, vorbei am Schießplatz der Sportschützen. Weiter an einem Abgrund entlang. Bald erreichen wir die erste **Stempelstele** (S10), an der wir in unseren Wanderpass **W1** prägen können. Ein Päuschen legen wir ein auf der letzten Bank für die nächsten acht Kilometer.

Unterwald (5,5 km)

Der Rundweg bringt uns in geschicktem Zickzackkurs über Straßen und Schienen hinweg, die den Unterwald zerschneiden – dennoch wirkt der Wald mit den vielen Kiefern abgeschieden. Wir treffen auf den Waldschadenslehrpfad (T12), haben die ersten zehn Kilometer unserer Tour geschafft , erblicken den Turm des **Fußballstadions** der Eintracht Frankfurt und queren die viel befahrene Isenburger Schneise, die von der Brücke einen tollen Blick auf das Commerzbank-Hochhaus bietet.

Oberwald (7 km)

Wir biegen links ab zum **Jacobiweiher** (S16), doch halt! Vorher schieben wir den Wanderpass in die nächste Stempelstele **W2**. Am Weiher liegt ein paar Schritte abseits vom Weg die einzige Gaststätte im Stadtwald. Im großen Biergarten kann man sich stärken. Eine kleine Brücke bringt uns über den Weiher. In kalten Wintern kann man hier Schlittschuh laufen, aber auch die über uns stetig hinwegfliegenden **Flugzeuge** noch besser hören. Auf den nächsten Kilometern sehen wir besonders schöne Buchen: hoch

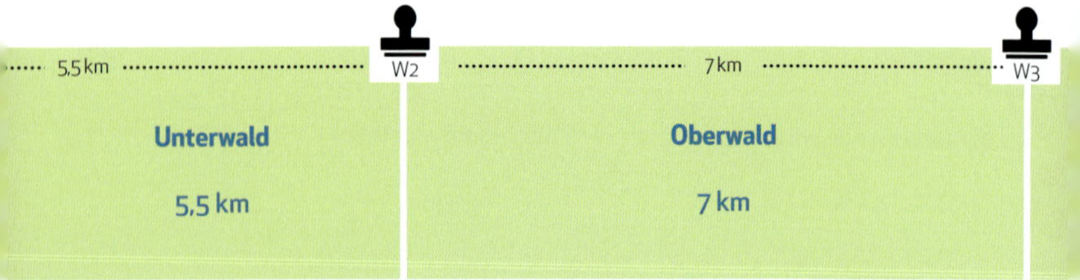

vorbei am Hafenplatz

ins Seckbacher Land

und dick, mit breiten Kronen, vielleicht sogar Damwild dazwischen. Nach dem komischen „Monsterspecht" (S17) erreichen wir den idyllischen **Maunzenweiher** (R19), kleiner und weniger besucht als der Jacobiweiher. Anschließend geht es links ab, jetzt gen Norden zum Main hinunter. Schnell stempeln wir noch an **W3** unseren Pass.

Oberräder Kräuterfelder (2,5 km)

Der Wald öffnet sich, wir sind in Oberrad und bereits zwanzig Kilometer gewandert. Nun geht es schnurstracks über den Buchrainplatz, und schon sind wir in den Kräuterfeldern (P19), einer Frankfurter Spezialität.

Ein Großteil der **Grüne-Soße-Kräuter** wächst hier, im Frühling liegt ihr Duft in der Luft . Nach einer Unterführung erblicken wir den **Main**, träge dahinfließend. Schwer beladene Kähne bringen Güter in den gegenüberliegenden Osthafen. Am Ufer erfreut uns das **ICH-Denkma**l aus rotem Sandstein von Hans Traxler (O19). Eine breite Baumpromenade führt zur Deutschherrnbrücke.

LandschaftsLücke (1,5 km)

Von der Brücke aus ein Blick zurück auf den Oberwald und voraus auf die beeindruckende Silhouette von Frankfurt, davor die neugebaute Europäische Zentralbank. Unverkennbar: Wir sind in der Stadt.

Rechts liegt der **Hafenpark** (Q18), vor uns weist eine Kastanie den Weg. Wir queren umständlich die Hanauer Landstraße, verkehrsreichste Kreuzung auf unserer Tour, und passieren den Ostbahnhof. Eine Lücke in der Landschaft, ein Ort im Wandel.

Seckbacher Land (4 km)

Dann der **Ostpark** (N19), eine grüne Oase mit Weiher, Wiese, „Elfmeterpunkt" und hungrigen Enten und Nilgänsen. Hinter dem Park geht es den Bornheimer Hang hinauf, ein Vorbote des Berger Rückens, der uns über 19 Kilometer den

Vorbei an Feldern

hinauf zum Lohrberg

WissensWert

Gürtelweg und geliehene Landschaft

Neben Architekturen, Wiesen und Baumgruppen war der „beltwalk" oder Gürtelweg ein wesentliches Element der englischen Landschaftsgärten des 17. und 18. Jahrhunderts. Er führte die Gäste, meist als Rundweg, einmal durch den Park und präsentierte die Gartenbilder in optimaler Weise. Eine wichtige Rolle in der Parkgestaltung spielte auch die „borrowed landscape", die geliehene Landschaft. Die Gartenkünstler komponierten das Umland in den Garten hinein, etwa mit Blickachsen, und vergrößerten ihn so scheinbar.
Auch der Frankfurter GrünGürtel kann als moderner Landschaftspark erlebt werden. Sein beltwalk ist der Grün-Gürtel-Rundwanderweg, die Ausblicke auf Frankfurts Skyline und das weite Umland die geliehenen Landschaften.

landschaftlich abwechslungsreichsten Teil der Tour und viele Aussichten bieten wird. Er wird uns fordern, denn wir müssen von 97 bis auf 182 Meter (über dem Meeresspiegel) am Heiligenstock hinauf. Vom **Bornheimer Hang** (M18) blicken wir auf Eissporthalle, Riederwald-Stadion, Autobahn und ein Mosaik aus Freizeitgärten. Hinab ins Tal, durch einen grünen Tunnel, über die Borsigallee hinweg und dann in einen langen Streifen mit großen alten Bäumen eintauchen – Ouvertüre zum nächsten Waldabschnitt.

Fechenheimer und Enkheimer Wald (3,5 km)

Wir prägen unseren Pass an **B1** und gehen geradeaus durch den alten Auwald, beschwingt vom Gesang der Vögel. Rechts passieren wir den **Heinrich-Kraft-Park** (L22), mit Spielplatz und Wasserfeld. An einer altmodisch verzierten Schutzhütte biegen wir links ab, queren eine Autobahn – haben schon dreißig Kilometer erwandert! – und gehen nun durch den Enkheimer Wald. An der Main-

B2

13,5 km

Fechenheimer und Enkheimer Wald	Berger Südhang und Bergen
3,5 km	2 km

und über den Heiligenstock

hinunter nach Berkersheim

taler Grenzschneise, der Stadtgrenze, lassen wir den Forst hinter uns.

Berger Südhang und Bergen (2 km)

Wiesen mit Pappelgruppen zu unserer Rechten, der Anstieg zum Südhang vor uns und zu unserer Linken plötzlich wieder die Skyline der Innenstadt hinter malerischen Obstwipfeln. Den Hang hinauf: blumenreiche Wiesen, Frankfurts **botanisches Kleinod**. Wieder eine Stempelstele: **B2**.
Oben angekommen, jetzt westwärts gehend, bietet sich ein grandioses **180-Grad-Panorama** – ein Höhepunkt der GrünGürtel-Wandertour (J23): stehen bleiben, gucken, rätseln. Kaiserlei? Bieberer Berg? Spessart? Dann Blumen bestimmen, die Tafeln am Naturschutzgebiet Berger Hang helfen dabei. Wiesensalbei! Flockenblume! Helmknabenkraut! Leider ist Pflücken verboten. Weiter durch die dörfliche Fachwerkwelt von Bergen, vorbei am Heimatmuseum, das einen Besuch wert ist.

Lohrberg (2 km)

Wir lassen Bergen hinter uns. Eine prächtige Nussbaumallee führt am **MainÄppelHaus** (J20) und seinem Garten voller Obstbäume vorbei. Direkt dahinter: Rebstöcke, die einen steilen Hang hinabwachsen. Es folgt die Aussichtsbastion im **Lohrpark** (J19) und wieder ein anderer Panoramablick auf die Stadt. Der Park ist beliebt zum Grillen, Drachensteigenlassen, Schlitten fahren und Silvesterfeuerwerk gucken. Wir gehen nach links auf den Berger Weg, den wir für 800 Meter mit Autos teilen müssen.

Heiligenstock (6 km)

Über die Friedberger Landstraße, vorbei an dem namensgebenden christlichen Bildstock, gelangen wir zum Glanzlicht unserer Wanderung. Der Heiligenstock ist ein weites Plateau ohne Zäune, mit alten Obstbäumen, Rasen, wildem Majoran, Rosenbüschen, **Ruinen** (J18) und bunten Häuschen. Ein Ort voller Rätsel. Hochhäuser am Horizont, und dann, nach einem Knick nach rechts, erstmals die

8 km · B3

Lohrberg	Heiligenstock
2 km	6 km

Ausruhen

dann weiter zum Alten Flugplatz

Berge des Taunus. Der höchste Punkt unserer Wanderung ist damit erreicht, auch wenn wir nur auf die halbe Höhe des Opernturms gekommen sind. Von nun an geht es bergab. An Stempelstele **B3** sind wir vierzig Kilometer gewandert. Nun laufen wir durch Weizenfelder bis an den Ortsrand von Bad Vilbel, biegen dort links ab, vorbei an Hunderten von jungen Obstbäumen, steil hinab ins Niddatal.

Nördliche Niddaauen (6 km)

An der Nidda geht es 18 Kilometer flussabwärts zur Mündung des Flüsschens in den Main. Dabei wechselt der ausgeschilderte Weg mehrfach die Uferseite, wir teilen ihn oft mit den viel flotteren Radlern. Bei Berkersheim ist die Nidda bereits **naturnah** zurückgebaut, was am munter fließenden Fluss zu hören und am üppigen Weidenwald zu sehen ist. Wir wandern vorbei an Weiden mit **Pferden** (G16), den Taunus immer fest im Blick. An **N1** wird der Wanderpass wieder einmal ergänzt. Die Wildnis ruft. Wer möchte, kann außerhalb der Vogelbrutzeit (1.3. – 15.7.) auf dieser weniger benutzten Niddaseite auf einem Trampelpfad bis zum Freibad Eschersheim weiterwandern und dort wieder auf den ausgeschilderten Rundwanderweg treffen, der bald an einer Holzbrücke die Seite wechselt.

Ginnheimer Niddaauen (4,5 km)

Eschersheim und Heddernheim drängen nah an den Fluss heran, hier ist wenig Platz für Grün. Schon fünfzig Kilometer liegen hinter uns. Die Landschaft wird weiter, wir wechseln das Ufer. Links neben uns liegen Felder und Wiesen, dahinter der Fernmeldeturm, rechts gepflegter Rasen und die Bastionen der Römerstadt-Siedlung. Bald weicht unser Weg dem kleinen **Nachtigallenwäldchen** (K12) aus. In Frühsommernächten ist hier fast immer Nachtigallengesang zu hören, am besten von einer der zahlreichen Bänke im **Volkspark Niddatal**. Vorbei am Praunheimer Wehr queren wir die Nidda und gehen wieder stempeln: **N2**.

Rödelheimer Niddaauen (3,5 km)

Auf engem Pfad dringen wir weiter vor, verlassen hinter dem Brentanobad

10,5 km

N2

Nördliche Niddaauen

6 km

Ginnheimer Niddaauen

4,5 km

und an der Nidda entlang

bis zur Wörthspitze

die Nidda, um die Landschaftsgärten der Familien **Brentano und Solms** zu erreichen (M11). Die **Parks** stammen aus dem 18. und 19. Jahrhundert. Ihre alten Bäume strahlen Ruhe und Würde aus. Am rauschenden Mühlgraben finden wir zurück zur Nidda, schreiten über eine neue Brücke und wandern den sehr schmalen Weg zwischen kanalisierter Nidda und kunterbunter Gartenvielfalt entlang.

Sossenheimer Unterfeld (2 km)

Nachdem das Westkreuz unterquert ist, gehen wir durch eine ausgedehnte Wiesen- und Feldlandschaft, wieder mit Blick auf den Taunus, den wir in der engen Bebauung um die Parklandschaft aus den Augen verloren hatten. Wir umrunden die neue Überflutungsmulde (O8) und gelangen kurz vor dem neugebauten **Höchster Wehr** auf die andere Niddaseite.

Nieder Auen (2,5 km)

Gärten und Wiesen lassen wir bald hinter uns, wandern unter der ältesten noch genutzten **Eisenbahnbrücke** Deutschlands (P7) hindurch, erbaut 1839, und überschreiten in Gedanken die Sechzig-Kilometer-Marke. Wir erreichen die **Wörthspitze**, eine Grünanlage mit Spielplatz und junger Nussbaumallee, eine lange Promenade am Main. Stolz können wir an **N3** unseren Wanderpass mit dem neunten Stempel vervollständigen. Über die romantische Seufzerbrücke queren wir ein letztes Mal die Nidda und gehen am Main entlang, zwischen barockem **Bolongarogarten** (P7) und modernen Hausbooten, bis zum Fähranleger.

Wir haben es geschafft!

66,5 Kilometer liegen hinter uns, und wir dürfen uns als GrünGürtel-Kenner bezeichnen. Für den vollen Wanderpass gibt es bei der Bürgerberatung einen goldenen GrünGürtel-Tier-Anstecker. Doch das beste Souvenir ist das Erlebnis, auf eigenen Füßen die ganze Stadt umrundet zu haben, in überraschend viel Grün, mit immer neuen Perspektiven. Eine nachhaltige Erinnerung.

Ingrid Wentzell

7 km — N3

Rödelheimer Niddaauen	Sossenheimer Unterfeld	Nieder Auen
3,5 km	2 km	2,5 km

Frühling

Blumen, Vögel, Froschkonzerte

Alter Flugplatz

In den Schollenfeldern Natur erleben, auf der Landebahn Inline-Skaten und im zu Mittag essen – der Alte Flugplatz ist zu jeder Jahreszeit das beliebteste Ausflugsziel im GrünGürtel. Doch wenn im Frühling das große Froschkonzert beginnt, ist der Besuch ein ganz besonderes Erlebnis.

Lage: Am Burghof 55 (F14) , siehe Seite 180

Berger Südhang

Auch der Berger Hang ist das ganze Jahr über einen Ausflug wert. Im Frühling ist die Aussicht vom Ludwig-Emmel-Weg auf die Landschaft vom Spessart bis zur Frankfurter Skyline, über die blühenden Streuobstwiesen hinweg, besonders grandios.

Lage: Ludwig-Emmel-Weg (Höhenweg) (J22), siehe Seite 138

Schwanheimer Wald

Überall liegt Vogelgesang in der Luft, dazu trommeln im Schwanheimer Wald die Spechte um die Wette. Buntspecht, Schwarzspecht, Mittelspecht und alle anderen heimischen Arten leben hier einträchtig und in großer Zahl.

Lage: Zwischen Rheinlandstraße, Schwanheimer Wiesen und Rohsee (R8–S6), siehe Seite 56

Berger Nordhang

Wer hier im Frühjahr einen Spaziergang macht, kann es nicht überriechen: Vom Vilbeler Wald schweben dicke Bärlauchwolken den Hang hinauf. Dazu strahlen die Blumenwiesen im frischesten Frühlingsgrün.

Lage: Nahe der Vilbeler Landstraße (H20), siehe Seite 144

Clee'isches Wäldchen

Buschwindröschen und Bärlauch, Hohler Lerchensporn und Veilchen: Der kalkhaltige und oft feuchte Boden im Oberwald, insbesondere am Clee'ischen Wäldchen und dem Königsbach, zaubert im Frühling einen bunten Teppich in den Wald.

Lage: Königswiesenweg (S15), siehe Seite 78

Ginnheimer Wäldchen

Klein, aber fein: Nirgendwo sonst ist der Frühling so rosig wie im Ginnheimer Wäldchen. Flächendeckend erblüht schon früh rosa bis weiß der Hohle Lerchensporn. Im kleinen Auwäldchen leben besonders viele Vögel, die gerade jetzt ihre Reviere laut singend verteidigen.

Lage: Im Volkspark Niddatal nahe der Haltestelle „Niddapark" (K13), siehe Seite 192

Niedwald

Bevor die Eichen in dem alten Auwald frische Blätter entwickeln, entfaltet sich eine rege Frühlingsvegetation: weiße Buschwindröschen in Hülle und Fülle, begleitet vom gelben Scharbockskraut und intensiv duftendem Bärlauch.

Lage: Links und rechts der Oeserstraße (O9), siehe Seite 206

Poth-Plätzchen

An der Chlodwig-Poth-Anlage sind nicht nur Zeichnungen des Karikaturisten Chlodwig Poth zu bestaunen, sondern im späten Frühling auch ein üppig blühender Weißdorn. Er ist ein besonders großes und altes Exemplar, meist bleiben Weißdorne sonst eher klein.

Lage: Wiesenfeldstraße (N8), siehe Seite 212

Blühende Obstwiesen

Krönender Höhepunkt jedes Frühlings ist die Blüte der Obstbäume. Erst blühen schneeweiß die Pflaumen und Kirschen und später rosa die Äpfel. Besonders am Sossenheimer Obstpfad (N8) ist das gut zu beobachten, aber auch in den Streuobstwiesen in Bergen (J22), am Lohrberg (J20) und auf dem Heiligenstock (H18),

siehe auch Seite 140

Goethewanderweg

Ostern ganz klassisch: Auf Goethes Spuren führt uns ein Spaziergang aus der Stadt hinaus zur Gerbermühle, über die Felder von Oberrad, zum Goetheturm und dem romantischen Willemerhäuschen.

Start: Goethehaus, Großer Hirschgraben 23–25 (O15), siehe Seite 94

Lebewesen

Pflanzen, Tiere, Lebensräume

Berkersheimer Niddabogen

Hier ist die Nidda schon lange naturnah zurückgebaut – und das sieht man auch. Auf der Harheimer Seite ist ein wildes Auwäldchen herangewachsen. Auf der Berkersheimer Seite gedeihen Gewöhnliches Pfeilkraut, Einfacher Igelkolben und Gelbe Teichrose im Wasser.

Lage: Berkersheim und Harheim (G16), siehe Seite 182

Grastränke

Das kleine Informationszentrum ist ein Geheimtipp. Von April bis Oktober werden hier die im Oberwald jeweils gerade blühenden Pflanzen ausgestellt, Beratung dazu gibt es gratis, außerdem Informationen zu den Tieren des Waldes.

Lage: Schneise F5 im Oberwald (S18), geöffnet an Sonn- und Feiertagen 9.30 bis 17.30 Uhr

Abends im Fechenheimer Wald

Am Tag haben Hobbyornithologen Freude an der Vogelvielfalt im Fechenheimer Wald, etwa an den vielen Meisenarten. Doch nachts schlägt die Stunde der Fledermaus-fans! Hier kann man nicht nur den Kleinen und Großen Abendsegler, sondern auch die Wasserfledermaus, das Große Mausohr, die Zwergfledermaus und – eine Kostbarkeit – die seltene Bechsteinfledermaus beobachten.

Lage: Zwischen Fechenheim und Enkheim (L21,22), siehe Seite 128

Nutrias an der Nidda

Possierlich und zutraulich sind die ursprünglich aus Südamerika stammenden Nutrias. Sie ähneln Bibern und Bisamratten und haben sich an der Nidda, insbesondere in Bonames (F14), in Hausen (L11) und an den Nieder Altarmen (O9) ausgebreitet. Ach ja, Biber gibt es auch wieder.

Schwanheimer Wiese

Eine große weite Wiesenlandschaft, die vor allem im östlichen Teil eine Fülle an bunten Pflanzen beherbergt: Glockenblumen, Flockenblumen und sogar die geschützte Heidenelke blühen hier um die Wette.

Lage: Westlich und östlich der Schwanheimer Bahnstraße (R8,R9), siehe Seite 56

Sossenheimer Obstpfad

Auf dem 4,5 Kilometer langen Weg gibt es viele Informationen zum Obstanbau, aber auch zu allen Tieren und Pflanzen, die in den Streuobstwiesen leben.

Start: Friedenseiche am Rand von Sossenheim (N8), siehe Seite 214

Schwanheimer Düne

Auf dem sandigen Boden wächst zwischen Silbergras zart und graugrün die seltene Rentierflechte, manchmal sogar am Bohlenweg. Im Sommer zieht immer mal wieder eine Schafherde über den Rasen.

Lage: Zwischen Kelsterbacher und Höchster Weg (Q7), siehe Seite 48

Blühender Spitzahorn am Oberforsthaus

Im Frühling ist der Spitzahorn besonders leicht an seinen leuchtend limonengrünen Blüten zu erkennen, die noch vor dem Knospen der Blätter erblühen. Am Oberforsthaus wächst – weithin sichtbar – besonders viel Spitzahorn.

Lage: Oberforsthaus (R14), siehe Seite 42

Berger Südhang

Das Naturschutzgebiet ist ein botanisches Kleinod. Auf den Streuobstwiesen und Halbtrockenrasen blüht eine Vielfalt an Kalk und Wärme liebenden Pflanzen, darunter auch einige Orchideen.

Lage: Ludwig-Emmel-Weg (J23), siehe Seite 138

Alter Flugplatz

Vögel, Frösche und Libellen sind hier besonders gut zu beobachten. Frankfurts größter Amphibientummelplatz ist im Frühling unüberhörbar. Wer regelmäßig hierher kommt, kann erleben, wie die Pflanzenwelt sich entwickelt und vielleicht sogar Störche sehen.

Lage: Am Burghof 55 (F14), siehe Seite 180

Stadtwald

Frankfurts Geschichte ist eng mit dem Stadtwald verknüpft. Im Süden, zwischen Schwanheimer Unterfeld und Oberräder Kräuterfeldern, bilden alte Eichen und hohe Buchen einen großen Wald.

Frühling im Buchenwald

Der Frankfurter Stadtwald

Geschichte des Stadtwaldes

Wald ist nicht gleich Wald. Um die Anfänge des Frankfurter Stadtwaldes zu finden, müssen wir weit zurückblicken. Während der letzten Eiszeit war hier eine Tundrenlandschaft herangewachsen, doch als es vor 12 000 Jahren zunehmend wärmer wurde, brachte der Wind aus dem Süden Europas – dort, wo die Bäume „übereiszeiteten" – die Samen der Birken, Kiefern, Pappeln und Weiden; erste zarte **Urwälder** entstanden. Dann siedelten sich Haseln, Eichen, Eschen und Ulmen an, und vor etwa 6000 Jahren kamen die Buchen hinzu. Diese eroberten sich weite Teile Mitteleuropas, wurden später sogar zur dominierenden Baumart und bildeten dunkle Wälder; das heutige Deutschland war ihr Zentrum. Die Buche ist also der deutsche Baum schlechthin, nicht die Eiche. In den sandigen Flusstälern wie dem des Mains verlief diese Entwicklung langsamer.

Zur gleichen Zeit wurden auf dem Gebiet des heutigen Stadtwalds Menschen sesshaft, rodeten Wald und legten Felder an. Bis heute sind Spuren der frühen Besiedlungen zu finden. Etwa 300 **Hügelgräber** liegen am einstigen Südufer des Mains auf einer Linie. Sie entstanden vor 4200 bis 2000 Jahren und stellen eines der größten vorgeschichtlichen Gräberfelder Deutschlands dar. Doch Grabraub lohnt nicht: Die kostbaren Beigaben wie Schmuck, Keramik und Waffen sind heute im Archäologischen Museum Frankfurt zu bestaunen.

Holzernte unter Einflugschneise

Erholung im Stadtwald

In den nächsten Jahrtausenden nutzten die Menschen den Wald, wie es ihnen gerade gefiel. Das änderte sich drastisch, als die fränkischen Könige im 9. Jahrhundert begannen, große Teile des Waldes zu ihrem Eigentum zu erklären und ihn durch Wildhüter absichern zu lassen. Die **Frankenkönige** kontrollierten nicht nur die Jagd, sondern auch jegliche andere, bis dahin meist freie Nutzung wie die Köhlerei, die Holzfällerei und die Waldweide.

Die **königlichen Wälder** waren stets in gutem Zustand, denn nur darin machte die Jagd den Oberen Spaß – zum Leidwesen der Bauern, deren anliegende Äcker dabei oft verwüstet wurden. Wald und Land wurden zu einem wichtigen Machtinstrument, sie konnten an Günstlinge verschenkt und an Schuldner verpfändet werden.

Währenddessen wurde der verbliebene Wald, der Allmendewald, stark gebeutelt: Zu viele Menschen holten sich darin Holz zum Heizen, Kochen und Bauen oder Blätter als Einstreu für den Winterstall. Das Vieh wurde hineingetrieben. Ziegen und Schafe fraßen die jungen Bäumchen ab, Rinder trampelten den Boden fest. Der Wald dünnte aus, da er übernutzt war und sich nicht mehr verjüngen konnte. Eine Umweltkatastrophe. Allein die Hausschweine waren nicht nur unschädlich, nein, sie waren für die Waldverjüngung sogar dienlich, indem sie den Boden durchwühlten, förderten sie

WissensWert

Frankfurter Stadtwald

Die Stadt Frankfurt am Main besitzt 6000 Hektar Wald und somit einen der größten kommunalen Wälder.

Innerhalb des GrünGürtels: Unterwald, Oberwald, Schwanheimer Wald, Fechenheimer Wald, Enkheimer Wald, Riederwald, Niedwald, Biegwald, Ginnheimer Wäldchen

In Frankfurt, aber außerhalb des GrünGürtels: Nieder-Erlenbacher Wald, Nieder-Eschbacher Wald, Monte Scherbelino, Hölzernes Kreuz, Lönswäldchen und Umgebung

Außerhalb des Frankfurter Stadtgebiets: Gehspitz und Kaiserplatte bei Neu-Isenburg, Staufen bei Kelkheim, Hohemarkwald bei Oberursel, Friedrichsdorf, Gravenbruchwald

Rehböcke sind Feinschmecker.

WissensWert

Nachhaltigkeit

Nachhaltigkeit ist ein Modewort, doch das Prinzip ist richtig. Es wurde vor rund 250 Jahren – als die Wälder ausgebeutet waren – von deutschen Förstern erfunden und seitdem erfolgreich praktiziert: Niemals wird mehr Holz gefällt, als nachwächst. Eine dauerhaft tragfähige Nutzung. 1992 übertrug die UNO auf dem Weltgipfel in Rio de Janeiro dieses Prinzip auf die ganze Welt, und nicht nur auf die ökologischen, sondern gleichermaßen auf die ökonomischen und sozialen Ressourcen – Grundlage der damals aufgestellten Agenda 21.

sogar das Anwachsen der Bäumchen.
Die **Waldweide** war in Deutschland – wie jetzt noch oft in Ländern der Dritten Welt – bis weit ins 19. Jahrhundert die übliche Form der Tierhaltung. Seitdem muss das Vieh im Stall bleiben und bekommt sein Futter gebracht.
Das mittelalterliche Frankfurt besaß weder Wald noch war es eine freie Stadt – doch wollten seine Bürger beides unbedingt erreichen. **1372** bot sich die perfekte Gelegenheit: Kaiser Karl IV., oft in Geldnöten, hatte sich vom Hanauer Vogt Geld geliehen und seinen Königsforst Dreieich zusammen mit dem Reichsschultheißenamt als **Pfand** hinterlegt. Wer dieses Amt innehatte, konnte alle Entscheidungen in der Stadt treffen und Recht sprechen. Der reiche Frankfurter Patrizier Siegfried zum Paradies kaufte dem Vogt die Pfandbriefe ab, doch als er beim Kaiser in Ungnade fiel, wies der Kaiser einen Weiterverkauf an, diesmal an die Stadt Frankfurt.
Das war die Lizenz zum Gelddrucken!

Nadelwald mit jungem Buchenunterbau

Frankfurt wurde **unabhängige Reichsstadt** und besaß von nun an wertvollen Wald. 8800 Gulden hatte man zwar zunächst investiert, was viel Geld war, doch hat sich der Handel im Laufe der Jahrhunderte vielfach rentiert. Schließlich wurden die Erträge aus dem Wald (Energieträger, Baumaterial, Viehfutter) stets gut vermarktet. In der heutigen Zeit liefert der Wald Einnahmen durch Verpachtungen für Straßenbau und Schienenstrecken, unterirdische Trassen für Wasser, Kommunikation, Strom und Gas und natürlich die Einnahmen vom Frankfurter Flughafen, der auf ehemaligem Waldgebiet erbaut wurde, den die Stadt zu einem Fünftel besitzt und dessen Gewerbesteuer sie erhält.

Doch zurück ins Mittelalter. Die Bürgermeister der Freien Reichsstadt wurden nach dem Ende ihrer Amtszeit Forstmeister – Stadtpolitik und Stadtwald gehörten zusammen. Doch sie konnten den Wald nicht schützen, er war bereits ausgebeutet. Fachleute mussten her, die es ab dem 18. Jahrhundert auch gab. Baur von Eysseneck, damals noch **reitender Oberförster**, zog 1729 als erster in das neugebaute Oberforsthaus ein.

Die städtischen Förster wussten die ungeregelte Entnahme von Holz, den **Waldfrevel**, einzudämmen und gleichzeitig erstmals neuen Wald anzulegen, ihn zu hegen. Anfangs gelang das nur mit anspruchslosen Kiefernsamen, für Eicheln war der Boden zu nährstoffarm und zu hart. Im 19. Jahrhundert konnten dann die Kiefern auf gesundetem Waldboden mit Buchen „unterbaut" werden, und der Nadelwald wurde zum Mischwald. Nach dem Zweiten Weltkrieg, als fast ein Drittel des Waldes von **Bomben** und durch das Holzsammeln in den kalten Wintern zerstört war, griffen die Förster ein zweites Mal auf die schnell wachsenden Nadelbäume zurück, diesmal neben Kiefern auch auf Fichten und nordamerikanische Douglasien. In den

Hain-Veilchen

1970er Jahren erfolgte ein Umbau zu den heimischen Baumarten Eiche, Hainbuche und Buche. Da Waldbäume 100 bis 300 Jahre alt werden, können wir noch heute diese wechselvolle Geschichte in den Waldbildern erkennen.

Geografie und Geologie

Der Frankfurter Stadtwald wächst auf drei Ebenen: Der Schwanheimer Wald befindet sich auf Mainniveau, der Unterwald wächst auf der etwa 20 Meter höher gelegenen Kelsterbacher Terrasse, einer Böschung aus der letzten Eiszeit, und der Oberwald liegt nochmals rund 20 Meter höher. Ursache dafür ist der Oberrheingraben, eine **große geologische Verwerfung**, deren Ostrand zwischen Ober- und Unterwald verläuft. Die Gesteine innerhalb des Grabens, überwiegend Kalksteine, sind 35 Meter abgesunken. Der Oberwald liegt am äußeren Rand des Grabens, Unterwald und Schwanheimer Wald liegen darin. In den letzten beiden lagerten die eiszeitlichen Ströme Rhein und Main mächtige Sandschichten ab, die sich zu nährstoffarmen Böden entwickelten.

Wald für Bürgerinnen und Bürger

Was macht den Wald zum Erholungswald? Bänke! Sie laden zum süßen Nichtstun ein, zum Ausruhen und zum Verweilen. Im 19. Jahrhundert hatten zumindest wohlhabende Menschen immer mehr freie Zeit, und das Bedürfnis nach Zerstreuung wuchs. Erste freizeitgemäße **„Verschönerungen“** gab es bereits 1830 am Oberforsthaus, doch erst fünfzig Jahre später legte Forstmeister Hensel gemütliche Rastplätze und romantische Erinnerungsstätten, Fuß-, Reit- und Radfahrwege an (ja, schon damals!). Neben geschäftigen Förstern, sägenden Waldarbeitern und dem einen oder anderen Wild- oder Holzdieb spazierten nun erstmals Bürgerinnen und Bürger im Wald umher. Schon bald gab

"Ich arbeite gern im Wald"

Forstwirt Thorsten Freitag ist einer von dreißig Waldarbeitern, die zusammen mit zehn Förstern den Frankfurter Stadtwald bewirtschaften. Bäume pflanzen, pflegen und fällen gehört zu den wichtigsten Aufgaben. Rund 20 000 Festmeter Holz werden jährlich geerntet, weniger als nachwächst. Nachhaltigkeit wird so gewährleistet.
Außerdem werden Schilder angebracht, Bänke erneuert und an den Wegen zur Sicherheit der Erholungssuchenden kranke Bäume gefällt. Und etwa 21 Millionen Kubikmeter Müll jährlich entfernt, den eigentlich die Besucherinnen und Besucher selbst wieder mitnehmen könnten.

es auch „Luftkurorte" für Arbeiter und ihre Familien im Wald. Hochkonjunktur hatte der Erholungswald in den 1920er und 1930er Jahren. Forstdirektor Jacobi rodete Wald für Seen, Tummelwiesen und den Goetheturm. Dreißig Jahre später legte Forstdirektor Ruppert die heute nach wie vor sehr beliebten **Waldspielparks** an. Typisch an ihnen war die ausschließliche Verwendung von Holz für alle Bauten und Spielgeräte und der waldartige Charakter des Geländes. Und die Bänke? Die haben sich vermehrt, 1995 waren es bereits 1450 Stück.

Holzlieferant, Lebensraum und Klimaanlage

Der Frankfurter StadtForst erntet jährlich etwa 20 000 Festmeter Holz, das ist nur die Hälfte von dem, was Jahr für Jahr nachwächst. Immer mehr gefragt ist Brennholz, das jeder gegen einen preiswerten Leseschein selbst sammeln kann. Doch der Wald gibt der Stadt noch mehr: Rund ein Fünftel ihres **Trinkwassers** wird im Stadtwald gefördert. Dank der naturnahen Bewirtschaftung ist die Artenvielfalt hoch, nicht ohne Grund sind zwei große Schutzgebiete ausgewiesen. Kleine Nachtfalter und dicke Wildschweine, seltenes Besenmoos und das häufig vorkommende Buschwindröschen fühlen sich hier wohl. Allein im Stadtwald leben 700 Pflanzen-, 100 Vogel-, 376 Schmetterlings- und sogar 1349 Käferarten. Der Stadtwald hat auch für das Klima eine große Bedeutung. Waldflächen sorgen

Es wird weniger Holz geerntet als nachwächst.

Der Stadtwald ist zerschnitten.

WissensWert

Holz – Totholz

Um gutes Holz für Schränke, Tische und Stühle zu erhalten, werden Bäume im Alter von achtzig bis zweihundert Jahren geerntet. Holz ist ein klimaneutraler und nachhaltiger Rohstoff. Förster lassen aber auch viele Bäume stehen und natürlich altern, sie werden zur Freude von Käfern, Pilzen und Faltern zu sogenanntem Totholz, in dem und von dem diese leben. Ein Gewinn für die Artenvielfalt. Manche Tiere, wie die Heldbock-Käfer, sind auf „stehendes Totholz" spezialisiert und andere, wie etwa die Hirschkäfer, auf „liegendes Totholz".

für ausgeglichene klimatische Verhältnisse und sind wichtige Frischluftproduzenten: Bäume binden den Staub und produzieren am Tage Sauerstoff. Während des Wachstums binden sie Kohlendioxid, weshalb Holz nicht nur ein nachwachsender Rohstoff, sondern auch ein klimaneutraler Energieträger ist.

Die Zukunft des Stadtwalds

Wie wird der Frankfurter Wald in den nächsten fünfzig, hundert oder gar sechstausend Jahren aussehen? Wir wissen es nicht. Doch werden heute die Bäume gepflanzt, die erst die übernächste Förstergeneration „ernten" kann. Bäume, die wegen des **Klimawandels** heißere und trockenere Sommer werden überstehen müssen, als wir sie kennen,

Der Waldkindergarten zu Besuch bei den Monsterkindern von F. K. Waechter

und denen trotzdem der Winterfrost nichts anhaben darf, Bäume, die Stürme und fremde Insekten verkraften können. Dabei ist jetzt schon ein großer Teil der Bäume krank. Kiefern sind robust und halten viel aus, aber wie ist das bei den Buchen und Eichen? Vielleicht ziehen sich die Buchen in die höheren, feuchteren und kühleren Mittelgebirge zurück, und die Eichen nehmen die Buchenstandorte im Oberwald ein. Im trockeneren und nährstoffärmeren Unterwald und Schwanheimer Wald wird es schwer für sie werden. Wissenschaftler haben deshalb **mediterrane Arten** wie Flaumeiche, Steineiche und Ungarische Eiche in einem Versuchsfeld angepflanzt.

Doch wie viel Wald wird es überhaupt noch in Frankfurt geben? Bisher wurden immer weitere Trassen durch den Wald geschlagen für neue oder breitere Straßen, Schienen oder Kabelkanäle, schnell wurde noch ein Bürohaus an den Waldrand gebaut. Allein von 1945 bis 1999 sind rund **550 Hektar Frankfurter Wald** verlorengegangen. Doch Wald, wie wir ihn heute wollen, kann die ihm eigene Qualität erst entfalten, wenn er einen großen Raum einnimmt. Wenn er unzerschnitten ist.

Ingrid Wentzell

Tour

Jupitersäule

Rundweg im GrünGürtel-Park Oberforsthaus

Der Rundweg verbindet bekannte und unbekannte, zentrale und entlegene Teile des Stadtwalds: Waldparks, Schießstätten und einen Weiher.

TourInfo

Länge: 5,3 km, mit den drei Abstechern 10 km
Start und Ziel: (R14) Straßenbahnhaltestelle „Oberforsthaus" der Linie 19
Landschaft: Hauptsächlich Wald (Unterwald)
Wege: Flach bis leicht gewellt, Schotterwege, Asphaltwege, Erdpfade
Broschüre: „Der Rundweg im GrünGürtel-Park Oberforsthaus", Umweltamt Frankfurt
Eingerichtet: 2009, Grünflächenamt Frankfurt
Besonderheit: 19 Stelen informieren über Geschichte und Natur.
Gastronomie: (S14) Restaurant und Biergarten im Holiday Inn Frankfurt Airport-North
Isenburger Schneise 40, 60528 Frankfurt
Tel.: 069 67840
www.frankfurt-airport-hi-hotel.de
Öffnungszeiten: Täglich durchgehend geöffnet
Anreise ÖPNV: Straßenbahnhaltestelle „Oberforsthaus" der Linie 19

Der Rundweg ums Oberforsthaus beginnt am namensgebenden früheren **Oberforsthaus** des Frankfurter Stadtwaldes (R14), das im Jahr 1729 erbaut wurde. Damals war es ein beliebter Treffpunkt für die gebildete Welt. Einen Park am Oberforsthaus gab es auch. Angelegt wurde der idyllische, heute leider zerstückelte und überwachsene Flecken von Forstmeister Carl Friedrich Hensel. Bekannt war das Oberforsthaus vor allem wegen seiner Ausflugsgastronomie. Auf einem Teil des Parkgeländes wird am Dienstag nach Pfingsten der Frankfurter Nationalfeiertag, der **Wäldchestag**, begangen (S14). Anton Kirchner schrieb schon 1818: „Groß und Klein verlassen die Stadt, um nach dem Wäldchen bei Niederrad zu wallfahren. Der Frankfurter, von Natur aus freigiebig, ist es hier doppelt." Wenig später zweigt der Weg zum „Sportpark Waldstadion" (S13

Jedes Jahr an Pfingsten: der Wäldchestag

und S14) ab, einem geschichtsträchtigen Gelände, das unterschiedliche sportliche Einrichtungen beherbergt. Der zentrale Baukörper im Sportpark ist das Fußballstadion (S13).

Kurz darauf kommen wir zum **Tiroler Weiher** (S14). Er ist ein von Menschenhand angelegtes Gewässer aus der Mitte des 20. Jahrhunderts und liegt – ungewöhnlich für ein Gewässer – an einem Hochpunkt im Gelände. Früher ließ man hier Mainwasser im Wald versickern, um damit das Wachstum der Bäume zu fördern. Die originelle Jupitersäule des Künstlers Andreas Rohrbach ist eine neue Attraktion in diesem romantischen Stückchen GrünGürtel im abgelegenen Waldbezirk „Weilruhrauschen", wo die Bäume ihre Äste bis weit in den Weiher hinein ausdehnen können. Wenig später biegen wir in die Schützenschneise ein und befinden uns in einem Abschnitt des Stadtwalds, in dem früher viel geschossen wurde. Der **„bürgerliche Schießstand"** wurde schon 1863 angelegt, und jedermann ab 16 Jahren durfte schießen. Erdwälle verhinderten, dass sich Geschosse im Wald verirrten und Wild oder Menschen getroffen wurden. Ein vier Meter hoher, steiler Erdwall an der Schützenschneise wurde 2010 mit Stufen zugänglich gemacht; man befindet sich nun mitten in den Baumkronen. Einkehren kann man hier ins Restaurant des Hotels Holiday Inn, einem nicht zu übersehenden hohen Gebäude (S14).

Hinter der Isenburger Schneise, nahe des Welscher Wegs, wurde um das Jahr 1800 Basalt, die „Schwarze Steinkaut", abgebaut. Die Basaltsteine haben sich schon vor rund 15 Millionen Jahren gebildet. Wir gehen die sogenannte Kelsterbacher

Das Oberforsthaus auf einer Ansicht von Anton Radl, um 1816

Terrasse bergab und überqueren die Mörfelder Landstraße geradeaus. Das Waldstück **Holzhecke** (Q14, R14), in dem wir uns nun befinden, war ursprünglich eine Schenkung an den Deutschen Ritterorden. 1907 wird von einer hainartigen Umgestaltung für die erholungsbedürftige Frankfurter Bevölkerung berichtet. Stadtgartendirektor Carl Heicke legte einen malerischen Mischwald an, von dem sich einige Waldpfade, die Lichtung der „Großen Bürgerwiese" (Q14, R14) und das sogenannte „Kaffeebrünnchen" erhalten haben.

Über versteckt gelegene Pfade gelangen wir mit dem ersten Abstecher zum Kullmannstein und weiter, die Niederräder Landstraße überquerend, zum Königsbach (Q15), der auf seinem Weg von Dreieich bis zur Mündung in den Main 14,2 Kilometer zurücklegt. Der Bach grenzt unmittelbar an den **Waldspielpark Louisa** (Q15). Anfang des 19. Jahrhunderts ließ der bedeutende Frankfurter Bürger und Bankier, Staatsrat Simon Moritz von Bethmann, hier einen Garten im landschaftlichen Stil anlegen. Im Park stand einst ein Jagdhaus, das viel gerühmte „Borkenhäuschen". Das Pferdestandbild „Eclipse", das hinter einem Zaun auf einer Anhöhe steht, ist seit 2009 wieder zu sehen. Geöffnet wurde auch der Blick zum Teich, einem Abzweig des Königsbachs. Auf der Insel stand einst ein Billardhäuschen.
Zurück zum Hauptweg überqueren wir auf einem zweiten Abstecher die Kennedyallee. 1865 wurde hier eine Galopprennbahn errichtet, nun entsteht die Akademie des Deutschen Fußballbundes (R14). Der Rundweg führt auch zur **Kleinen Bürgerwiese** (Q14). Solitär stehende Kiefern mit der typisch hoch ansetzenden Krone prägen die landschaftlich anmutende Waldwiese. Auf weiterhin ausgeschilderten Pfaden gehen wir zurück zum Startpunkt.

Wer noch über Kondition verfügt, sollte sich einen dritten Abstecher zum **Carl-von-Weinberg-Park** (S13) nicht entgehen lassen. Einheimische Buchen und Eichen dominieren in der historischen Parkanla-

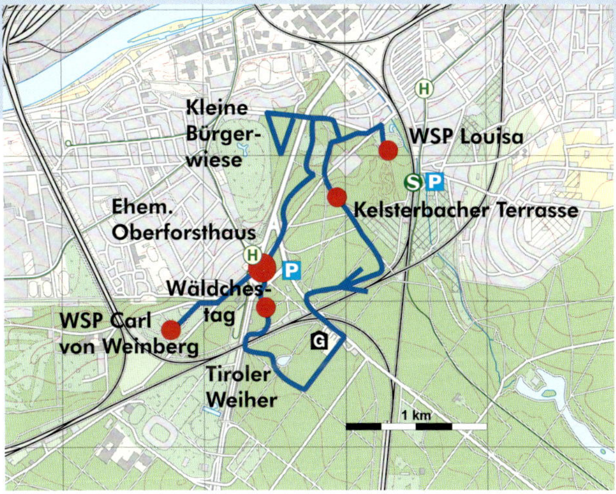

WissensWert

Geschichte des Stadtforstes

1372 Die Stadt Frankfurt erwirbt den Wald von Kaiser Karl IV.

Bis 1700 Übernutzung durch Waldweide, Entnahme von Bauholz, Brennholz, Einstreu

1700–1800 Eine Forstfrevel-Ordnung wird erlassen, die Forstverwaltung wird gegründet (1729), Holznutzung und Waldweide werden kontrolliert, die geregelte Forstwirtschaft beginnt (Prinzip der Nachhaltigkeit), erste Heegwälder zur Regeneration des Waldes werden angelegt.

1700–1801 Erste Inventur und Beschreibung des Baumbestandes (Betriebswerk), Kahlflächen werden aufgeforstet, Unterbau von Eichen- und Kiefernbeständen, nichtheimische Arten werden angebaut (Strobe, Fichte, Weißtanne).

1900–2000 Erholungseinrichtungen werden gebaut (Goetheturm, Jacobiweiher), Kriegsschäden, dann Wiederaufforstungen (Kiefer, Douglasie, Strobe, Roteiche), Waldspielparks werden angelegt, Erholungswald wird offizielle Waldfunktion, Nadelholzbestände werden in Laubholzbestände umgewandelt, Waldsterben, Verlust von Waldflächen für Straße, Schiene, Flughafen und Bauwerke, multifunktionale Forstwirtschaft, Öffentlichkeitsarbeit, Infozentren Grastränke und StadtWaldHaus werden eingerichtet, Stadtwald wird Teil des GrünGürtels, Bannwaldschutz.

2000–Zukunft Zwei FFH-Gebiete werden eingerichtet, Sanierung des kranken Waldes, Erholungsservice für Bürger, Schutz des Waldes (Fläche und Funktion), Suche und Anbau von Baumarten, die an den Klimawandel angepasst sind.

ge des Industriellen Carl von Weinberg, die 1898 angelegt wurde.
Bemerkenswert war seine repräsentative Villa im englischen Fachwerkstil inmitten des Parkwalds. 1957 wurde der Park zur öffentlichen Grünanlage.
Kurz darauf pflanzte die libanesische Fluggesellschaft eine breit wachsende Libanonzeder dort, wo die im Zweiten Weltkrieg zerstörte Villa stand.

Albrecht Schaal

Das StadtWaldHaus

Im Frankfurter Stadtwald Tiere und Pflanzen hautnah kennen lernen, selbst forschen und entdecken oder die Waldarbeit unter Anleitung ausprobieren – das alles ist möglich im Stadtwald-Informationszentrum in der Nähe der Oberschweinstiege.

Seit 1976 war das Gelände einer ehemaligen Fasanenzuchtstation im Frankfurter Stadtwald eine Informationseinrichtung für interessierte Waldbesucher. Vor dem Hintergrund der vielen Belastungen und Gefahren für die Waldflächen im Rhein-Main-Gebiet wie zum Beispiel Immissionen, Grundwasserabsenkungen, Flächenverluste durch Flughafen- oder Bahnlinienausbau sollte hier aufgeklärt, informiert und Verantwortungsbereitschaft bei den Menschen gefördert werden. Bis 1991 stand dafür eine Blockhütte mit Tierpräparaten, Erläuterungstafeln und einfacher technischer Ausstattung zur Verfügung. Durch den Bau eines neuen und modernen Informationszentrums in den Jahren 1991 bis 1995 wurde dem wachsenden Bevölkerungsinteresse einerseits und der zunehmend schlechter werdenden Waldsituation andererseits Rechnung getragen.

Das architektonisch interessante StadtWaldHaus mit **Baumtür**, großer Eiche im Gebäude, interaktiver Waldausstellung, Nacht- und Erlebnisraum, Teicheinblicken, Mikroskopier- und Untersuchungsmöglichkeiten bietet Gelegenheiten zum selbständigen oder angeleiteten Forschen und Entdecken. Hier kann und soll gefühlt, ertastet, gehört und entdeckt werden.
Die Waldausstellung im Erdgeschoss wird ergänzt durch wechselnde Ausstellungen, eine kleine Cafeteria und eine Bibliothek im Obergeschoss.

Ziel

Tiergehege mit Hirschen, Wildschweinen, Greifvögeln, Eulen, Waschbären und Co., ein Erlebnis- und ein Forsterlebnispfad, Bienenstand, Heilkräuterpfad und Teiche auf dem Fasaneriegelände lassen einen Besuch zu jeder Jahreszeit zu einem spannenden Naturerlebnis werden.

Neben einem umfangreichen Informationsangebot werden im Rahmen von **Führungen**, Projektarbeiten, Exkursionen, Kindergeburtstags- und Großveranstaltungen die Ziele der Umweltbildung und -erziehung umgesetzt. Freude am Entdecken und an der Schönheit der Natur im Wald zu wecken, ist das wichtige Basisziel im StadtWaldHaus. Einerseits sollen Besucher Naturphänomene wie das Familienleben der Wildschweine oder die Verhaltensweisen großer Insekten „hautnah" erleben können. Andererseits werden wichtige Kompetenzen für die nachhaltige Nutzung und Bewahrung unserer Naturschätze vermittelt. So können Kindergruppen unter Anleitung zum Beispiel Bäume pflanzen, Holzmengen ermitteln, mit dem Werkstoff Holz arbeiten, heizen und somit die verschiedenen Holzeigenschaften erforschen. Begriffe wie nachhaltige und **naturnahe Forstwirtschaft**, klimaneutrales Heizen oder auch Artenvielfalt im Wald werden anschaulich „mit Leben gefüllt".

StadtWaldHaus

Lage: (T15) Kuhpfadschneise, Nähe Isenburger Schneise und Oberschweinstiege, Tel.: 069 683239 oder 212-34550, www.stadtwaldhaus-frankfurt.de
Mail: stadtwaldhaus@stadt-frankfurt.de
Öffnungszeiten: März–Okt: Mo–Do 9–16 Uhr, Sa 12–18 Uhr, So und Feiertage 10–18 Uhr
Nov.–Feb.: Mo–Do 9–16 Uhr, Sa 12–16 Uhr, So und Feiertage 10–16 Uhr
Besonderheiten: Wildfleisch aus dem Stadtwald wird verkauft: dienstags und donnerstags von 15–18 Uhr; zwischen 15. Aug. und 15. Dez. zusätzlich dienstags 8–12 Uhr, Tel.: 069 686132.
Führungen und Kindergeburtstage können gebucht werden: Tel.; 069 683239
Anreise ÖPNV: Straßenbahnlinie 17, Haltestelle „Oberschweinstiege", dann ca. 15 Minuten Fußweg (ausgeschildert)
Parken: Isenburger Schneise, dann ca. 15 Minuten Fußweg (ausgeschildert)

Dies alles ist für Frankfurter Familien, Schulen und Kindergärten im unmittelbaren Lebensumfeld zu haben. Das StadtWaldHaus ist eine wichtige Lernstation im Frankfurter GrünGürtel.
Wer allerdings meint, er habe schon alles gesehen im Wald, der kann am StadtWaldHaus sogar auf die Suche nach dem **Eichhörnchenkönig** gehen …

Rainer Berg

Ein Bohlenweg führt durch das Naturschutzgebiet.

Das Schwanheimer Unterfeld

Das Schwanheimer Unterfeld birgt in seinem Zentrum einen der überraschendsten Orte im Frankfurter GrünGürtel: die Schwanheimer Düne. Nicht zuletzt wegen dieser bizarren Dünenlandschaft lohnt sich ein Besuch im Unterfeld.

Der Main hat über Tausende von Jahren die Gegend geprägt. Sande wurden angeschwemmt, verweht und abgelagert. Die letzten Jahrhunderte formte der Mensch die Landschaft. Im Norden ist das Unterfeld heute überwiegend durch die Landwirtschaft geprägt. Direkt am Mainufer gibt es saftige Wiesen. Ausflügler finden am **Schwanheimer Fähranleger** (P6) einen gemütlichen Rastplatz. Südlich davon wechseln sich große Ackerschläge mit Pferdekoppeln ab. Mitten darin liegt am Höchster Weg der Schwanenhof, ein Ackerbau-Betrieb mit großer Pferdepension.
Weiter in Richtung Süden ändert sich das Bild enorm. Hier schließt zwischen dem Martinsweg und dem Kelsterbacher Weg die **Schwanheimer Düne** (Q7) an – eine der wenigen Binnendünen mit typischer Pflanzenwelt, die es in Europa gibt. Wegen ihrer außerordentlichen Bedeutung ist sie als Naturschutzgebiet (58,5 Hektar) und als Flora-Fauna-Habitat-Gebiet nach EU-Recht ausgewiesen. Die Schwanheimer Düne entstand nach der letzten Eiszeit, als Sande aus dem Flussbett des Mains verweht wurden. Anschließend war sie bewaldet. Im vorletzten Jahrhundert rodeten Bauern den Wald und legten Kirschenplantagen an, die nach mehreren Trockenperioden eingingen. Die Düne lag brach und begann zu wandern, bis sie um 1890 an der heutigen Stelle zur Ruhe kam. Mit ihren mageren, sandigen Böden bietet

die Düne einen sehr speziellen Lebensraum für bedrohte Pflanzen- und Tierarten. Charakteristisch sind die an vielen Stellen im Kernbereich sichtbaren Silbegrasrasen mit der seltenen Sand-Grasnelke sowie verschiedene Flechtenarten. Die auf dem nährstoffarmen Sand knorrig und klein gewachsenen Kiefern erinnern an ferne Meeresküsten – ein Genuss für Erholungsuchende! Seit 1999 führt ein Bohlenweg durch die Düne, auf dem sich die Reize der Natur wunderbar genießen lassen, ohne die sensible Tier- und Pflanzenwelt zu beeinträchtigen. Mit etwas Glück trifft man auf eine Schafherde, die von Zeit zu Zeit für die natürliche Landschaftspflege sorgt.

Neben der Düne sind im Schwanheimer Unterfeld die zahlreichen Kiesteiche eine Besonderheit. Sie entstanden durch Abbau von Sand und Kies bis in die 1970er Jahre hinein. Heute sind die Teiche ein wichtiger Lebensraum geworden, vor allem die große **Schmittsche Grube** (Q7) im Naturschutz gebiet. Sie ist Rückzugsraum für gefährdete Arten wie Teichrohrsänger, Kreuzkröte und Armleuchteralgen.

Ganz im Süden des Gebietes, bis zur begrenzenden Bundesstraße B40, findet sich eine kleinteilige Mischung aus Ackerflächen, Streuobstwiesen und Feldgehölzen. Dort lässt sich erahnen, wie weite Teile der Landschaft in Frankfurt am Main früher ausgesehen haben.

Eva-Maria Hinrichs

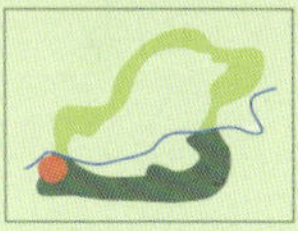

Schwanheimer Unterfeld

Größe: 275 Hektar
Lage: Zwischen Mainufer im Norden, Leunastraße im Westen und B 40 im Osten und Süden
Stadtteil: Schwanheim

Tour

TourInfo

Länge: 5 km
Start und Ziel: (P6) Fähranleger Schwanheim. Alternativ kann die Tour an der Bushaltestelle „Friedhof Schwanheim" beginnen.
Landschaft: Wiesen, Äcker, Pferdekoppeln, eine Düne, Gärten, Kiesgruben, Aussicht auf Industrieanlagen, Höchster und Frankfurter Skyline (Schwanheimer Unterfeld)
Wege: Flach und abwechslungsreich: geschottert, asphaltiert, gepflastert, Trampelpfade, Wiesenwege und ein Holzweg
Besonderheit: Ein kleiner Teil des Weges verläuft über einen Bohlenweg. Im Naturschutzgebiet müssen Hunde an die Leine.
Rastplatz: Fähranleger Schwanheim und am Eingang zur Schwanheimer Düne (Martinsweg)
Anreise ÖPNV: S3, S5 bis „Bahnhof Höchst", von dort entlang der Dalbergstraße gehen, vorbei an den Taxiständen, dann rechts in die Albanusstraße abbiegen, die Bolongarostraße queren und weiter geradeaus bis an das Mainufer gehen. Mit der Fähre übersetzen. Oder mit den Buslinien 51, 68 bis Haltestelle „Friedhof Schwanheim", dann die Brücke unterqueren und auf der Schwanheimer Uferstraße bis zum Höchster Weg gehen.
Fährzeiten Höchst-Schwanheim: Mittwochs kein Fährbetrieb (Mai-Sept.: Maintouren) Mo, Di, Do, Fr: 9–17 Uhr (März–Okt bis 18 Uhr), Sa: 9–14 Uhr (März + Okt. bis 16 Uhr, April–Sept. bis 18 Uhr), So und Feiertage 11–16 Uhr (März + Okt. bis 17 Uhr, April bis Sept. 10–19 Uhr) Der Fahrplan wechselt mit der Zeitumstellung. Auskunft Tel.: 069 303486 und www.facebook.com/Höchster-Mainfähre-Walter-Kolb
Parken: Batterie am Höchster Mainufer.
Hinweis: Der Weg ist nicht ausgeschildert.

Durchs Schwanheimer Unterfeld

Freie Sicht auf Taunus und „Ginnheimer Spargel", dazwischen Wiesen, Pferdekoppeln und eine Düne. Mit Schweinen statt Schwänen.

Welch eine Anreise! Mit der Personenfähre von Höchst über einen überraschend breiten Main gleiten, dabei Frankfurts Hochhäuser in der Ferne erblicken und dann langsam auf das grüne Ufer von Schwanheim zutreiben. Einfach königlich – und das für nur einen Euro! Nach dem Anlanden lohnt ein Blick zurück auf Höchst: Stadtmauer, Kirche und Schloss liegen aneinandergeschmiegt am hohen Ufer. Nachdem wir am südlichen Ufer aus der Fähre gestiegen sind, wenden wir uns stromaufwärts und spazieren zwischen Fluss und Wiesen auf dem gepflasterten Uferweg entlang. Hinter Pappeln und Weiden immer wieder der Main; manchmal zieht ein schwer beladener Kahn hohe Wellen hinter sich her. Wir gehen unter einer Stromleitung hindurch, weichen kurz darauf einer **Warft** (P7) mit Schleusenwärterhäuschen aus und folgen danach dem Uferweg.

Die Schmitt'sche Grube, im Hintergrund der Industriepark Höchst

Vorüber an der Rückseite des **Schwanenhofs** (P7); dessen zur Pension untergebrachten Pferde überall auf den Koppeln stehen. Bis vor Kurzem konnte man noch Schweine riechen. Überhaupt die Schweine – sie waren es, die „Svenheim" den Namen gaben, nicht etwa die Schwäne! Wir unterqueren eine große Straßenbrücke und gehen im spitzen Winkel rechts den Hang hinauf, nochmal unter der Brücke hindurch, am großen Lagerhaus des neuen Gewerbegebiets vorbei, um dann links in einen Weg zwischen Lagerhaus und Gartenlandschaft einzubiegen. Wir treffen auf eine große Straße, folgen dieser etwa 100 m nach rechts, um sie an den Parkplätzen zu queren. An deren Ende steht eine Bank, dort biegen wir im stumpfen Winkel links in einen Weg ein und verlassen die Straße.

Weiter geht es zwischen Gärten, einige einladend und voller bunter Blumen, andere mit Salatköpfen, Gurken und Kürbissen und wieder andere verstecken sich vor unseren Blicken hinter hohen Stahlzäunen und Sichtschutzfolien. Ein heikles Thema.

Einige der Gärten im Schwanheimer Unterfeld – anderswo, nicht hier am Weg – sind illegal, also ohne Genehmigung angelegt, eingezäunt und manchmal sogar mit Hütten bebaut worden. Sie müssen laut Gesetz entfernt werden, sehr zum Ärger ihrer Besitzer. Doch Landschaften sind öffentliche Räume, und nur wenn sie unbebaut und ohne Begrenzungen sind, bleibt das Charakteristische erhalten

Manchmal weidet eine Schafherde in der Schwanheimer Düne.

WissensWert

Naturschutzgebiete

Manche Landschaftsteile sind in Frankfurt als Naturschutzgebiete ausgewiesen, das ist die höchste aller Schutzformen. In diesen Gebieten werden bestimmte wildlebende Pflanzen und Tiere geschützt und erhalten. In der Regel müssen Naturschutzgebiete gepflegt werden, denn ohne Pflege würde sich die Landschaft verändern.
Es gibt sieben davon: Schwanheimer Düne, Berger Hang, Harheimer Ried, Riedwiesen bei Niederursel, Seckbacher Ried, Enkheimer Ried, Mühlbachtal in Bergen-Enkheim.
Wichtig: Überall dort dürfen die freigegebenen Wege nicht verlassen werden; Hunde müssen immer an der Leine geführt werden.

und für alle Menschen nutzbar, jederzeit und kostenfrei. Denn hinter Sichtschutzzäunen ist nur Raum für privates Glück. Diese Konflikte gibt es nicht nur hier, und sie werden wahrscheinlich noch lange Gartennutzer und Behörden beschäftigen. Wenn wir weitergehen und uns dabei an der nächsten Kreuzung auf einem in die Jahre gekommenen Asphaltschotterweg links halten, sehen wir bald, wie eine von Zäunen befreite Landschaft aussehen kann.

Hinter der Kreuzung aus sechs Wegen beginnt das Naturschutzgebiet **Schwanheimer Düne** (Q7). Wir wählen den sandigen Trampelpfad rechts der Informationstafel. Und wirklich, die Landschaft öffnet sich, wir erblicken eine große Wiese mit Gruppen alter Eichen. Vielleicht ist sogar der Schäfer mit seiner Herde hier? Auf den sandigen Böden gibt es wenige Nährstoffe, was aber erstaunlich viele Pflanzenarten mögen: rosa Sandnelke und blauer Natternkopf beispielsweise. Wir folgen

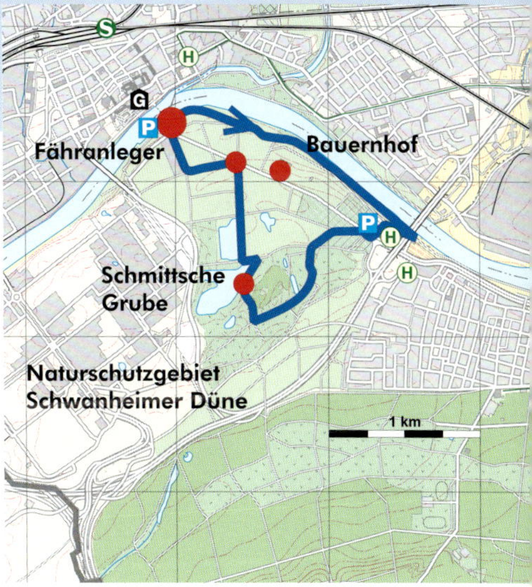

weiter diesem Pfad, halten uns rechts; es wird wieder enger. Dann erreichen wir Wiesen mit Apfelbäumen, Kirschen und Birnen. Hier ist die Heimat des seltenen Steinkauzes. Er brütet in alten Obstbäumen und jagt im offenen Land dazwischen. Dann stoßen wir endlich auf den hölzernen Bohlenweg und folgen ihm ins Zentrum des Naturschutzgebiets. Sandiger, nur sehr spärlich bewachsener Rasen links und rechts, in der Ferne kleine Dünenhügel, nicht wie in der Sahara, eher wie an flachen Ostseestränden. Knorrige Kiefern runden das Urlaubsbild ab. Links passieren wir die Schmitt'sche Kiesgrube, rechts raschelt vielleicht gerade eine Eidechse von dannen. Eine Bank steht am

Ende des Bohlenwegs, wir gehen nach links und gleich wieder nach rechts und haben das Naturschutzgebiet hinter uns gelassen.

Vor uns Felder, Koppeln und – recht ungewöhnlich – ein Baum-Acker. Eine Forstbaumschule zieht hier Eichen, Hainbuchen und Douglasien groß, alle aus regionalem Saatgut. Links liegt ein Anglerteich und vor uns in der Ferne das Höchster Schloss. Wir erreichen eine Dreier-Kreuzung, auf der linken Seite Hecken mit Blumen und Kerzen vor einem christlichen Wegekreuz. Wir biegen scharf links ab und dann nach rechts, zum Fluss hinunter. Links neben uns liegt das Gelände eines Bootsbauers mit Jachten, Booten und kleinen Schiffen, es wird maritim. Wir sind wieder am Main angekommen.

Ingrid Wentzell

Radweg rund um den Industriepark Höchst

Nicht nur Technikbegeisterten gefallen die Einblicke in Logistik, Energieversorgung und Architektur der riesigen Industrieanlage.

TourInfo

Länge: 10 km
Start und Ziel: (P6) Brüningstraße 1, Tor Ost des Industrieparks Höchst
Landschaft: Industrie, Wiesen und Felder, Main (Schwanheimer Unterfeld)
Wege: Flach bis auf die Mainbrücken, überwiegend gut und breit ausgebaute Asphalt- und Pflasterwege, darunter auch eine für Autos gesperrte Straße
Broschüre: „Radweg um den Industriepark Höchst" von Infraserv GmbH und Co., Höchst KG und Stadt Frankfurt am Main, Umweltamt
Eingerichtet: 2005
Besonderheit: An 13 Blick-Rahmen wird über Industrie und Landschaft informiert, die Rahmen zeigen alle Farben des Farbkreises.
Besichtigungen: www.ihr-nachbar.de
Gastronomie: In den Altstädten von Höchst und Sindlingen
Anreise ÖPNV: S1, S2 bis „Bahnhof Höchst", dann rechts die Dalberg-, später Haeuser Straße bis zur Leunastraße fahren, diese queren und dann links an der Grenze des Industrieparks bis zum Tor Ost

Die Historie von Höchst ist eng mit der Geschichte der chemischen Industrie verflochten. Wo vor fast 150 Jahren Eugen Lucius und Wilhelm Meister mit der Herstellung von **Teerfarben** wie Fuchsin begannen, werden heute Medikamente, Pflanzenschutzmittel und eine Fülle von chemischen Rohstoffen und Endprodukten hergestellt. Im Industriepark Höchst sind inzwischen rund neunzig Unternehmen angesiedelt, in denen etwa 22 000 Menschen arbeiten. Die Radtour beginnt am Haupteingang des Industrieparks, am Tor Ost. Hier stehen die ältesten Gebäude, darunter der berühmte **Backsteinbau von Peter Behrens** (P5), der 1924 fertig gestellt wurde. Wir radeln auf die Leunabrücke, halten oben an, um auf den Main zu blicken und die gute Aussicht auf die mittelalterliche Altstadt von Höchst zu genießen. Der Mainzer Kurfürst von Dalberg baute sie mit dem Schloss zu einer

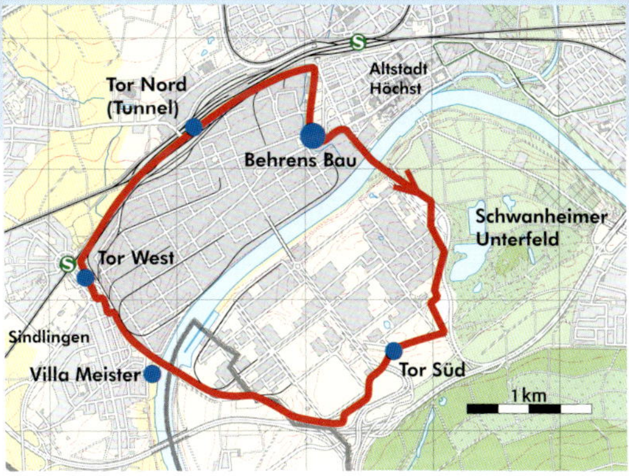

Blickrahmen

repräsentativen Residenz aus. Dann fahren wir die Brücke hinunter, werfen einen Blick nach links auf die weiten Wiesen, Felder und Pferdekoppeln des **Schwanheimer Unterfelds** (Q7). Rechts hinter dem Zaun ragen die Gebäude der Forschungsabteilungen in die Höhe. Der Radweg verlässt dann den Industriepark und führt uns auf einem komfortablen Weg zwischen Wiesen und Äckern entlang, in der Ferne ist der Schwanheimer Wald sichtbar. Unter mächtigen **Stromleitungen** geht es hindurch. Der Industriepark braucht viel Energie; allein aus dem eigenen Kraftwerk mit seiner Kraft-Wärme-Kopplung ist der Bedarf nicht zu decken. Dann verläuft der Radweg – inzwischen zu einer für Autos gesperrten Straße geworden – wieder direkt neben dem Zaun, dahinter warten Güterzüge auf ihre Ladung.

Vorbei an der neuen, modernen, dennoch nicht unumstrittenen Ersatzbrennstoffanlage geht es auf der imposanten Werksbrücke über den Main. Flussaufwärts sehen wir den **Trimodalport** (R5), einen Hafen, in dem die Transportwege Schiene, Straße und Wasser miteinander vernetzt sind. Mainabwärts liegt idyllisch die **alte Villa** der Gründerfamilie Meister. Der Radweg verlässt erneut den Industriepark und führt uns dann durch **Sindlingen** (Q4). Wir passieren die Klärschlammverbrennungsanlage rechter Hand. Nach dem Bahnhof brauchen wir gute Nerven und Geduld, denn sehr lange verläuft der Weg zwischen Straße und Industrieparkmauer. Der Radweg ist breit, Bäume begleiten die Straße, es gibt wenig Abwechslung fürs Auge, doch viel für die Ohren: geschäftiges Rangieren von Güterzügen hinter der Mauer und vorbeirauschende ICEs auf der anderen Straßenseite. Abwechslung bringen an zwei Stellen **Gucklöcher** durch die Mauer, außerdem lohnt ein Stopp an der S-Bahnstation am Tor Nord, um den farbig gestalteten Tunnel zu betrachten. Zurück auf dem Radweg sehen wir Höchst vor uns liegen, und nach einem kleinen Schlenker nach Süden sind wir wieder am Startpunkt angekommen.

Ingrid Wentzell

Der Schwanheimer Wald

Knorrige Huteeichen, Waldwiesen und einen Sumpfwald gibt es im Schwanheimer Wald, außerdem die ältesten Bäume im ganzen Stadtwald.

Südlich von Niederrad, Goldstein und Schwanheim erstreckt sich wie ein langes grünes Band der Schwanheimer Wald. Einst zum Überflutungsgebiet des Urmains gehörend, gibt es heute nur noch ganz im Westen in der Nähe des Rohsees einen feuchten **Sumpfwald** (S6) mit Farnen und Schwarzerlen, den ältesten Bäumen im Stadtwald. In der Mitte des Schwanheimer Waldes erstreckt sich ein trockener **Sanddünenrücken**, auf dem sich die ersten Siedler niederließen. Im Osten lag der Niederräder Bruch mit dem Schwarzbach; inzwischen durch die Grundwasserentnahme trockengelegt.
Der Wald hat seinen Namen von dem Dörfchen Schwanheim, das erst 1928 eingemeindet wurde. Im Süden reicht der Schwanheimer Wald bis zu einer vom Urmain aufgeschütteten Kiesschwelle, der **Kelsterbacher Terrasse** (S7–S12), die in Schwanheim auch „Hölle" genannt wird. Zwanzig Meter steigt das Gelände plötzlich an. Etwas weiter südlich verläuft die Grenzschneise, die einst Frankfurt und Schwanheim trennte, noch heute stehen die alten Grenzsteine. Schwanheimer Bauern nutzten den Gemeindewald, um Schafe, Schweine, Ziegen und Kühe weiden zu lassen. Insbesondere die nahrhaften Eicheln waren für die Schweinemast beliebt. Einzelne dicke Eichen wurden stehen gelassen, um möglichst viele Eicheln ernten zu können; die anderen wurden als Brennholz genutzt. Diese **Huteeichen**, als „Schwanheimer Alteichen" (R9) bekannt, stehen noch heute und sind mit ihren rund 400 Jahren die ältesten Eichen im Stadtwald.

Landschaft

F. K. Waechter: „Struwwelpeter“

Heldbockkäfer (Männchen)

Artenreiche Blumenwiesen finden Spaziergänger auf den **Schwanheimer Wiesen** (R7–R9), die von Bauern zur Heugewinnung genutzt werden. Würden nicht die Schlote des Industrieparks Höchst über die Baumwipfel ragen, so könnte man sich in der Idylle der hessischen Provinz wähnen. Der **Struwwelpeter** (R7), eine nach Ideen von F. K. Waechter in ein Kunstwerk verwandelte Kopfweide, erfreut am mittleren Wiesenweg.
Im östlichen Schwanheimer Wald liegt der **Golfplatz** (S12), einer der schönsten der Region, gleich daneben eine Forstbaumschule, in der junge Bäumchen auf das Leben im großen Stadtwald vorbereitet werden. Der im ehemaligen Park des gleichnamigen Mäzens angelegte **Waldspielpark Carl-von-Weinberg** (S13) ist eher beschaulich, während im 1955 eingerichteten **Waldspielpark Schwanheim** (R8) Wassersprühfeld, Minigolfanlage und Grillplatz besonders an heißen Sommertagen für viele Gäste sorgen.

Seltene Pflanzen wie Einbeere und Flatterulme, Tiere wie Eichenheldbock, Mittelspecht und Fledermäuse sowie jede Menge Totholz und große alte Eichenwälder – all das waren Gründe für die Aufnahme großer Teile des Schwanheimer Waldes (und des Unterwaldes) in das europäische Naturerbeprogramm „Natura 2000“, seit 2003 als **Flora-Fauna-Habitat-Gebiet Schwanheimer Wald** ausgewiesen. Den Schwanheimer Wald bewirtschaften die Förstereien von Schwanheim, Goldstein und Niederrad.

Holger Scheel

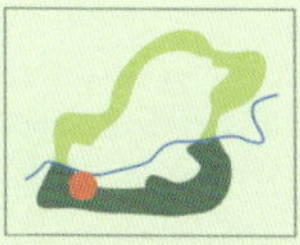

Schwanheimer Wald

Größe: 810 Hektar
Lage: Zwischen der Stadtgrenze zu Kelsterbach im Westen, den Ortsrändern von Schwanheim, Goldstein und Niederrad im Norden, der Flughafenstraße im Osten und der Grenzschneise im Süden
Stadtteile: Schwanheim, Goldstein, Niederrad

Tour

Waldlehrpfad Schwanheim

Dunkler Wald und weite Wiese. Die Tour bringt uns zu dem meistbesuchten Teil des Schwanheimer Waldes und zu den entlegensten Winkeln.

TourInfo

Länge: 6 km
Start und Ziel: (R8) Schwanheimer Bahnstraße, Ecke Parkplatz Waldspielpark Schwanheim Landschaft: Wald, Waldrand und Wiese (Schwanheimer Wald)
Wege: Flach, hauptsächlich Schotterwege, aber auch Trampelpfade
Broschüre: StadtForst
Eingerichtet: 1978 vom Forstamt
Besonderheit: An Start und Ziel des Weges liegt der Waldspielpark Schwanheim – ideal für Kinder. Entlang des Wanderwegs informieren Tafeln über Weißdorn, Ulme, Esche und weitere Bäume und Sträucher des Waldes. Der Weg ist nur in eine Richtung ausgeschildert .
Rastplatz: Am Agendawald, Agendawaldschneise und an der Dietzelschneise
Gastronomie: Vereinsgaststätten Tennisclub Schwanheimer Bahnstraße 108, 60529 Frankfurt, Tel.: 069 359653
Grillplatz am WSP Schwanheim, Schwanheimer Bahnstraße, Tel.: 069 358599
Anreise ÖPNV: Straßenbahn Linie 12, Endhaltestelle „Rheinlandstraße", dann etwa. 5 Minuten in Richtung Wald bis zum Parkplatz vor dem Waldspielpark gehen
Parken: Waldspielplatz Schwanheim an der Schwanheimer Bahnstraße

Aller Anfang ist schwer – besonders dann, wenn die Schaukeln am Waldspielpark Schwanheim und die Bratwurstdüfte vom Grillplatz locken. Wenn wir aber stark bleiben und dem Waldlehrpfad Schwanheim folgen, so werden wir mit einem alten Wald voller großer Eichen und Hainbuchen belohnt; im Frühjahr blüht sogar ein Meer von weißen Buschwindröschen darunter.
Erste Station ist der Baumstumpf einer gefällten Eiche:
An den Jahresringen wird aufgezeigt, wie dick die Eiche im Dreißigjährigen Krieg, bei Goethes Geburt oder bei der Eingemeindung Schwanheims war. Der Pfad verläuft überwiegend am Rand der Schwanheimer Wiesen, an deren Ende wir bald angekommen sind.
Wir verlassen vorübergehend die Wiesen, biegen nach rechts ab und dann nach links in den Rohseeweg, einen schmalen

Die dicke Eiche an der Wanzenschneise

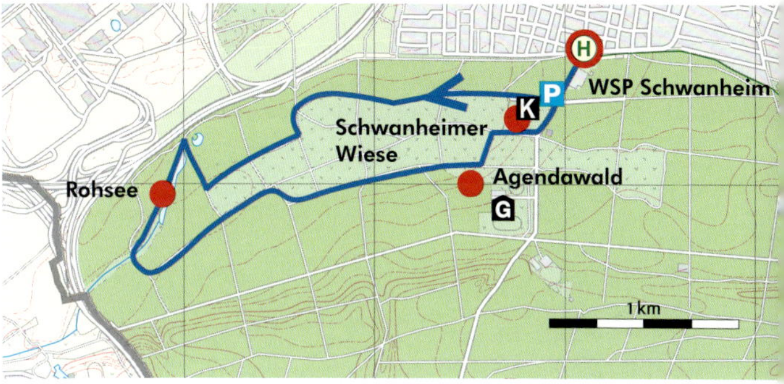

Trampelpfad. Der entlegenste und feuchteste Teil des Schwanheimer Waldes liegt nun vor uns. Im langgestreckten **Rohsee** ragen Wurzelstöcke von Erlen weit aus dem sumpfigen Wasser heraus und erinnern an Mangrovensümpfe. Die Stöcke selbst mögen gut 1000 Jahre alt sein, die herauswachsenden Stämme keine hundert Jahre. Im Mai herrscht hier üppiges Dschungelgrün, dazwischen leuchten gelb die Schwertlilien, und auf den Eichenstämmen trommeln die Spechte um die Wette; sie kommen hier in hessenweit unübertroffener Häufigkeit vor. Am Rohsee können wir uns am ehesten ein Bild vom Schwanheimer Wald machen, wie er Jahrtausendelang aussah, bevor er entwässert, sein Grundwasser zur Trinkwassergewinnung der durstigen Stadt abgesenkt und er immer trockener wurde: Ein sumpfiger, undurchdringlicher Bruchwald mit mächtigen Eichen, Eschen, Ahornen und Erlen. Der Rohsee war einer der letzten Altarme des Mains. Der Wald faszinierte Ende des 18. Jahrhunderts auch Wilhelm Kobelt, Schwanheimer Arzt und Naturforscher. Er untersuchte als erster den „Schwanheimer Urwald", erfasste Tier- und Pflanzenarten und bedauerte das Verschwinden des Schwarzen Milans. Heute könnte er sich über die Rückkehr des großen Greifvogels freuen, denn jeden Sommer brüten einige Paare im Schwanheimer Wald und ziehen über den Wiesen ihre Kreise.

Glockenblumen

WissensWert

Die Eiche (Quercus robur)

Stieleichen gehören zu den ältesten Bäumen im Stadtwald – einige sind über 400 Jahre alt –, und mit rund 34 Prozent gehören sie auch zu den häufigsten. Charakteristisch ist ihre tief gefurchte Borke, wertvoll ist sie für die Tierwelt: Wildschweine fressen die nahrhaften Eicheln, Spechte leben in Höhlen, und über 500 Insektenarten tummeln sich auf und in ihr. Sie wächst gerne auf feuchten, nährstoffreichen Böden, aber auch auf nährstoffarmen, trockenen Standorten. Doch lange Hitzeperioden und Schadstoffe setzen ihr im Stadtwald sehr zu.

Weiter geht es zur kleinen **Riedwiese**, in der im Spätsommer das hohe Indische Springkraut rosa blüht. Die Pflanze konnte sich in den letzten Jahrzehnten überall dort massiv ausbreiten, wo der Boden sehr feucht und stickstoffreich ist. Durch die Wiese fließt der noch junge Kelsterbach. Geben wir ihm einen Gruß mit auf seinem Weg zum Main.

Die Hälfte des Weges haben wir hinter uns; wir biegen links ab. Bald wird der Wald rechter Hand niedrig und dicht, mit vielen Birken darin. In den feuchten Jahren um 2001 herum starben hier Stroben ab, eine Kiefernart, die es trocken mag. Der neue Wald wächst nun von alleine – die Fläche ist „stillgelegt“, wird also nicht mehr bewirtschaftet und ist so ein Gewinn für die Natur. Bald gelangen wir wieder an die Schwanheimer Wiesen, diesmal liegen sie zu unserer linken Seite. Wo unser Weg einen Schlenker nach rechts macht, ist in den Wiesen ein großes Feuchtbiotop für den braunen

Der Rohsee zeigt sich im Mai von seiner grünsten Seite.

Springfrosch angelegt worden. Er kann tatsächlich große Sprünge machen: Ein bis zwei Meter schafft er leicht mit seinen auffallend langen Beinen.

Weiter geht es, vorbei an alten Eichen, zum noch jungen **Agendawald**. Er wurde allerdings angelegt: 1998 pflanzten ihn Bürgerinnen und Bürger in einer Aktion der Lokalen Agenda 21. Davor unterhielten an dem Ort die US-amerikanischen Truppen eine militärische Einrichtung. Auf dem Magerrasen vor dem Wald ist ein Rastplatz. Wer Glück hat, trifft vielleicht sogar die Schafherde an, die mehrmals im Jahr den Rasen kurz hält; so können Thymian und Echtes Labkraut besser wachsen.

Wir biegen links ab und gehen auf einem Trampelpfad über die blumigste der **Schwanheimer Wiesen**. Glockenblume, Wiesensalbei und sogar Heidenelke gedeihen hier prächtig, denn der Bauer verzichtet auf das Düngen. Denn je weniger Nährstoffe in der Wiese sind, umso artenreicher ist sie. Ob dieses Heu den Pferden wohl besonders gut schmeckt? Die Schwanheimer Wiesen werden seit Jahrhunderten gemäht, erstmals wurden sie 1483 erwähnt. Die Weite der Wiesenlandschaft ist beeindruckend; und wenn wir unsere Augen auf den Himmel richten, so sehen wir eine Perlenschnur aus kleinen Lichtern; Banker aus London, Urlauberinnen aus Australien und Erdbeeren aus Südafrika werden eingeflogen. Ein paar Schritte weiter kitzeln wieder die Düfte vom Grillplatz unsere Nase, wir hören das Lachen der Kinder vom Spielplatz.

Ingrid Wentzell

Tour

Rundweg um den Golfplatz

Hier wird besonders viel spaziert, gejoggt und mit oder ohne Stöcke gewalkt, der Dünenwald macht die Strecke besonders attraktiv.

TourInfo

Länge: 4,3 km
Start und Ziel: (S12) Clubhaus des Golfclubs, Golfstraße 41
Landschaft: Wald, oft mit Blick auf den Golfplatz (Schwanheimer Wald)
Weg: Erdwege im Wald, teilweise sehr hügelig
Gastronomie: Keine; das Clubhaus ist nur für Mitglieder geöffnet.
Anreise ÖPNV: S-Bahnhaltepunkt „Bahnhof Niederrad", S 7–S9, dann etwa 15 Minuten zu Fuß gehen: westlich der Bahntrasse zwischen Kleingärten und Bahndamm entlang nach Süden zum Stadtwald, dann rechts in die Golfstraße abbiegen und bis zum Clubhaus des Golfvereins gehen
Parken: An der Golfstraße
Heinweis: Der Weg ist nicht ausgeschildert.

Einfacher geht es kaum: Der Weg um den Golfplatz führt einmal im Kreis um das große Grün herum. Auch wenn es keine Schilder gibt, kann man sich kaum verlaufen, man muss sich einfach immer rechts halten. Sportlich Aktive lieben die Strecke, denn sie führt in abwechslungsreichem Gelände über weiche Erdwege. Wir stehen vor dem imposanten Clubhaus des Golfvereins und fädeln uns direkt links neben dem Gebäude in den Rundweg ein. Auf der Golfschneise geht es vorbei an den Feldern der Forstbaumschule Lüdemann. Hier warten geduldig Tausende von kleinen Eichen, Kiefern, Buchen, Hainbuchen und Douglasien auf ihren großen Tag, wenn sie im Wald ausgepflanzt werden. Alle stammen aus autochtonem, also lokalem Saatgut, denn andere Varianten vertragen das Klima des Rhein-Main-Gebiets nicht so gut. Im Frankfurter Forst wird grundsätzlich lokales Saatgut verwendet.
Für uns gilt ab hier das Fahrschulprinzip: bei der nächsten Möglichkeit rechts

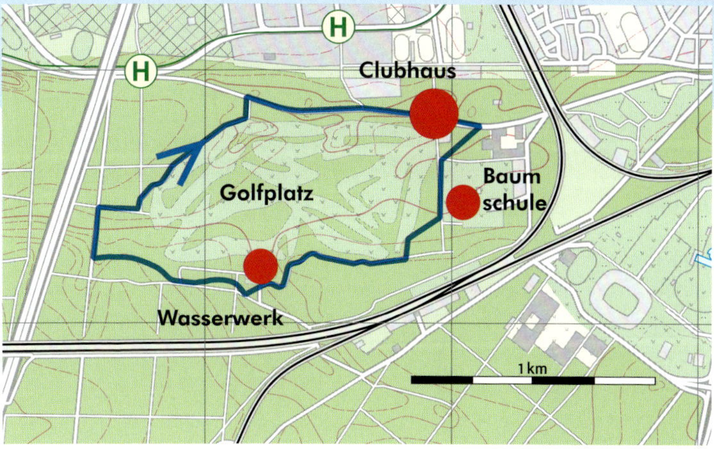

abbiegen. Die bringt uns durch den Buchenwald einen Hang hinauf. Es handelt sich dabei um die Kelsterbacher Terrasse, dem alten Mainufer vom Ende der letzten Eiszeit. Sie wird uns über einen Kilometer begleiten. Unterwegs treffen wir für zwei Meter auf den breiten GrünGürtel-Radrundweg – um einen Zaun zu umgehen – und müssen uns dann sofort wieder ganz scharf nach rechts auf unseren schmalen Pfad begeben.

Von der Kelsterbacher Terrasse haben wir immer wieder einen besonders guten Blick auf den satten Rasen des Golfplatzes, manchmal mit den Bankentürmen im Hintergrund. Den 18-Loch-Platz legte 1929 der damals renommierte Golfplatzarchitekt Harry Colt an. Es war bereits der zweite des Vereins, der erste befand sich am Hofgut Goldstein; er ist heute ein öffentlicher Park. Als der Golfclub 1913 von Frankfurter Industriellen wie Carl von Weinberg und Richard Merton gegründet wurde, war die Idee des Golfspielens übrigens in Deutschland noch fast unbekannt.

Bald erreichen wir das Pumpwerk Goldstein, eines von mehreren Wasserwerken im Stadtwald. In den daneben liegenden Wasserüberlauf springen gerne Hunde hinein. Wir gehen noch ein Stück weiter und verlassen dann die Kelsterbacher Terrasse, indem wir scharf nach rechts den Hang hinab gehen in das einstige Bett des Mains. Denn als die Gletscher nach der letzten Eiszeit weitestgehend abgeschmolzen waren und der damals reißende Main auf sein heutiges Maß schrumpfte, blieben nackte Sand- und Geröllufer übrig. Der Wind tat sein Übriges, und so entwickelten sich – genauso wie im Schwanheimer Unterfeld – kleine Sanddünen, auf denen heute die anspruchslosen Kiefern wachsen. Die Dünen erklären auch, warum es ab nun häufig auf und ab geht. Bald kommen wir wieder auf die Golfstraße und gehen besonders nah am Platz entlang. Immer wieder sind die Freudenrufe oder ein verzweifeltes Aufstöhnen der Golfer zu hören.

Ingrid Wentzell

Lieblingsvermüllungen

Landschaft, Natur, The Great Outdoors, das feine große Draußen! Was gibt es dort alles zu entdecken: Stadtwälder und Obstbaumwiesen, Krötentümpel, Fischweiher, Hochplateaus, Flussniederungen, Altmatratzen und die Pappteller und Rotweinflaschen vom letzten Wochenende. Zu den persönlichen **Lieblingsvermüllungen** befragter GrünGürtel-Nutzer gehört etwa die kopflose zartrosa Keramikente auf einem Apfelweinflaschen-Pappkarton, als Ensemble in strategischer Nähe zum Seckbacher Ried. Auch die vis-à-vis des Parkfriedhofs an der Alten Friedberger Landstraße in einem Wäldchen schräg an einen Zaun gelehnte Queen-Size-Matratze hat radelnden GrünGürtlern eine Bedenkpause beschert. Die an einem Sommertag gesichteten Wegwerf-Grillschalen am Wegesrand markierten eines der wohl auch abends gerne frequentierten Areale am Heiligenstock: der Blick in die Landschaft, die lästig heiße Grillkohle ...

Aber sind es wirklich immer „die Anderen“, die als vermummte Müllsünder auftreten? Über deren Spuren „wir“ uns oft ärgern? Gab es da nicht mal dieses Picknick vor zwei Jahren, nach dem kein einziger leerer Abfalleimer am Mainufer zu finden war? Und die (vom Wind später umgekippten und ins Gelände gewehten) Reste in Plastiktüten neben eine Parkbank gestellt worden waren? Ein Kavaliersdelikt doch nur, eine Art **umgekehrter Mundraub** – erst essen, dann zumüllen. Unendlich harmloser als dieser Autofahrer, der aus der rollenden Metallhülle heraus etwas Großes, Schweres in

den Kullmann-Weiher fallen ließ, einem der Altarme der Nidda, und davonfuhr. Bürger, die das beobachtet hatten, riefen die Polizei. Eingesetzte Taucher vom DLRG fanden dann einen Tresor am Tümpelgrund, leer. Weitere ausgeraubte Geldschränke und Geldkassetten fanden sie dort unten auch: ein Serientäter im GrünGürtel.

Wo eine Stadt ist, da gibt es Müll. Nach ein paar tausend Jahren wird er – vielleicht – von **Archäologenteams** ausgegraben und analysiert, um Erkenntnisse zum Leben der Bewohner (und ihrer Wegwerfstrategien) zu gewinnen. Der Monte Scherbelino, früher als offizielle Frankfurter Müllhalde genutzt, wurde begrünt und mühsam entgiftet. Das bedeutet Kosten, natürlich. Wie die tägliche oder wöchentliche oder saisonal zusätzliche Pflege und Säuberung der Erholungs- und Ergötzungszonen unserer Umgebung, organisiert und bezahlt von der Stadt für ihre Bürgerinnen und Bürger. Parkwächter und **Mülldetektivinnen** kosten auch. Jetzt wandert ein Teil des Stadtmülls in die Schredderanlagen des Müllheizkraftwerks Heddernheim. Für zukünftige Archäologinnen wird es also schwierig werden. Aber sie können ja auf die historischen Kühlschränke, Kinderwägen und Kleidungsstücke in den Stadtwaldzonen zurückgreifen und die Bedeutungen des Kaugummi-Code auf den ergrabenen Bürgersteigen entziffern.

Jutta Vahrson

Müll im Grünen

Waldarbeiter, Gärtner und FES-Mitarbeiter leeren Abfallkörbe und sammeln auf, was sonst noch so in Wald, Park und Flur fallen gelassen wird. Das kostet Zeit und Geld, jährlich fallen an:

Gärten und Parks (ganz Frankfurt)
1.930.000 Euro
4.900 Tonnen Müll

Stadtwald
2.700.000 Euro
70.000 Tonnen Müll

Tunneleinstiegshäuschen an der Hainbuchenschneise

Der Unterwald

Der Unterwald hat es schwer: trockene Böden mit nur wenig Nährstoffen, von Straßen und Schienen zerschnitten, mit Sportanlagen gespickt – und trotzdem ist er mitunter überraschend idyllisch. Eichen, Hainbuchen und Kiefern prägen das Waldbild.

Ob Förster Dauth Eicheln oder Kiefernsamen oder gar beides säte, lässt sich heute nur noch in historischen Forstbüchern nachlesen. Doch eins ist klar: Als er im Jahr 1747 den ersten Heegewald im Stadtwald anlegte, machte er sich unbeliebt bei Bauern und Bürgern. Schließlich durften sie nicht mehr ihr Vieh dort weiden lassen, und Weideland war rar. Heute sind im als **Altheeg** (U7) bezeichneten südwestlichen Teil des Unterwaldes wahrscheinlich schon alle ausgesäten Bäume zu Tischen und Stühlen verarbeitet worden, denn die ältesten noch vorhandenen Eichen und Kiefern sind nur rund 200 Jahre alt. Den Eichen geht es schlecht; neben Luftschadstoffen machen ihnen die heißen und trockenen Sommer zu schaffen. Immer wieder gibt es kleine Waldbrände. Hinzu kommt der Wasserentzug durch die Grundwassergewinnung. Junge Bäumchen wachsen auf manchen Flächen kaum nach, dafür um so mehr Brombeeren.

Für die Nordwestvariante der neuen **Landebahn** des Flughafens wären das Altheeg und Umgebung gerodet worden, doch es hat den nicht minder wertvollen Kelsterbacher Wald getroffen. Damit wird der Unterwald zu einer weiteren Einflugschneise. Sowohl Stadtwald als auch Kelsterbacher Wald erhielten 1993 Bannwaldschutz, eigentlich gedacht für die Ewigkeit – doch diese währte für den Kelsterbacher Wald nur 18 Jahre.
Nicht weit vom Flughafen entfernt liegt die **Unterschweinstiege**. Wo heute

Gaststätte, Hotel und Büros ein geschäftiges Treiben entwickeln, sammelten sich bis vor etwa 150 Jahren grunzende Hausschweine, um sich dann im Unterwald satt zu essen. Die nahrhaften Eicheln waren besonders begehrt, aber ebenso Bucheckern und Engerlinge. Neben den heimischen Eichen, Hainbuchen und Buchen pflanzen die Förster seit 250 Jahren auch Kiefern, später außerdem Fichten, Douglasien und nordamerikanische Roteichen.

Der Unterwald bildet einen schmalen Streifen im Süden des GrünGürtels. So entlegen der westliche Bereich um das Altheeg ist, so turbulent geht es im östlichen Teil um Stadion (S14) und ehemaliges **Oberforsthaus** (R14) zu: Stadionbad, Sportverbände und natürlich das Wäldchestaggelände, an dem zu Pfingsten das traditionelle Frankfurter Waldfest gefeiert wird. Außerdem treffen hier schon seit Jahrhunderten Verkehrsadern aufeinander. Doch im 19. Jahrhundert war dies ein beliebter Rückzugsraum für wohlhabende Bürger. Moritz von Bethmann legte als erster einen prächtigen, inzwischen vergessenen Park am Ort des heutigen Waldspielparks Louisa (Q15) an. Als Oberförster David Klotz, der Amtsleiter von Förster Dauth, Mitte des 18. Jahrhunderts hier lebte, war es allerdings noch recht einsam. Heute teilen sich die Revierförster von Schwanheim, Goldstein und Niederrad das Gebiet, und von Einsamkeit können sie nur träumen.

Ingrid Wentzell

Am Frankfurter Kreuz

Kiefernwald

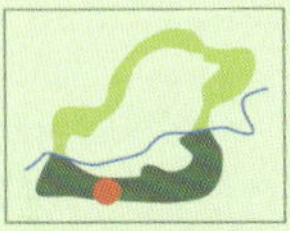

Der Unterwald

Größe: 1508 Hektar
Grenzen: Schwanheimer Wald im Norden (Grenzschneise), Oberwald im Osten (Bahntrasse nach Neu-Isenburg), Autobahn und Flughafen im Süden und Stadtgrenze nach Kelsterbach im Westen
Stadtteile: Schwanheim, Goldstein, Niederrad

Tour

Radtour durch den Unterwald

Lange gerade Strecken führen durch sehr viel Wald und vorbei an Wasserwerken, Wassergräben und Brunnenhäuschen.

TourInfo

Länge: 16,4 km
Start und Ziel: (S12) S-Bahn-Station „Frankfurt-Stadion"
Landschaft: Wald (Unterwald)
Wege: Kleine Steigungen, überwiegend feine Schotterwege, auch Asphaltwege
Besonderheit: Lange gerade Strecken zum Durchradeln
Gastronomie: Steigenberger Airport Hotel – Waldrestaurant Unterschweinstiege, Unterschweinstiege 16, 60549 Frankfurt, Tel.: 069 6975-2500
www.steigenberger.com/ Frankfurt_Airport
Öffnungszeiten: Mo–Sa 11.30–23 Uhr, So 10.30–23 Uhr, im Sommer mit Freisitz
Anreise: S-Bahn-Station „Frankfurt-Stadion", vom Bahnsteig durch die Unterführung, nach links zur Flughafenstraße
Hinweis: Der Weg ist nicht ausgeschildert.

Den Bahnhof im Rücken lassend, fahren wir rechts in die Flughafenstraße und folgen den kleinen, grünblauen Wegweisern des GrünGürtel-Rad-Rundwegs. Durch einen freundlichen Kiefern-Eichenwald fahren wir nach rechts über die Eichengrundschneise den Hang hinab und links abbiegend weiter auf der Golfstraße bis zum Waldfriedhof Goldstein (S10) – ein kleiner Abstecher in den Schwanheimer Wald. Hier fahren wir vor dem Forsthaus nach links in die Unterschweinstiegschneise – verlassen damit den GrünGürtel-Radrundweg – und auf ihr eine lange sanfte Steigung hinauf. Oben angekommen, biegen wir im stumpfen Winkel rechts in die Talschneise (kein Namensschild).

Jetzt sind wir oben auf der **Kelsterbacher Terrasse**, der eiszeitlichen Böschung des Mains. Und wir befinden uns – scheinbar paradox – wieder im Unterwald. Auf der Talschneise fahren wir ein sehr langes Stück geradeaus, vorbei an Beständen – also den kleinsten

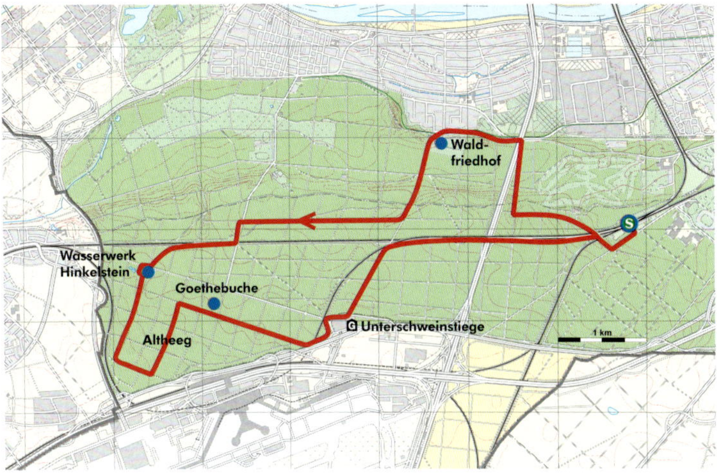

einheitlichen Baumgruppen im Wald – von Kiefern, Eichen mit Hainbuchen, Lärchen, Roteichen, Stroben und Douglasien. Dazwischen immer kleine Anpflanzungen von jungen Eichen, alle mit einem Draht vor **hungrigen Hirschen** und Rehen geschützt. Wir stoßen auf die breite Schwanheimer Bahnstraße, queren sie und fahren nach links in den Radweg neben der Straße bis zum Bahnübergang.

Hinter den Gleisen geht es sofort rechts auf die Hinkelsteinschneise, ihr folgen wir, bald im leichten Bogen, nach links in den Tunnelweg, neben dem die ersten Brunnenhäuschen stehen, und erblicken kurz darauf das Wasserwerk **Hinkelstein** (T7). Der Tunnelweg verläuft genau über dem 15 Meter tiefer liegenden Tunnel mit den Förderbrunnen. Der Tunnel ist begehbar, zwei Kilometer lang und liegt nur wenig über dem Grundwasser. Auf halber Länge steht das Wasserwerk Hinkelstein, wichtigstes Pumpwerk im Stadtwald. Schön das historische Gebäude mit großer Kuppel, zusammen mit den Brunnen erbaut im Jahr 1893. Das inzwischen automatisch betriebene Wasserwerk gehört zu „Hessenwasser" und beliefert den Flughafen mit Trinkwasser. Die maximale Förderleistung beträgt 50 000 Kubikmeter pro Tag. Insgesamt wird ein Fünftel des Frankfurter

Kiefern vertragen viel Hitze .

WissensWert

Die Kiefer (Pinus sylvestris)

Die Waldkiefer, wie sie richtig heißt, ist ein wahrer Überlebenskünstler. Anderen Arten gegenüber ist sie konkurrenzschwach, doch unter extremen Bedingungen wie trockenen, sandigen und nährstoffarmen Böden, Mooren, Kälte oder Hitze ist sie überlegen. Eine Baumart, mit der man gut für den Klimawandel gerüstet ist.
Kiefern können mindestens 500 Jahre alt werden, kommen von Asien bis Europa vor und sind gut an der fuchsroten Rinde und ihrem aromatischen Duft zu erkennen. Rund 29 Prozent der Bäume im Frankfurter Stadtwald sind Kiefern.

Trinkwassers im Stadtwald gefördert, der ganze Unterwald ist Wasserschutzgebiet.

Die Anlage wird rechts umfahren, und wir erreichen, dem Weg folgend, die Hainbuchen-Schneise, auf der wir geradewegs zu dem kleinen historischen **Tunneleinstiegshäuschen**, ebenfalls von 1893, gelangen. Hier endet der unterirdische Stollen. Das Häuschen wird mit einem Schwenk nach links umfahren und dann in die Kelsterbacher Schneise nach links abgebogen. Ihr und dem daneben liegenden langen Wassergraben – er dient zur Versickerung von aufbereitetem Mainwasser – folgen wir bis zur Lärchen-Schneise, in die wir links einbiegen, um sie bis zur Eysseneck-Schneise zu benutzen.

Dann wieder rechts bis zum Hinweisschild **Goethe-Buche** (T8). Die vermutlich mächtigste Buche im Unterwald wurde wohl in Goethes Geburtsjahr gepflanzt

Historisches Gebäude im Wasserwerk Hinkelstein

und 1999 zu seinem 250. Geburtstag getauft. Ein guter Platz für eine kleine Pause. Neben Buchen wachsen überwiegend Eichen und viele Kiefern, typisch für den Unterwald mit seinen trockenen Böden. Wir befinden uns übrigens im **Altheeg**, das zusammen mit weiteren Bereichen des Unterwalds und des Schwanheimer Walds seit 2003 als **Flora-Fauna-Habitat-Gebiet** ausgewiesen ist. Hirschkäfer, Heldbockkäfer, Fledermäuse sowie der seltene bodensaure Eichenwald werden so geschützt. Dieser Lebensraum ist selten, 40 Prozent der in Hessen unter Schutz gestellten Fläche befinden sich hier im Westen des Frankfurter Stadtwalds.

Auf der Eysseneck-Schneise geht es nun ein sehr langes Stück geradeaus, dann wird ein Gattertor und der Tunnelmund der S-Bahn zum Rhein-Main-Airport passiert. Wir folgen dem Weg, hören den Autolärm der benachbarten Straße. Kurz hinter der Tankstelle kreuzen wir die Schwanheimer Bahnstraße und fahren auf dem Radweg an den Bürogebäuden vorbei bis zum Hotel. Wer nach rechts geht, findet, versteckt hinter dem neuen Hoteleingang, das historische **Waldrestaurant Unterschweinstiege**. Nach einer Einkehr oder auch direkt folgen wir der Unterschweinstiegschneise nach links bergab bis zur Bahnlinie. Der Weg führt bald in einem Bogen nach rechts und dann parallel zur Bahnlinie. Wir fahren über die Autobahn A5 und erreichen bald wieder den GrünGürtel-Radweg an der Bahnunterführung, durch die wir anfangs schon gefahren sind. Dem Radweg folgen wir erst nach rechts, dann nach links bis zum S-Bahnhof.
Wir sind am Ziel angekommen und haben auf der langen Tour „erfahren" können, welche riesigen Dimensionen der Unterwald hat.

Klaus Konrad

Tiere im GrünGürtel

„Das seltene Tier springt gerne von Baum zu Baum, schwimmt gut und liebt das Schöne." – Damit kann nur das GrünGürtel-Tier (Dasipus frankonia) gemeint sein; geschaffen vom Zeichner und Dichter Robert Gernhardt und bisher wohl kaum in freier Natur entdeckt.

Der GrünGürtel beherbergt aber durchaus eine artenreiche (wilde!) Tierwelt. Die größten Vertreter sind im Stadtwald zu finden, das sind die **Säugetiere** Damhirsch, Wildschwein und Reh. Das Wildschwein kann deutliche Wühlspuren in waldnahen Wiesen, Parkanlagen und Gärten hinterlassen, insbesondere in Schwanheim und Goldstein, denn nur im westlichen Stadtwald kommt es vor. Zu Gesicht bekommt man es aber eher selten, da überwiegend nachts unterwegs. Das ist auch die Zeit der Fledermäuse, die mit mindestens zwölf Arten auf Lichtungen und in Schneisen, an Waldrändern, im Ostpark oder am Main- und Niddaufer in der abendlichen Dämmerung auf Insektenfang gehen. Tagsüber leben sie versteckt in Baumhöhlen oder unter Dachziegel- und Mauerritzen an Gebäuden.

Auffälliger sind die **Vögel**, die im Frühjahr mit ihrem Gesang auf sich aufmerksam machen, der – von Art zu Art unterschiedlich – zu verschiedenen Tageszeiten vorgetragen werden kann. Einer der Meistersänger ist die Nachtigall, die nicht selten in den Gebüschen entlang

Damhirsche

der Nidda überwiegend in der Nacht zu hören ist. Mit ein bisschen Glück kann man dort den seltenen **Eisvogel** im raschen Flug mit einem Farbenspiel aus Blau, Grün und Rot meist nur kurz beobachten, ehe er sich wieder entfernt auf einen Ast setzt, um kleine Fische zu fangen. Andere Vögel sind da wesentlich zutraulicher, wie etwa die nicht minder farbenprächtige **Mandarinente** am Jacobiweiher im Stadtwald oder die Nil- und Kanadagänse im Ostpark und am Mainufer, die zahlreich die Futterstellen bevölkern. Dazu gibt es auch seltene und heimliche (versteckt lebende) Arten, die wohl nur die Vogelkundler zu Gesicht bekommen: das Tüpfelsumpfhuhn am Alten Flugplatz, den Wespenbussard im östlichen Stadtwald oder den Feldschwirl im Sossenheimer Unterfeld. Insgesamt sind es weit über 100 Vogelarten, die sich mit viel Geduld im GrünGürtel beobachten lassen.

Wesentlich weniger artenreich sind die **Reptilien** und **Amphibien**. Immerhin gibt es zwei verschiedene Schlangenarten, Ringelnatter und Schlingnatter, in Frankfurt. Am Enkheimer Ried und Berger Hang kann man sogar beide zusammen beobachten. Sie sind ungiftig und völlig harmlos. Zusätzlich wird häufig die Blindschleiche für eine **Schlange** gehalten; in Wirklichkeit ist sie aber eine Eidechse – nur ohne Beine. Die drei Arten mit Beinen sind dagegen leicht als solche zu erkennen; die häufigste ist im GrünGürtel die Zauneidechse, beispiels-

Nilgänse

weise in der Schwanheimer Düne. Die Bezeichnungen Molch, Salamander und Eidechse werden häufig durcheinandergebracht. Jedoch verbringen Molch und Salamander einen Teil ihres Lebens im Wasser, wo man Eidechsen nie findet. Der Feuersalamander mit seiner markanten gelb-schwarzen Warnzeichnung ist in Frankfurt ausgesprochen selten. Er ist nur in feuchten Bereichen des Stadtwaldes, zum Beispiel im Bereich der Grastränke, zu finden.

Im zeitigen Frühjahr ist die Wanderzeit der **Amphibien**. An manchen Stellen werden dann niedrige Zäune an Straßen (wie im Fechenheimer Wald und im Niedwald) aufgestellt, um die verschiedenen Arten vor dem sicheren Tod durch den Straßenverkehr zu bewahren. Hauptsächlich ist es die braune Erdkröte, die zu Hunderten versucht, die Straße zu überqueren. Andere Krötenarten sind die im attraktiven Camouflage-Look gezeichnete Wechselkröte und die Kreuzkröte mit ihrem gelben Strich auf dem Rücken. Diese beiden seltenen und streng geschützten Arten leben in den Schollenfeldern auf dem Alten Flugplatz bei Bonames. Ein weiterer charakteristischer Lurch im GrünGürtel ist der Seefrosch, der mit seinem lauten Kekkern im Frühjahr und Sommer entlang der Nidda in den Altarmen und Renaturierungsflächen und in den Kiesgruben im Schwanheimer Unterfeld vernommen werden kann. Die Kaulquappen bevölkern im Sommer zu Tausenden die Gewässer am Alten Flugplatz.

Die große Gruppe der **Insekten** begegnet uns überall in großer Zahl. Manche erfreuen uns, andere sind dagegen lästig und manchmal auch schmerzhaft. Aber alle gehören zur Natur und haben dort ihren Platz.

In Frankfurt werden die Lebensräume systematisch erforscht.

Thema

Tagpfauenauge

Große Königslibelle

Hirschkäfer (Männchen)

Blindschleiche

Junge Graureiher

Allgemeine Begeisterung lösen die bunten **Tagfalter** aus, wie das Tagpfauenauge oder der Schwalbenschwanz. Sie gehören wie die Blumen zu einer Wiese in der Niddaaue. Allerdings gibt es viel mehr Nachtfalterarten, die meist nicht bunt, sondern gut getarnt grau-braun gezeichnet sind. Sie werden landläufig als „Motten" bezeichnet, was ihnen im Ganzen aber nicht gerecht wird, denn die meisten Arten sind beim genauen Hinschauen ebenso schön wie die Tagfalter, und nur wenige treten als Schädlinge auf.

Libellen werden häufig, wie der Eisvogel, als fliegende Edelsteine bezeichnet. An schönen Sommertagen sind die zahlreichen Gebänderten Prachtlibellen mit ihrem blau oder grün schillernden Körper und dem blauschwarzen Flügelfleck zu beobachten. Die Tiere haben ein ausgeprägtes Balz- und Territorialverhalten, bei dem die Männchen von einer Sitzwarte aus ihr Revier mit Luftkämpfen und Drohflügen gegenüber Rivalen verteidigen. An den Stillgewässern, den Altarmen, Weihern und Teichen, leben die großen Vertreter dieser wahren Kunstflieger wie die Königslibelle und die Mosaikjungfer. Sie fallen dem Beobachter durch ihre plötzlichen Wechsel von reißendem Flug und abruptem Stehen in der Luft auf und können sogar rückwärts fliegen. Viele Menschen haben Angst vor Libellen, weil sie angriffslustig seien und stechen könnten – reine Fantasie. Libellen stechen und beißen nicht und sind auch nicht giftig.

Selten gesehen, aber der größte Käfer im Stadtwald ist der Hirschkäfer mit seinem markanten Geweih. Die Larven leben etwa fünf Jahre im Boden an Wurzelstöcken abgestorbener oder gefällter Laubbäume, besonders von Eichen. Im Mai und Juni schlüpfen die erwachsenen **Käfer** und sind dann vor allem an warmen Abenden in der Dämmerung unterwegs auf der Suche nach dem wesentlich weniger auffälligen Weibchen, dem das „Geweih" fehlt. Häufig findet man im Schwanheimer Wald Teile von Hirschkäfern auf den Wegen und auf Baumstümpfen. Es sind die Reste von Mahlzeiten verschiedener Vogelarten, für die der große Käfer eine Delikatesse ist. Der Hirschkäfer ist aber nur eine von mehr als 1000 Käferarten im GrünGürtel. Die meisten sind winzig und leben ebenfalls im Verborgenen, einige kann man allerdings beim Spazierengehen entdecken, wie beispielsweise den grün schillernden Rosenkäfer an blühenden Rosen. Seine Larven sind häufig im Kompost zu finden. Auf der Bodenoberfläche flitzen Laufkäfer umher. Die meisten von ihnen können aber durchaus auch fliegen.

Bei den Zweiflüglern (Insekten, Ordnung Diptera) geht in Frankfurt sprachlich einiges durcheinander. Wenn in Sachsenhausen bei einem Ausflug eine **„Migg"** auf dem Tisch sitzt, ist damit keinesfalls eine Mücke gemeint. Es handelt sich dann um eine Fliege (Diptera, Brachycera, also ein Zweiflügler mit kurzen Fühlern). Die Mücken (Diptera, Nematocera), also die manchmal lästigen, stechenden und nachts im Schlafzimmer summenden kleinen Insekten, heißen hier **„Schnaake"**. Die

Seefrosch

darf man dann aber nicht mit den echten Schnaken oder Tipulidae (ebenfalls aus der Gruppe der Diptera, Nematocera) verwechseln. Das sind die relativ großen, geflügelten und zerbrechlichen Tiere mit langen Beinen, die, wenn man das Licht anmacht, an der Zimmerdecke entlang fliegen. Diese werden im Frankfurter Raum häufig auch „Schneider" genannt, wobei Weberknechte (ein Spinnentier, hat keine Flügel, aber acht lange Beine) häufig ebenfalls so genannt werden.

Spinnen, die keine Insekten sind (leicht auseinanderzuhalten: **Spinnen** haben acht Beine, Insekten nur sechs!), sind sehr artenreich im GrünGürtel vertreten, weit über 400 Arten sind aus Frankfurt bekannt. Sie sind praktisch in jedem Lebensraum zu finden, außer im Wasser. In der Schwanheimer Düne gibt es Arten, die nur auf Sandflächen vorkommen, andere leben fast ausschließlich im Kronenbereich der Bäume, wieder andere unter der Rinde oder an Hauswänden. Meist sind Spinnen gut getarnt und oft nur schwer zu entdecken. Nicht so die wohl schönste aller Spinnen, die Wespenspinne mit ihrer gelb-weiß-schwarzen Zeichnung. Sie baut ihr Netz in Wiesen und Brachflächen und fängt dort Heuschrecken und Bienen, so beispielsweise am Berger Hang.

Andreas Malten

Tipps zum Tierebeobachten

Ein besonderes Erlebnis ist es, auf einem Spaziergang ein Reh zu sehen oder eine Goldammer zu hören. Doch die meisten Tiere sind scheu, deshalb gilt: still sein, sich nicht bewegen und warten – dann kommt vielleicht der Fuchs aus seinem Bau, die Mönchsgrasmücke nimmt ihren Gesang auf, und die Eidechse legt sich wieder in die Sonne.

Vogelsuche am Alten Flugplatz

Jacobiweiher

Der Oberwald

Dunkel, feucht und üppig ist der Oberwald, neben Eichen, Roteichen und Kiefern wachsen hier auch Hessens höchste Buchen.

Vom Lohrberg aus ist deutlich zu sehen, dass der Oberwald tatsächlich über den restlichen Stadtwald hinausragt. Am Goetheturm (Q18) im Nordosten des Oberwaldes hat er mit 148 Metern seinen **höchsten Punkt**, und dementsprechend gut ist auch von dort die Aussicht – hinüber zum Lohrberg. Doch erst wenn man sich in den Wald hineinbegibt, offenbart sich sein ganzer Reichtum. Ein lehmiger Boden über Kalkstein sorgt nämlich dafür, dass Wasser gut gespeichert wird und Nährstoffe reichlich vorhanden sind. Und deshalb wachsen die Bäume hier besonders gut, ja, nördlich vom Jacobiweiher stehen sogar die höchsten Buchen Hessens. Fünfzig Meter wachsen sie in den Himmel, ein Augenschmaus für jeden Förster. Die Buche ist die Hauptbaumart im Oberwald, gefolgt von Eiche, Roteiche und Kiefer. Besonders dicke und mit rund 300 Jahren sehr alte Exemplare sind die von den Frankfurtern als **Kaisertannen** bezeichneten Kiefern am Hainer Weg (R17). Am Boden wächst oft eine üppige Farn- und Krautschicht, besonders im Frühjahr verzaubern Buschwindröschen, Lerchensporn und Waldmeister den Wald.

Nirgendwo sonst im Stadtwald gibt es so viel **Wasser** wie im Oberwald: Zum einen sind da Maunzenweiher (R19), Scherbelinoweiher (S19), Kesselbruchweiher (T18), Försterwiesenweiher (T17), Grastränkeweiher (S18) und als größter der Jacobiweiher (S16); alle von Menschen angelegt. Dann sprudeln hier mit Mörderbrunnen (T17), Königsbrunnen (S16) und dem schwefelhaltigen Königs-

brünnchen (S16) gleich drei Quellen. Doch das ist nicht genug:
Hier fließt der **Königsbach,** der einzige Bach im Stadtwald. Er entspringt in Neu-Isenburg und bildet ein langes, feuchtes Tal bis zum Waldspielpark Louisa. Bärlauch und Sumpfdotterblumen säumen vor allem im unteren Teil, dem Clee'ischen Wäldchen (S15/16), sein Ufer. Weil er früher öfter Hochwasser mit sich führte, staute ihn Forstdirektor Jacobi 1932 zu einem Weiher, der schon damals für die Erholung suchenden Stadtmenschen gedacht war.
Heute ist der **Jacobiweiher** (S16) ein zentrales Ausflugsziel im Stadtwald, und das, obwohl er unter der Einflugschneise des Flughafens liegt. Ganz in der Nähe befindet sich das StadtWaldHaus (T15), das besonders gerne von Familien mit Kindern besucht wird, weil hier viel Interessantes über Wald und Natur zu erfahren ist.
Übrigens war der Oberwald ursprünglich ganze 180 Hektar größer: Der Teil am Sachsenhäuser Berg wurde jedoch an Bürger verkauft und in Gärten, Weinberge und Felder, später auch in ein Wohngebiet umgewandelt. Bereits 1374 fand der erste Waldverlust statt, viele weitere sollten folgen. Heute teilen sich zwei **Revierförstereien** den Oberwald: Sachsenhausen und Oberrad. Sie ernten auch die jungen Buchen, die beim Durchforsten entfernt werden müssen, und liefern ihr Holz an eine Papierfabrik in Stockstadt.

Ingrid Wentzell

Buschwindröschen

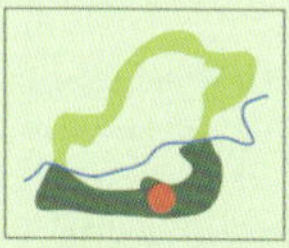

Der Oberwald

Größe: 1317 Hektar
Lage: Zwischen der Bebauung von Sachsenhausen und dem Gartenland von Oberrad im Norden, der Stadtgrenze nach Offenbach und Neu-Isenburg im Osten und Süden und der Bahntrasse nach Neu-Isenburg im Westen
Stadtteile: Sachsenhausen, Oberrad

Tour

Radtour durch den Oberwald

Hoch zum Oberwald – doch keine Angst, nicht steil, sondern gemächlich geht es zum Goetheturm. Dort lässt sich alles gut überblicken.

TourInfo

Länge: 17 km
Start: (U15) Neu-Isenburg, Bahnhof
Ziel: Frankfurt-Sachsenhausen, S-Bahnhof „Mühlberg"
Landschaft: Wald, nahe der S-Bahn auch Bebauung (Oberwald)
Weg: Nur geringe Steigungen, vorwiegend Schotterwege in fahrradtauglichem Zustand
Gastronomie: Waldgaststätte Oberschweinstiege, Oberschweinstiege 65 60598 Frankfurt, Tel.: 069 697693710 www.oberschweinstiege-frankfurt.de
Gaststätte Goetheruh, Zum Goetheturm 1, 60599 Frankfurt, Tel.: 069 686830 www.goetheruh.de
Anreise ÖPNV: S3, S4 bis „Neu-Isenburg Bahnhof" (Fahrstuhl vorhanden)
Hinweis: Der Weg ist nicht ausgeschildert.

Wir starten am Bahnhof in Neu-Isenburg (U15) und verlassen ihn auf der Ostseite über eine Rampe. Linker Hand folgen wir der Regionalparkroute in den Wald. An der nächsten Wegweisung fahren wir nach rechts Richtung Bansapark und dann immer am Waldrand entlang bis zum **Forsthaus Tannenwald** (U15). Dort geht es links, fast in einer Kehrtwendung, in die Bussardschneise. Dieser folgen wir bis zur Unterführung unter die A 3. Weiter geht es auf der Kuhpfadschneise. Dabei kommen wir am **StadtWaldHaus** (T15) vorbei. Dann müssen wir die Isenburger Schneise an der Ampel überqueren. Am Parkstreifen entlang kommen wir zur Haltestelle der Straßenbahnlinie 17, der **Waldbahn**, die Neu-Isenburg mit Sachsenhausen verbindet.
Danach biegen wir nach links in den Welscher Weg und fahren entlang der Schienen. Buchen säumen den Weg. An der nächsten Kreuzung fahren wir nach

Frühlingsboten: Bärlauch, Buschwindröschen, Lerchensporn, Aronstab

rechts in die Stoltzeschneise, um dann wieder rechts in den zweiten Waldweg abzubiegen. Hier kommen wir, wenn wir uns links halten, nach einer kleinen Brücke zum **Königsbrünnchen** (S16). Das Wasser enthält Eisen, daher die gelbe Farbe; Schwefelwasserstoff gibt ihm den unangenehmen Geruch. Wir fahren weiter und biegen nach einigen Metern rechter Hand in den Königsbrunnenweg in Richtung **Jacobiweiher** (S16, T16) ein, von dem wir einen Teil umrunden werden. Eine Gaststätte liegt an der Strecke. Wer die **Bäume** genauer betrachtet, stellt fest: Einer von ihnen wurde zu oft angepinkelt, er pinkelt nun zurück! Auch kommen wir am Jacobistein (S16) vorbei, einem Gedenkstein für den Förster, der den Weiher anlegen ließ. An der Brücke (S16) verlassen wir den Weiher und biegen links auf die Dornhöferschneise, passieren eine kleine Schutzhütte. Wir fahren nun immer geradeaus, unter den höchsten Buchen im Stadtwald hindurch, bis wir auf die schmale Zubringerstraße zur Oberschweinstiegschneise gelangen. In diese biegen wir rechts ab und folgen ihr bis zur Darmstädter Landstraße, welche wir überqueren, am sichersten mit der Holzbrücke. Wir folgen dem Weg weiter durch das Wildgattertor bis zur Wegspinne. Hier gibt es wieder eine Schutzhütte und auch einen **Monsterspecht** (S17). Wer findet ihn?

Jetzt biegen wir ganz rechts in den Hainer Weg ein, dem wir ein ganzes Stück bis zur Schillerschneise folgen. In diese biegen wir nach links ab. Rechts von der Kreuzung liegt die Schillerruhe (T17). Hier soll **Friedrich Schiller** 1782 übernachtet haben, als er auf der Flucht vor dem Fürsten von Mannheim war – dem hatte Schillers Stück „Die Räuber" nicht gefallen.

Der Schillerschneise folgen wir bis zum Kesselbruchweiher. Hier gibt es wieder eine kleine Wegspinne und eine Schutzhütte, bei der wir nach links in den Miquelsweg abbiegen. Wenn wir Zeit und Muße haben, dann können wir den Kesselbruch- und den **Försterwiesenweiher** umrunden. Es lohnt sich, hier ist

Das Wasser des Königsbrünnchens riecht zwar nach Schwefelwasserstoff, ist aber dennoch trinkbar.

oft Wild zu sehen, vor allem abends auf der Försterwiese. Nachdem wir wieder an einer Schutzhütte vorbei und noch ein Stück weitergekommen sind, biegen wir rechts in die Scheerwaldschneise. Ihr folgen wir bis über die Brücke über die Babenhäuser Landstraße, um kurz nach der Brückenabfahrt in den ersten Weg nach rechts abzubiegen, die Schneise F4 (Feuerlinie Nr. 4). Hier fahren wir bis zu einer weiteren Schutzhütte und dort halblinks in einen kleineren Waldweg, den Steinweg.

Über diesen gut ausgebauten Weg erreichen wir den **Maunzenweiher** (R19). Hier schauen wir uns die schöne geschnitzte Hinweistafel an und können auch eine Runde um den See fahren. An der Stelle, an der wir den See erreicht haben, biegen wir dann links in den Wolfsweg. Diesen verlassen wir an der Hügelschneise nach halbrechts und fahren am Waldrand entlang zum **Waldspielpark Scheerwald** (Q19). Hier kann einem an manchen Tagen das Wasser im Munde zusammenlaufen – es riecht immer recht lecker an den Grillplätzen. Wir fahren nun weiter am Waldrand entlang bis zum höchsten Punkt der Tour am **Goetheturm** (Q18). Hier lädt uns ein weiterer **Waldspielpark** mit Bewirtung zum Bleiben ein. Nach der Rast fahren wir den Wendelsweg zügig bergab und haben genug Schwung, um die kleine Steigung bis zum Lettigkautweg zu nehmen. Hier biegen wir rechts ein und folgen der Straße bis zur Offenbacher Landstraße. Diese überqueren wir an der Ampel nach links, dann weiter auf dem Radweg bis zur S-Bahn-Station „Mühlberg".

Peter Mertens

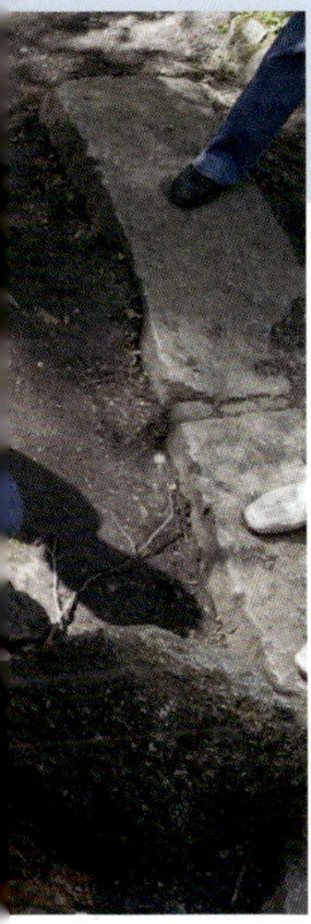

Kesselbruchweiher

Tour

Schäfersteinpfad

Weiche Waldwege, hohe Buchen und historische Grenzsteine sind zu sehen, Kreuzritter und wollige Schafe denken wir uns dazu.

TourInfo

Länge: 5,5 km (östlicher) und 7,5 km (westlicher Teil)
Start: (R15) Welscher Weg, Ecke Ziegelhüttenweg (neben der Eisenbahnbrücke)
Ziel: (Q14) Niederräder Landstraße, Ecke Kennedyallee
Landschaft: Wald (Unterwald, Oberwald)
Weg: Flach, Erdwege
Broschüre: Informationsblatt (StadtForst)
Eingerichtet: 1967, Forstamt
Besonderheit: 49 historische Grenzsteine am Wegesrand, viele Bänke
Gastronomie: Café-Restaurant Wessinger, Alicestr. 2, Ecke Friedensallee, 63263 Neu-Isenburg, Tel.: 06102 8080 Öffnungszeiten: Täglich 6–24 Uhr
Anreise ÖPNV: S3, S4 und Straßenbahn 14 bis Bahnhof „Louisa", von dort über die Tramgleise geradeaus über den Königsbach, dann weiter mit der Gablonzer Straße zum Parkplatz vor der Gaststätte Buchscheer, dort rechts in den Ziegelhüttenweg, geradeaus zwischen den Kleingärten, den Königsbach erneut queren, dem Weg an der Bahn entlang folgen und dann an der Unterführung über die Gleise: Jetzt sind wir auf dem Welscher Weg. Am linken Wegesrand steht der erste Schäferstein.

Über hundert Jahre hatten sie sich gestritten, die Stadt Frankfurt und der von Kreuzrittern gegründete Deutsche Orden. Beide meinten, die „Holzhecke" (Q14) vom Kaiser erhalten zu haben. Kein Wunder, hatten doch die deutschen Kaiser ihr Land vielfach verschenkt, verpfändet und verkauft (und dabei wohl manchmal den Überblick verloren). So hatte Karl IV. die Holzhecke 1372 an die Stadt Frankfurt gegeben, Friedrich II. aber bereits 1221 an den Deutschen Orden. Der **Streit** endete 1484 mit einem Vergleich: Das Gebiet ging an die Stadt, das Weiderecht an den Orden. Die Stadt musste darüber hinaus 1400 Gulden an die Ordensherren zahlen. Wald und Weide waren damals kostbar, als Lieferant von Energie, Baumaterial und Futter, für die es keine Alternativen gab. Mit sechzig Grenzsteinen und einem Graben wurde das Weideland der Ordensleute markiert, dann konnte ihre Schafherde sich ans Futter machen.
Neunundvierzig dieser „Schäfersteine" stehen noch heute, und unser Wander-

Schäferstein mit Deutschordenskreuz – auf der Rückseite steht das spiegelverkehrte F.

pfad führt an ihnen entlang. Wunderbar ist, dass er quer zu den Schneisen auf weichen Erdwegen verläuft.

Gleich zu Beginn betreten wir den hohen **Buchenwald.** Nun können wir den Wegweisern vertrauen, kleinen Holzschildern mit einem spiegelverkehrten F – angeblich konnte der Steinmetz nicht lesen und verdrehte die Schablone. Schon bald sind uns die kleinen bemoosten Steine mit dem Kreuz auf der dem ehemaligen Weideland zugewandten Seite und dem F auf der anderen ein vertrauter Anblick. Wir queren die Straßenbahnschienen, bald darauf die Isenburger Schneise und kommen in einen Nadelwald, der ein wenig an den Schwarzwald erinnert. Doch wenn wir die Brücke über die A 3 erklimmen, erinnert uns der plötzliche Lärm wieder daran, dass wir in Frankfurt sind. Links passieren wir den **Waldspielpark Tannenwald** (T16) – Kinder lieben im Sommer die erfrischenden Wasserspiele! Danach kommen wir in Neu-Isenburg an und biegen rechts ab, immer am Waldrand entlang. Vorerst treffen wir auf keine weiteren Schäfersteine, denn hier ist das einstige Weideland bebaut, unter anderem mit einem **Café** (U15).

Nachdem wir am Isenburger Bahnhof die Gleise unterquert haben, gelangen wir erneut in den Wald und nehmen – jetzt nach Norden gehend – den Schäferstein-Rhythmus wieder auf. Der Buchenwald ist hier nur wenig besucht, das lässt uns Raum, an den Deutschen Orden zu denken, der 1190 während der Zeit der Kreuzzüge nach Jerusalem von **Rittern** gegründet wurde. Sie wollten Kranke pflegen, aber auch mit dem Schwert Land für ihre Religion erobern, ähnlich den Johannitern und den Templern. Bald hatten die Deutschordensritter Niederlassungen von den Alpen bis an die Ostsee. Napoleon löste den Orden auf, unter den Nazis war er verboten. Nach dem Zweiten Weltkrieg kam eine Gruppe von Deutschordensleuten aus der Tschechoslowakei nach Frankfurt und baute das zerstörte Deutschordenshaus in der Brückenstraße in Sachsenhausen am Main wieder auf. Die ehemaligen Kreuzritter sind zu friedlichen Seelsorgern geworden, die karitativ tätig sind.

Dann holt uns der idyllisch gelegene **Tiroler Weiher** (S14) aus den Gedanken zurück. Tiroler sehen wir keine – so wur-

Frisch ausgetriebene Buchenblätter

WissensWert

Die Buche (Fagus sylvatica)

Sie ist der typische Baum Deutschlands! Weltweit wächst fast die Hälfte der verbliebenen Buchenwälder bei uns, insbesondere in Hessen, teils in Mischwäldern, teils in reinen Buchenwäldern. Die Buche bildet dichte Kronen. Ihr Schatten verdrängt andere Arten, die hohen Stämme haben eine silbrige, glatte Rinde. Die Buche kann bis zu 300 Jahre alt und 50 Meter hoch werden, so wie die Buchen am Jacobiweiher im Oberwald. Etwa dreißig Prozent der Bäume im Stadtwald sind Buchen. Eines mögen sie gar nicht: starke Trockenheit und Hitze.

den aber früher jene bayerischen Soldaten bezeichnet, die hier lagerten und 1833 und 1848 auf Seiten des Deutschen Bundes die Revolutionäre bekämpften. Weiter geht es zum **Wäldchestagsgelände** (R14). Achtung! Zu Pfingsten werden Karussells, Riesenrad und Bierzelte aufgestellt; den Rest des Jahres sieht das Gelände verlassen aus. Wir passieren die historischen Ställe des ehemaligen Oberforsthauses und erreichen am Ende des Pfades die **Bürgerwiese** (Q14). Hier befinden wir uns inmitten der eigentlichen **Holzhecke**, dem Wald und der Wiese, um die vor 600 Jahren gestritten wurde. Ganz in der Nähe, in der Schwarzsteinkaut, befand sich einst übrigens der Basaltsteinbruch, aus dem die Blöcke für die Schäfersteine stammen.

Ingrid Wentzell

Buchenrinde ist glatt und schimmert silbrig.

Am Tiroler Weiher

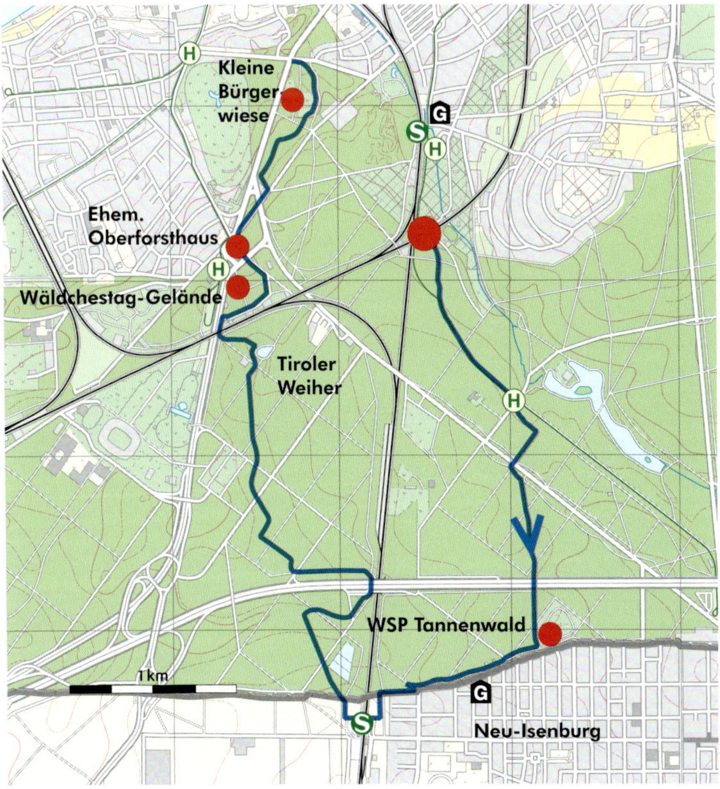

Tour

Naturpfad Weilruh

Junge und alte Buchen wachsen um die Wette in einem Wald, der erstaunlicherweise von keiner einzigen Straße zerschnitten wird.

TourInfo

Länge: 6,5 km
Start und Ziel: (R17) Hainerweg, Ecke Babenhäuser Landstraße
Landschaft: Wald, 2 Teiche (Oberwald)
Weg: Überwiegend Erdwege, außerdem wassergebundene Waldwege, geringe Steigungen
Eingerichtet: 1970 vom städtischen Forstamt, erneuert 2006
Besonderheiten: 32 Informationstafeln, Hunde müssen an der Leine gehen (Damwildgatter), der Weg ist nicht von Straßen zerschnitten.
Achtung: Nur eine Richtung ist ausgeschildert!
Anreise ÖPNV: Bus 30 oder 36, Haltestelle „Hainer Weg" stadtauswärts; gleich neben der Haltestelle durch das Gattertor in den Wald
Parken: Babenhäuser Landstraße, neben der Haltestelle „Hainer Weg"

Im Oberwald wachsen nicht nur auffallend viele Buchen, sie wachsen auch noch besonders hoch. Am Waldlehrpfad Weilruh informieren Tafeln über die Ursachen: Es liegt am **Kalkstein**, der in ein bis zwei Metern Tiefe „ansteht", wie die Geologen sagen. Auf diesem Untergrund gedeihen Buchen besonders gut. Um zum Naturpfad zu gelangen, müssen wir durch das Gattertor am Hainer Weg. Es hält das hier lebende Damwild im Wald; mit etwas Glück können wir einen Hirsch oder eine Hirschkuh sehen. Rechts neben der Schneise beginnt unser Weg. Bald biegt er rechts in die Stoltzeschneise ab und dann links in einen Trampelweg. Der bringt uns zu einer **Doline**: Regenwasser löste hier den Kalk im Untergrund und ließ eine kleine Senke entstehen. Weiter geht es an einer beeindruckenden Flatterulme vorbei in den eigentlichen

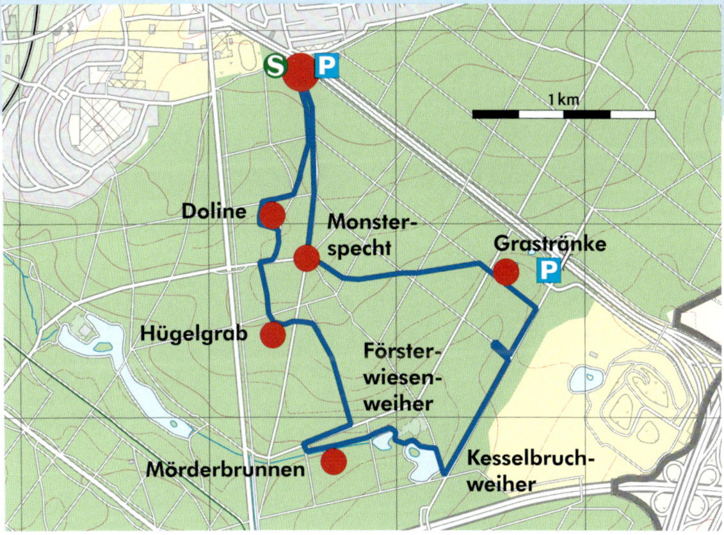

Buchenwald. Typisch für Buchen ist das dichte Blätterdach, das sie oben in den Kronen entwickeln.
Und weil die Stämme besonders hoch sind, fühlen sich so viele Menschen an einen Dom erinnert. Bald treffen wir auf eine kleine Erhebung, ein **Hügelgrab** aus der Bronzezeit. Dann mischen sich langsam immer mehr Eichen unter die Buchen, es geht bergab, der Boden wird feuchter. Wir überqueren einen kleinen Graben und finden gleich daneben einen Brunnen, den – nicht erschrecken! – **Mörderbrunnen** (T17). Der Sage nach soll hier eine zauberhafte Fee den Mörder ihres Geliebten umgebracht haben.
Unsere Wanderung bringt uns zu zwei nah beieinander gelegenen **Weihern.** Wir haben die Hälfte des Weges hinter uns und eine Rast an diesen idyllischen Orten verdient. Am kleineren Försterwiesenweiher (T17) wächst ein dichtes Erlenwäldchen aus sumpfigem Boden. In vergangenen Jahrhunderten durften Förster ihr Vieh hier weiden lassen, doch seit 1958 wird das ablaufende Regenwasser der nahen Autobahn aufgefangen. Der benachbarte Kesselbruchweiher (T18) entstand kurz darauf aus einem ehemaligen Kiesabbau. Er ist dicht mit Teichrosen bewachsen, und Enten, Zwergtaucher und Teichhühner brüten hier. Im Frühjahr und Sommer geben die Wasserfrösche ein Konzert.
Nach der Pause folgen wir dem scharfen Knick, den der Naturpfad Weilruh am Weiher macht, und gehen geradeaus auf der Kesselbruchschneise weiter. Sie ist zugleich eine Außengrenze des GrünGürtels, denn rechter Hand befindet sich der für Besucher nicht zugängliche Monte Scherbelino, Frankfurts Müllberg aus den 1960er Jahren. Seine Sanierung begann in den Gründerjahren des GrünGürtels. Wir biegen links ab und passieren das Informationszentrum **Grastränke** (S18), das nur an Sonntagen geöffnet ist. Im weiteren Wegeverlauf überrascht uns F.K. Waechters **Monsterspecht** an einer dicken Buche. Hier gehen wir rechts in den Hainer Weg, der uns an den **Kaisertannen** (Kiefern) vorbei und dann zurück zum Ausgangspunkt führt.

Ingrid Wentzell

Gefunden: das Zentrum des Irrgartens

Waldspielpark Goetheturm

Frankfurt, die Stadt der Hochhäuser, besitzt auch im Wald einen hohen Turm. Zu seinen Füßen erfreuen sich eine extra lange Rutsche, ein Planschbecken und sogar ein Irrgarten großer Beliebtheit.

Nicht nur für Familien mit Kindern sind alle **sieben Frankfurter Waldspielparks** einen Ausflug wert. Besonders im Sommer macht es Spaß, unter dem Blätterdach der Bäume an originellen Spielgeräten aus Holz zu toben, zu rennen und zu lachen. Außer im Waldspielpark Carl-von-Weinberg gibt es in allen ein Planschbecken oder ein erfrischendes Wassersprühfeld. Ältere Kinder können Tischtennis und Beachvolleyball spielen oder skaten. Für den Hunger sind drei der Waldspielparks mit Grillplätzen ausgestattet: Scheerwald, Heinrich-Kraft-Park und Schwanheim. Alle anderen haben einen kleinen Kiosk, hier am Goetheturm gibt es mit der „Goetheruh" eine richtige Gaststätte.

Und der Waldspielpark Goetheturm besitzt noch etwas, das kein anderer hat: einen **Aussichtsturm**. Ja, es ist sogar der einzige im ganzen GrünGürtel. Gut, es bereitet schon etwas Mühe, die 43 Meter zu ersteigen, denn einen Aufzug gibt es nicht. Doch die grandiose Aussicht ist wirklich eine Belohnung: Im Norden präsentiert sich die komplette Frankfurter Skyline mit dem Taunus im Hintergrund auf der einen und dem Berger Rücken auf der anderen Seite, im Westen der große Stadtwald sowie der Flughafen mit seinen ständig startenden und landenden Flugzeugen, im Süden – bei gutem Wetter – der Odenwald und im Osten unsere Nachbarstadt Offenbach mit Umgebung.

Ziel

Unter dem Goetheturm gibt es eine weitere Besonderheit: einen **Irrgarten für Kinder,** gebaut aus Holz und natürlich mit einer Wasserüberraschung in der Mitte. Darin gucken Teile eines ziemlich großen GrünGürtel-Tieres hervor. Aber aufgepasst, hier kann man sich wirklich verlaufen! In einem Irrgarten gibt es nämlich viele Wege und Sackgassen, während in einem Labyrinth nur ein einziger Weg vorhanden ist. Übrigens: Eltern können von einem Ausguck aus die Kinder im Blick behalten.
Wer es lieber etwas ruhiger hat, dem wird die **Goetheruh** gefallen. Der kleine Hügel liegt außerhalb des Waldspielparks, keine zwei Minuten zu Fuß in Richtung Gärten, direkt am Sachsenhäuser Landwehrweg. Die Goetheruh ist ein schönes Beispiel beständiger Goetheverehrung: Schon 1867 wurde hier ein erster Turm zu seinen Ehren errichtet, weil man glaubte, dass der Dichter an diesem Platz häufig und gerne verweilte. Das mag stimmen, denn es gibt ja kaum einen Ort, den der Mann nicht besucht hat. Der Turm wurde nach knapp fünfzig Jahren baufällig. Die Stadt errichtete 1931 nebenan, an der höchsten Stelle im Wald, unseren heutigen Goetheturm. Die Goetheruh erwachte erst 1999 aus ihrem Dornröschenschlaf: Eine liegende Säule des ebenso berühmten wie exzentrischen Gartenkünstlers Ian Hamilton Finlay ziert nun den Ort.

Ingrid Wentzell

Goetheturm

Lage: (N16), Sachsenhäuser Landwehrweg, 60599 Frankfurt, Tel.: 069 685113, am Rande des Stadtwalds
Öffnungszeiten: Goetheturm: 8–18 Uhr, Oktober–März geschlossen
Besonderheiten: Fahrradreparatur und -verleih am Parkplatz, Tel.: 0176 50528599
Gastronomie: Café Goetheruh, Zum Goetheturm 1, 60599 Frankfurt, Tel.: 069 686830
Öffnungszeiten: Täglich 12–22 Uhr, je nach Witterung
www.goetheruh.de
Anreise ÖPNV: Bus 30 oder 36 bis Haltestelle „Hainer Weg", dort dem Hainer Weg in Richtung Stadt bis zum Sachsenhäuser Landwehrweg folgen und in diesen rechts abbiegen; nach etwa einem Kilometer kommt der Waldspielpark.
Parken: Parkplatz am Wendelsweg

Das Oberräder Gärtnerland

Weite Kräuterfelder, Gärten dicht an dicht – das Oberräder Gärtnerland fällt vom Stadtwald sanft zum Main hin ab.

Rund um Oberrad ist das Land fest in Gärtnerhand. Es gibt Schnittblumengärtnereien, Freizeitgärten, Kleingärten und Friedhofsgärtnereien für den Südfriedhof (Q16) im Westen und den Waldfriedhof (Q19) ganz im Osten. Doch die Landschaft wird vor allem von den großen Feldern der **Kräuter- und Gemüsegärtnereien** geprägt, von denen es heute noch zehn gibt, denn wir befinden uns dort, wo die Grüne Soße wächst. Schnittlauch, Petersilie, Kerbel, Kresse, Pimpinelle, Borretsch und Sauerampfer gedeihen in den sandigen Lehmböden der Mainaue besonders gut. Deshalb hat der Gemüseanbau hier eine lange Tradition, die Grüne-Soße-Kräuter werden seit mindestens hundert Jahren angebaut. Dass Goethe die Grüne Soße schon kannte, wie es oft heißt, ist dagegen eher unwahrscheinlich. Dem Frankfurter Leibgericht wurde, und das ist einzigartig für eine lokale Spezialität, sogar ein Denkmal errichtet. Olga Schulz hat das **Grüne-Soße-Denkmal** (P18) mit den sieben unterschiedlich grünen Gewächshäusern entworfen. Das Gärtnerland erstreckt sich bis auf den Sachsenhäuser Mühlberg. Bis 1372 war dort Wald, der dann gerodet und in Weinberge verwandelt wurde. Im 18. Jahrhundert, als die Reblaus dem Weinanbau ein Ende machte, errichteten wohlhabende Frankfurter ihre Sommerhäuschen. Verständlich, denn der **Blick auf Frankfurt** – damals noch mit dem Dom als höchstem Turm – mit Taunus und Lohrberg dahinter ist wirklich grandios. Eines der Gartengebäude, das **Willemerhäuschen** (P17), erlangte literarische Berühmtheit, weil hier Goethe eine späte Liebe, Marianne von Willemer, traf. Auf Sachsenhäuser Seite liegt außerdem der **Seehofpark** (P17).

Ein weiterer Park ist hinter den Mauern der Philosophisch-Theologischen Hochschule **St. Georgen** (P18) versteckt. Er entstand Mitte des 18. Jahrhunderts und hat entsprechend alte, mächtige Bäume, die mit zu der eigentümlichen, beschaulichen Stimmung beitragen, die hier herrscht. Die 1200 Baum- und Straucharten – alle ordentlich mit Namensschildern versehen – machen ihn zu einem botanischen Kleinod.

Überall um Oberrad herum sind kleine **private Gärten** angelegt, mit urigen schmalen Pfaden dazwischen. Sie geben Einblicke in eine Welt unterschiedlichen Geschmacks: Manche Menschen mögen ihren Garten mit englischem Rasen, andere haben ihn verwildern lassen und wieder andere verkünden mit Schildern, dass sie von Woodstock träumen.

Die S-Bahntrasse und die mit einer Reihe von Säulenpappeln bewachsene Straße Deutschherrnufer trennen das Gärtnerland vom dahinter liegenden Mainufer; es gibt nur zwei Querungen. Am Main bieten Rudererdorf und **Gerbermühle** (O19) eine breite gastronomische Auswahl. Neben der Gerbermühle wartet ein Denkmal ganz speziell auf GrünGürtel-Spaziergänger: das **ICH-Denkmal** von Hans Traxler.

Ingrid Wentzell

Das Grüne-Soße-Denkmal

Unterführung am Deutschherrnufer

Das Oberräder Gärtnerland

Größe: 521 Hektar
Lage: Zwischen dem Main im Norden, der Stadtgrenze nach Offenbach im Osten, dem Oberwald im Süden und der Bebauung von Sachsenhausen im Westen. Oberrad liegt mitten darin, einige der ortsnahen Kräuterfelder und Gärten gehören nicht zum GrünGürtel.
Stadtteile: Oberrad, Sachsenhausen

Tour

Auf Goethes Spur

Aus der Stadt hinaus zu Gerbermühle und Goetheverehrungsstätten – der Weg verknüpft die Landschaft mit Goethes Wanderzielen.

TourInfo

Länge: 11 km
Start und Ziel: Goethehaus, Großer Hirschgraben 23–25, 60311 Frankfurt am Main, Tel.: 069 138800
www.goethehaus-frankfurt.de
Öffnungszeiten: Mo–Fr 10–18 Uhr, So und Feiertage 10–17.30 Uhr
Landschaft: Stadt, Mainufer, Gemüsefelder, Wald, Gartenland (Innenstadt , Oberräder Gärtnerland und Oberwald)
Weg: Überwiegend flach, Anstieg zum Stadtwald; Bürgersteige neben Straßen, Asphaltwege, Schotter- und Kieswege
Eingerichtet: 2006, Umweltamt und Volkssportverein 1977 e. V.
Broschüre: „Auf Goethes Spuren", Projektgruppe GrünGürtel, Umweltamt
Besonderheit: Sechs Orte mit kulturhistorischem Bezug
Gastronomie: Gerbermühle, Gerbermühlenstraße 105, 60594 Frankfurt am Main
Tel.: 069 68977790, www.gerbermühle.de
Öffnungszeiten: Täglich 11.30–22 Uhr
Gaststätte Goetheruh, Zum Goetheturm 1
60599 Frankfurt am Main , Tel.: 069 686830
Öffnungszeiten: Täglich 10–22 Uhr
Anreise ÖPNV: Das Goethehaus ist 5 Minuten von der U- und S-Bahnstation „Hauptwache" entfernt (U1/2/3, U6, U7, S1–6, S8, S9).

Der Goethewanderweg muss natürlich am **Goethehaus** (O15) beginnen, dem Geburtsort des Dichters, auch wenn das Haus, das dort heute in seiner alten Pracht erscheint, gerade mal 70 Jahre alt ist. Aber das Originale, das vom Körper Goethes Berührte, werden wir auf unserem Weg kaum finden, doch an mancher Stelle ahnt man das alte Frankfurt und die Landschaft, die es umgab.

Unser Weg ist ein Weg ins Grüne. Deshalb halten wir uns ans Grüne. Wir folgen dem von Hans Traxler gezeichneten Emblem „Goethewanderweg" vom Großen Hirschgraben aus Richtung Süden. Zuerst markieren drei Zürgelbäume unseren Weg, dann Eichen an der Berliner Straße, Platanen am Paulsplatz, ein einsamer Ginkgo am Römerberg, noch eine Linde an der Südseite des Domes und eine Platane am neugestalteten Fischerplätzchen, dann sind wir am

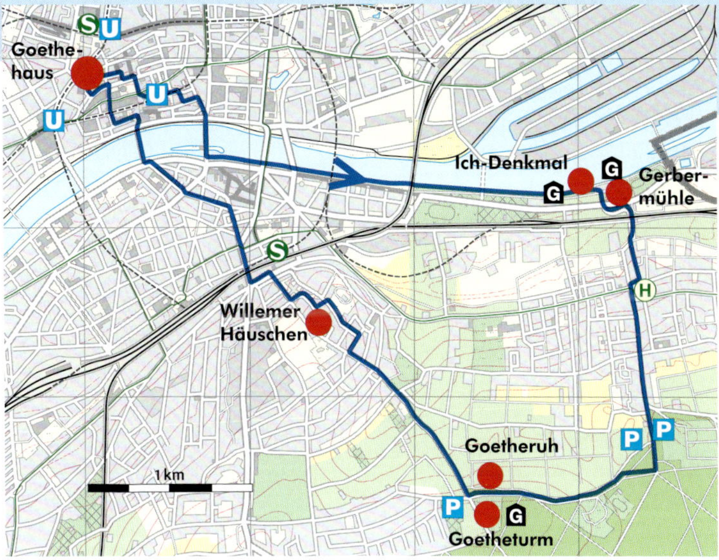

Main. So eindrucksvoll die Alte Brücke, auf der Goethe als Kind spielte, vom Ufer her aussieht, sie ist nicht für Fußgänger gemacht. Der Blick von ihr zurück auf den Stadtprospekt ist jedoch grandios. Der folgende Wegeabschnitt entlang des Maines ist die Promenade der Frankfurter schlechthin. Wie in **Goethes Osterspaziergang** funktioniert sie – damals wie heute – ganz hervorragend.

Am Ufer gegenüber der Großmarkthalle endet der lichte Abschnitt. Man gelangt in einen grünen „Tunnel" von Bäumen und Sträuchern. In einem Eschenhain hinter dem Rudererdorf grasen die Kaninchen. Das **ICH-Denkmal** (019) verlockt zur Selbstinszenierung auf sandsteinernem Sockel. Zwischen Denkmal und Gerbermühle begegnen wir wieder dem Ginkgo, diesmal mit dem dazugehörigen Goethe-Gedicht. An der **Gerbermühle** (019) ist ein Goethe-Etappenziel erreicht: Sie war realer Handlungsort einer Affäre zwischen Goethe und Marianne von Willemer.

Die alten Linden und Kastanien und der träge dahinfließende Main bilden einen wunderbaren Rahmen zum Verweilen. Die Idylle wird jäh unterbrochen: Die Uferstraße will gequert und die Eisenbahn gekachelt unterlaufen werden. In den Oberräder Gärten haben wir einen glänzenden Rückblick auf die Silhouette der Stadt – auch wenn sich die **Europäische Zentralbank** übermächtig in den Mittelgrund drängt. Ab dem Buchrainplatz beginnt der Anstieg hinauf in den Stadtwald. Die noch junge Esskastanie im Hof der Werkstatt Oberrad wird sicher einmal einen lauschigen Platz bilden. Die Buchrainstraße ist im oberen Abschnitt von Platanen gesäumt. Die Bäume sind groß, die Häuser wirken dagegen klein. Schattig umfängt uns bald

Am Mainufer zwischen Gerbermühle und Rudererdorf

WissensWert

Marianne und Johann Wolfgang

Sehr geliebt hat Goethe (1749–1832) seine Heimatstadt nicht, aber er hat im Alter hier noch einmal geliebt: die viel zu junge und verheiratete Marianne von Willemer (1784–1860). Diese Liebesbeziehung inspirierte Goethe zum bedeutenden Gedichtzyklus „West-Östlicher Diwan", an dem auch Marianne ihren Anteil hatte.
Die Orte ihrer Liebschaft lagen vor den Toren Frankfurts im Grünen. auch wenn die Stadt seit damals um einiges gewachsen ist – die Orte sind, verändert, alle noch da, umgeben von Grün.

der hohe Buchenwald des Oberwaldes. Eine hölzerne Brücke führt über ein Stück des restaurierten **Landwehrgrabens.** 1393 hatte die Stadt beschlossen, diesen schützenden Graben um die Stadt auszuheben. Zu Goethes Lebzeiten hatte er seine militärische Funktion lange schon verloren. Die Landwehr begleitet uns nun etwa 750 Meter, eine Leitplanke muss sie heute vor den Gärtnern schützen, die mit Gartenabfällen und parkenden Autos ihr arg zugesetzt hatten.

Eine Treppe auf einen kleinen Aussichtshügel macht neugierig. Oben angelangt, finden wir eine klassische Säule. Stand hier etwa ein Goethetempel, von dem nur eine Säule liegengeblieben ist?
Die Inschrift „Arkadien: ein Königreich in Spartas Nachbarschaft" zumindest ist ein Zitat aus Goethes Faust. Dieser Hügel, die **Goetheruh** (Q18), war im

Das Willemerhäuschen: Liebeslaube von Johann und Marianne

19. Jahrhundert in der Tat ein Ort der Goetheverehrung, den die Frankfurter ihrem Genie gewidmet hatten. Hier stand ein kleiner hölzerner Aussichtstempel, der in Vergessenheit geriet und 1931 durch den heutigen Goetheturm hundert Meter entfernt ersetzt wurde. Ob es genau dieser Platz an der Goetheruh war, auf dem er saß, um auf die Freudenfeuer herabzuschauen, die den Sieg über Napoleon feierten, wissen wir nicht. Der schottische Künstler Ian Hamilton Finlay hat diesen Ort ausgewählt, um sich auf poetische Art mit Goethe auseinanderzusetzen.

Durch Gartenland geht es bergab. Gärten, Obstwiesen und Rebhänge, das war schon die Landschaft der Goethezeit an dieser Stelle. In der Wohnsiedlung versteckt, finden wir die letzte Goethestation, das **Willemerhäuschen** (P17) mit dem umgebenden Garten, dem legendären Treffpunkt von Goethe und Marianne von Willemer. Wieder haben wir es mit einer Nachkriegsrekonstruktion zu tun – wobei es sich bei dem „Original" schon um ein verschönertes Areal der Jahrhundertwende handelte. Unmittelbar gegenüber gibt es eine weitere Stätte vergangener Goetheverehrung: einen Goethetempel, der die Nähe des Willemerhäuschens und damit die Aura des Genies geschickt nutzt. In dem sorgfältig restaurierten, öffentlich zugänglichen Park aus dem 19. Jahrhundert ist er uns bis heute unverändert erhalten. Durch Sachsenhausen hinab führt uns der Weg zurück zum Goethehaus.

Klaus Hoppe

Sommer

Erdbeeren, Lindenluft und Glühwürmchen

Stadtwald

Im Sommer ist Schatten besonders begehrt – und den gibt es im Stadtwald reichlich. Unter alten Bäumen lässt es sich gut wandern und Rad fahren. Eine Rast an den zahlreichen Teichen oder Bächen im Oberwald bietet erfrischende Abwechslung.

Lage: Tiroler Weiher (S14), Jacobiweiher (S16), Kesselbruchweiher (T18), Maunzenweiher (R19), Königsbach (S15,16)

Heiligenstock

Ein Ort, um der Natur und sich selbst nah zu sein. Karge Blumenwiesen, Obstbäume und geheimnisvolle Ruinen erzeugen auf dem Hochplateau die Atmosphäre eines vergessenen Landschaftsparks – im Frühsommer bereichert um den Duft von wilden Rosen.

Lage: Zwischen Friedberger Landstraße und A661 (J18), siehe Seite 158

Ein Picknick machen

Einfach mal träge in der Wiese liegen und dem Summen der Bienen lauschen, mit gut gefülltem Bauch von einem köstlichen Picknick.

Geeignete Stellen: Heiligenstock (J18), Bürgerwiese (Q14), Huthpark (K18), Alter Flugplatz (F14), Nordpark (F15), neuer Rebstockpark (O12), Volkspark Niddatal (K12), neue Obstwiese am Heilsberg (G18) (bitte Müll wieder mitnehmen), **siehe Seite 160**

Huthpark

Trotz großer Wiese, alter Bäume, modernem Fitnessparcours und ab Sommer 2011 sogar eines denkmalgeschützten Cafés ist der Huthpark noch immer ein Geheimtipp. Dabei fliegen die Glühwürmchen in lauen Sommernächten dort besonders gerne durch die Nacht.

Lage: Zwischen Seckbach und Unfallklinik (K18), siehe Seite 152

Wenn die Linden blühen

Liebe und Leichtigkeit liegen in der Luft, wenn im Frühsommer die Linden blühen und ihren verführerischen Duft verbreiten.

Lindenalleen: Starkenburger Straße (N, O22), Homburger Landstraße (G15), Allee im Volkspark Niddatal (K, L13)

Hafenpark

Sport, Spiel, und ganz viel Entspannung bietet der 2016 fertiggestellte Hafenpark. Grandios ist seine Lage zwischen Main, Skyline und Europäischer Zentralbank, herausragend seine Skate- und BMX-Anlage für Profis.
Lage: zwischen Deutschherrn- und Honsellbrücke am nördlichen Mainufer (O18), siehe Seite 120

Hochschulgarten St. Georgen

Geistreich: Raum zum Denken bietet der Landschaftsgarten auf dem Campus der Philosophisch-Theologischen Hochschule Sankt Georgen. Das Kleinod ist nicht nur für Studierende geöffnet.
Lage: Offenbacher Landstraße 224 (P18), www.sankt-georgen.de, siehe Seite 92

Hölderlinpfad

Wer raus aus der aufgewärmten Stadt will, dem weist „Hölderlin" den Weg durch Alleen, Grünanlagen und satte Kornfelder hinauf zum romantischen Schloss von Bad Homburg.
Start: Goethehaus (O15) (22 km); alternativ: S-Bahnstation Frankfurter Berg (G15) (11 km), siehe Seite 256

Vor der Sternbrücke

Wo einst bei Hochwasser die Nidda ihren Fluten Auslauf gewährte, kann man heute unter einem Baumhain unbeschwert in der Wiese liegen. An dem kaum bekannten Ort bildet die Sternbrücke eine historische Kulisse.
Lage: Zwischen Ludwig-Landmann-Straße und Rödelheimer Wohnbebauung (M11), siehe Seite 202

Regional ist erste Wahl

Erdbeeren satt! Das erste Sommerobst gibt es kostengünstig zum Selberpflücken im Fechenheimer Mainbogen (neben der Karl-Ulrich-Brücke, N22) und auf dem Gisisberg (G23). Noch mehr Frisches kann man in den Hofläden der Frankfurter Bauernhöfe und Gärtnereien erwerben, **siehe Seite 150**

Quellen, Seen und Bäche

Die Nidda …

Die Frankfurter lieben ihre Nidda! Deshalb ist an dem 18 Kilometer langen Ufer an schönen Sommersonntagen immer viel los. Die Landschaft ist erstaunlich abwechslungsreich, der Blick auf den kleinen Fluss beschaulich. Bei Harheim und Berkersheim strömt der Fluss nach Frankfurt hinein, dann weiter über Bonames, Eschersheim, Heddernheim, Praunheim, Ginnheim, Hausen, Rödelheim und Sossenheim bis zur Mündung in den Main zwischen Nied und Höchst, **siehe Seite 170**

… und ihre Altarme

Abseits vom Trubel, etwas versteckt liegen die idyllischen Altarme der Nidda: Bonameser Altarm (F15), Praunheimer Altarme (J12 und K, L11), Rödelheimer Mühlgraben (M, N11), Nieder Altarme (O8, 9)

Höchster Wehr

Hier rauscht, braust und tobt die Nidda, bilden sich kleine Stromschnellen und Schaumkronen; Steinbrocken und flache Kiesbänke strukturieren. Das 2013 umgebaute Wehr ist eine Top-Attraktion, insbesondere der Ausblick aus dem alten Wehrhäuschen.
Lage: Zwischen Höchst und Nied, nahe Sulzbachmündung und Tillybad (O7,8), **siehe Seite 205**

Höchster Mainfähre

Ein besonderes Wassererlebnis ist eine Fahrt auf dem Main. Einfach und günstig geht das auf Frankfurts einziger Personenfähre, die zwischen Höchst und Schwanheim pendelt und Radfahrer und Fußgänger befördert.
Lage: Höchster Mainufer (P6), **siehe Seite 20**

Rohsee

See oder Sumpf? Je nach Jahreszeit wechselt der Rohsee sein Gesicht: Im Spätsommer oft völlig ausgetrocknet, ist er im Frühling randvoll mit Wasser, und der Wald um ihn herum leuchtet in üppigem Dschungelgrün. Entlegen, ruhig und einsam.
Lage: Rohseeweg (R,S6), **siehe Seite 58**

Top Tipps

Königsbrünnchen

Eine Kuriosität im Stadtwald: das zwar hübsch gefasste, doch leicht nach faulen Eiern riechende Königsbrünnchen

Lage: Zwischen Welscher Weg und Jacobiweiher (S16), siehe Seite 82

Jacobiweiher

Immer gut besucht ist der Jacobiweiher, Frankfurts beliebtester und größter See. Beim Anblick des romantischen Gewässers könnte man fast den Flugzeuglärm im Stadtwald vergessen. Kormoran, Mandarinente und Reiher können hier beobachtet werden. Am Ufer stehen zwei Werke der Komischen Kunst, für das leibliche Wohl sorgt eine Gaststätte. Über den Weiher führt eine kleine geschwungene Brücke.

Lage: Oberschweinstiegschneise (S16), siehe Seite 78

Kesselbruchweiher und Försterwiesenweiher

Wasser im Doppelpack: Der Försterwiesenweiher wirkt etwas wilder, im größeren Kesselbruchweiher liegt eine Insel, am Uferrand wachsen, ganz malerisch, die Teichrosen.

Lage: Miquelsweg (T17,18), siehe Seite 88

Wasserspiele

Wenn es richtig heiß ist, erfrischen die Wasserspiele und Sprühfelder in den Waldspiel- und Volksparks. Kinder können hier von Mai bis September ungestört spritzen und planschen.

Lage: Waldspielpark Tannenwald (U16), Waldspielpark Schwanheim (R8), Waldspielpark Scheerwald (Q19), Waldspielpark Louisa (Q15), Waldspielpark Goetheturm (Q18), Lohrpark (J19), Volkspark Niddatal (K12)

Quellenwanderweg

Verborgenes Wasser sprudelt aus dem Untergrund. Auf dem sechs Kilometer langen Wanderweg geht es an Quellen, plätschernden Brunnen und Wassergräben entlang von Seckbach nach Bergen.

Start: Kreuzung Atzelbergstraße (nahe der Haltestelle „Atzelberg Ost"), siehe Seite 154

Berger Rücken

Von dem Hügelland im Nordosten bieten sich Blicke auf die noch höheren Bürotürme der Stadt. Auf den warmen Hängen wachsen seltene Blumen unter Obstbäumen, südlich davon erstreckt sich die Mainaue.

Der Berger Rücken

Geologie und Geografie

Schaut man vom Goetheturm aufmerksam über die Stadt, so erkennt man im Nordosten deutlich einen **Höhenrücken**. Er wird gekrönt von den Kuppen des Heiligenstocks, der Berger Warte und des Gisisbergs. Im Nordwesten wird er vom Niddatal begrenzt, zu dem hin er bei Berkersheim und Bad Vilbel steil abfällt. Nach Süden, zur Mainebene hin, befindet sich ebenfalls ein Steilhang, welcher im Röderberghang langsam ausläuft. Nach Westen und Südwesten fällt das Gelände hingegen sanfter ab und reicht mit seinen Ausläufern bis zum Rand des Niddatals bei Bockenheim und Ginnheim und an die Innenstadt.

Begeben wir uns zum höchsten Punkt des Berger Rückens, zur Berger Warte, wo wir Versteinerungen von **Schnecken und Muscheln** im Mauerwerk entdecken. Auch auf den Feldern rundherum können wir hellgelbe Kalksteinbrocken mit Fossilien finden.

Um die Entstehung dieser Landschaft zu verstehen, müssen wir rund vierzig Millionen Jahre zurückblicken. Eine lange Zeit für uns, eine kurze für die Erde. Durch das Auseinanderweichen der europäischen Kontinentalplatte begann sich damals der Oberrheingraben abzusenken, zu dessen nördlichen Ausläufern auch das Rhein-Main-Gebiet gehört.

In der Folge entstand ein **Meeresarm** in unserem Gebiet, der das damalige Nordmeer mit der Tethys, dem sehr viel größeren Vorläufer des Mittelmeeres, verband. Über Jahrmillionen hinweg entstanden hier Meeresablagerungen im mittleren Tertiär – so nennen Geologen diese Zeit. In Küstennähe lagerten sich Sande ab oder es bildeten sich Kalkriffe. In größeren Meerestiefen hingegen setzen sich zumeist feinere Teilchen ab, aus denen Tone oder Mergel (Sedimente

aus Ton und Kalk) entstanden. Im jüngeren Tertiär wich das Meer langsam zurück. Es blieben mehrere flache **Süßwasserseen**. Dies spiegelt sich in veränderten Fossilienarten wider, insbesondere in Schnecken, und in der Bildung von Braunkohle aus der üppigen Vegetation.
Dann setzte vor 19 Millionen Jahren plötzlich der **Vulkanismus** im Vogelsberg ein. Mächtige Lavaströme aus Basalt drangen bis in den Frankfurter Raum vor. Reste davon findet man zum Beispiel noch am Ostrand des Niddatals. Basalt bildet unter anderem den Steilhang des Ulmenrücks bei Berkersheim. Durch das harte Gestein konnte die Nidda ihren Lauf nach Südwesten nicht fortsetzen, sondern musste nach Nordwesten ausweichen, wodurch sich das auffällige Niddaknie ausbildete. Bis zum Ende des Tertiärs, also vor etwa drei Millionen Jahren, formte sich so eine große Platte übereinander geschichteter Meeres- und Süßwassersedimente, die durch den einbrechenden Oberrheingraben in verschiedene Bruchschollen zerfiel und die unterschiedlich stark absanken oder angehoben wurden. So entstand nordöstlich des Oberrheingrabens eine Erhebung mit dem **Frankfurter Horst** als nördlichem Ausläufer. Hier setzte ab dem Ende des Tertiärs die Erosion durch den Main an. Dabei bildete sich langsam der heutige Berger Südhang heraus. An seinem Fuß ist heute noch der Verlauf eines ehemaligen Mainarms vom Enkheimer Ried über das Seckbacher Ried bis zum Ostpark zu erkennen.

Wiesen-Schlüsselblume

WissensWert

Artenvielfalt und Biodiversität

Die Artenvielfalt ist ein Maß für die Anzahl der biologischen Arten innerhalb eines Lebensraums oder Gebiets und somit für die Vielfalt von Tieren, Pflanzen und Mikroorganismen. Dabei wird außer der reinen Artenzahl auch die relative Häufigkeit der Arten berücksichtigt. Die Artenvielfalt ist ein Teil der Biodiversität oder biologischen Vielfalt, die neben der Artenvielfalt auch die genetische Vielfalt innerhalb der einzelnen Arten und die Vielfalt der Lebensräume umfasst.

Blühende Rapsfelder am Heiligenstock

Während der **Eiszeiten** schwemmte der Main gewaltige Mengen an Schottern und Sanden heran, die bald sein ganzes Tal ausfüllten und in den anschließenden Warmzeiten wieder teilweise abgetragen wurden. Dadurch entstand eine Reihe von Schotterterrassen, deren Reste noch in verschiedenen Höhenlagen an den Hängen nachgewiesen werden können.

Gleichzeitig wehten starke Stürme den feinsten Gesteinsstaub aus der Mainebene auf und lagerten ihn als **Löss** auf den umliegenden Anhöhen und in deren Windschatten ab – die Grundlage für fruchtbare Ackerböden.

Auffällig sind die zahlreichen **Quellen** am Berger Rücken. Das Grundwasser staut sich auf den wasserundurchlässigen kalkigen Tonschichten und sammelt sich in den darüberligenden Sanden. Wo die schräg geneigten Tone an die Oberfläche kommen, sprudelt das Wasser heraus.

Geschichte

Bereits in der Steinzeit siedelten sich am Berger Rücken, wie im gesamten Frankfurter Raum, die **ersten Menschen** an. Davon kündet ein Faustkeil, der im Berger Heimatmuseum besichtigt werden kann. In der Jungsteinzeit entstanden bereits erste **Fernwege** für den Handel. Da die Flusstäler zumeist versumpft waren, verliefen diese Wege oft auf Höhenrücken, wie die „Hohe Straße". Diese zog von der Niddamündung über Bockenheim entlang des heutigen Marbachwegs zum Lohrberg und auf den Berger Rücken. Von dort führte sie weiter Richtung Büdingen, als Teil einer Fernverbindung vom Rhein bis nach Schlesien, die unter dem Namen „Via Regia" bis in die Neuzeit genutzt wurde und heute zwischen Bergen und Büdingen als Regionalparkroute ausgeschildert ist. Die im Mittelalter errichtete Berger Warte diente als **Geleitwechselstation** für die Händler.

Der Berger Nordhang im Sommer

Eine weitere historische Wegeverbindung ist die „Gelnhäuser Poststraße", die im Maintal durch den Enkheimer Wald über Hanau ins Kinzigtal zog.
Hier künden **Hügelgräber** und Grabfunde aus bronzezeitlicher und keltischer Zeit von der Besiedelung. Ihre Bedeutung wuchs besonders im Mittelalter als Verbindungsstraße zur staufischen Kaiserpfalz in Gelnhausen.
Schon die **Römer** besiedelten das ganze Gebiet systematisch. Es wurden Kastelle als Stützpunkte für das Militär angelegt, befestigte Straßen gebaut und das Land mit einem dichten Netz von Landgütern überzogen. Auch in Bergen entstand ein Kastell, das jedoch mit dem Ausbau des Limes wieder aufgegeben wurde.
Im Mittelalter kam es unter den Franken zu zahlreichen Ortsgründungen durch Dienstmannen, die sich hier zum Schutz der Frankfurter Kaiserpfalz ansiedelten. Die Dörfer rund um Frankfurt bildeten das Amt „Bornheimer Berg", um das sich ein lang währender Streit zwischen Frankfurt und den Herren von Hanau entspannte. Nachdem Frankfurt 1481 das Dorf Bornheim zugesprochen bekam, wurde die dortige Richtstätte mit dem **Galgen** an die Berger Warte verlegt. Dort wurden bis zum Abriss des Galgens 1844 mindestens 36 Menschen hingerichtet.
Immer wieder war der Berger Rücken aufgrund seiner strategischen Höhenlage und der wichtigen Straßenverbindung auch ein Durchzugsgebiet und damit Kriegsschauplatz fremder Heere. Das bedeutendste Ereignis war die **Schlacht von Bergen** im Siebenjährigen Krieg. Hier trafen am 13. April 1759 über 60 000 Mann der französischen und preußisch-alliierten Armeen aufeinander. Am Abend bedeckten weit über 6000 Tote das Schlachtfeld.

Landschaft

Über die Jahrhunderte bildete sich am Berger Rücken ein Nutzungsmuster

Im MainÄppelHaus gedeiht eine große Vielfalt an Äpfeln.

WissensWert

Der Apfel

Der Kulturapfel (Malus domestica) stammt nach neueren Untersuchungen vom asiatischen Wildapfel (Malus sieversii) ab. Dessen Hauptverbreitungsgebiet liegt in Kasachstan, wo er in einer Vielzahl an Varianten vorkommt und ganze Wälder bildet. Vom Kulturapfel wurden im Laufe seiner langen Geschichte weltweit mehr als 20 000 Sorten gezüchtet. Allein in Hessen wurden Ende des 19. Jahrhunderts über tausend Apfelsorten angebaut, darunter zahlreiche Lokalsorten, von denen leider viele in Vergessenheit geraten sind. Eine noch existierende Frankfurter Sorte ist der Sossenheimer Rote.
Im Handel findet man heutzutage kaum mehr als zwanzig weltweit angebaute Apfelsorten.

heraus, das auch heute noch das Landschaftsbild prägt. Auf den fruchtbaren Lössböden der Hochflächen dominiert der **Ackerbau**. Wald wächst vor allem auf den steilen Nordhängen oder auf den regelmäßig überfluteten oder weniger fruchtbaren Sandböden der Mainebene. Ein Großteil der gut besonnten Südhänge vom Röderberg bis weit nach Bischofsheim wurde über Jahrhunderte vom **Weinbau** geprägt. Bereits 882 ist ein Weinberg in Seckbach zum ersten Mal urkundlich erwähnt. Neben den in den Dörfern lebenden Weinbauern betrieben vor allem Klöster die Weinberge. Mitte des 19. Jahrhunderts kam es dann zu einem schnellen Niedergang des Weinbaus infolge eingeschleppter Krankheiten und Schädlinge wie der Reblaus zusammen mit einer Klimaverschlechterung infolge der „kleinen Eiszeit". Es folgte der Übergang zum **Obstbau**, was zu einer deutlichen Veränderung des Landschaftsbildes führte. Die terrassierten und vom Unterwuchs freigehaltenen Weinberge machten Obstwiesen Platz. Im 20. Jahrhundert dehnte sich die städtische Bebauung immer weiter in die agrarisch geprägte Landschaft aus. Es entstanden großflächige Gewerbegebiete und Wohnsiedlungen, Infrastruktureinrichtungen wie Straßen, Autobahnen, Wasserhochbehälter, Sendeanlagen, Umspannwerke und

Hochspannungsleitungen. Besonders prägend sind die Freizeitanlagen für die wachsende städtische Bevölkerung im Frankfurter Osten. So wurden zwischen 1906 und 1929 die drei großen Volksparks **Ostpark, Huthpark und Lohrpark** angelegt, die beiden letzteren in reizvoller Hanglage. Flächenmäßig noch bedeutsamer sind die Kleingartenkolonien und Freizeitgärten. Bereits 1919 wurde auf dem Lohrberg die erste Dauerkleingartenkolonie der Stadt Frankfurt am Main eingerichtet.
Ein bedeutender Anteil der Obstwiesen am Hang zwischen Bornheim und Bergen wurde jedoch im Laufe der Zeit in **Freizeitgärten** umgewandelt, also in private Gärten ohne Verein und Satzung. Diese beeinträchtigen durch ihre Zäune und die als Sichtschutz gepflanzten Nadelgehölze häufig das Landschaftsbild. Dennoch hat der Berger Rücken aufgrund seiner besonderen Standortbedingungen, seines kleinteiligen Mosaiks verschiedenster Lebensräume – vom feuchten Quellenstandort bis zum Halbtrocken- und Kalkmagerrasen – **überregionale Bedeutung** bezüglich der Artenvielfalt und Biodiversität. Hervorzuheben sind dabei insbesondere das Gelände Heiligenstock, das Naturschutzgebiet Mühlbachtal, der Berger Südhang einschließlich des Naturschutzgebiets Berger Hang, der Berger Nordhang sowie die am Fuße des Südhangs gelegenen Naturschutzgebiete Seckbacher Ried und Enkheimer Ried. Die letzten vier sind seit 2004 auch als Flora-Fauna-Habitat-Gebiete nach EU-Recht ausgewiesen.

Jürgen Blum

„Ich keltere den Wein der Stadt!"

Der Hochheimer Winzer Armin Rupp bewirtschaftet seit 1994 den letzten Frankfurter Weinberg. Am Lohrberg wachsen auf 1,3 Hektar Fläche die Trauben für den Riesling „Frankfurter Lohrberger Hang", von dem rund 10 000 Flaschen jährlich abgefüllt werden. Die meist trocken ausgebauten Weine erreichen in guten Jahren Spätlese- und Auslese-Qualität. Der Weinberg, der übrigens als kleinste und östlichste Weinlage zum Weinbaugebiet Rheingau gehört, gelangte 1803 mit der Säkularisierung der Klöster in den Besitz der Stadt.
Informationen: Städtisches Weingut, Limpurger Gasse 2, 60311 Frankfurt, Tel.: 069 212-33680
Öffnungszeiten: Mo–Fr 9–12.30 Uhr

Tour

Vom steilen Hang zum Waldhügelgrab

Panoramen, Kuhwiesen, Orchideen, bronzezeitliche Spuren im Forst. Diese Tour ist eine Überraschungstüte!

TourInfo

Länge: 7,1 km
Start: (J22) Marktstraße Bergen, Ecke Ludwig-Emmel-Weg
Ziel: (J22) Marktstraße Bergen, Heimatmuseum
Landschaft: Hang, Tal, Wald (Berger Südhang, Enkheimer Wald)
Wege: Flache Pfade, steile Wege und eine Straße
Broschüre: „Wanderkarte Berger-Bischofsheimer Hang", Umweltamt
Gastronomie: Mehrere historische Gaststätten um das Alte Rathaus
Anreise ÖPNV: Bus 42/43 bis Haltestelle „Bergen Ost", einige Meter die Marktstraße hinunter; zurück ab Haltestelle „Michlersbrunnen" oberhalb oder „Marktstraße/Landgraben" unterhalb des Alten Rathauses
Parken: Am östlichen Ende der Marktstraße
Heimatmuseum Bergen-Enkheim: So 15–18 Uhr, Eintritt frei
Hinweis: Der Weg ist nicht ausgeschildert.

Wir lassen die Bebauung ab der Bushaltestelle hinter uns und biegen zwischen Marktstraße 148 und 150 ein, wo wir eine Wanderpfadkreuzung ganz oben am Berger Hang (J22) erreichen. Nach links geht es in den Ludwig-Emmel-Weg („Südlicher Höhenweg"), der uns im **Laubtunnel** an Gartenzäunen vorbeiführt und dabei manchmal Blicke ins Tal zulässt. Aus Mainstädten werden ferne Waldsiedlungen mit Türmchen. Gärten weichen Streuobstwiesen und schließlich einem monumentalen Panorama, das bis zu den blauen Vorposten von Spessart und Odenwald reicht. Wir folgen weiter dem Weg, der an Höhe verliert, und erreichen das Naturschutzgebiet Berger Hang (J23) mit seinen Streuobstwiesen. Am Horizont dampft malerisch das Kraftwerk von Großkrotzenburg. Weiter gehen wir den Pfad hinunter ins Tal, rechts eine Orchideenwiese beäugend und Leute ausschimpfend, die mitten im

Naturschutzgebiet Enkheimer Ried

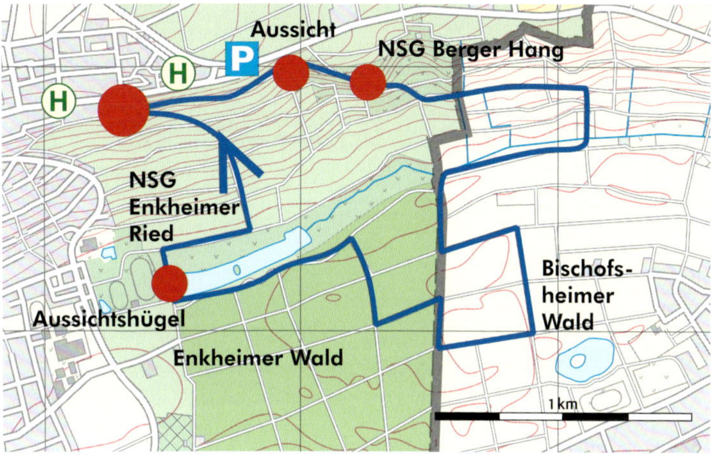

Gelände auf den geschützten Pflanzen rasten. Nach einer Wegkehre vor einem **Birken-Weiden-Drillingsbaum** biegen wir links in einen breiten Erdweg, die Allee mit schwarz-weißen Kühen dahinter genießend. Auch an einer Farm wie aus dem Mittleren Westen kommen wir vorbei. Hinter dem nächsten Erklärungsschild der Tour wartet ein Erlenwäldchen im eigenen Quellsumpf.

Den Graspfad hinunter ins Offene zum renaturierten **Tränkebach** (J23), hinter dunkelgrünen Geländern und dichtem Schilf, auf dem Feldweg rechts das Bachschilf entlang und zum Waldrand von Enkheim.

Dort geht es links hinein. Hinter der weiß-roten Schranke tut sich ein Kiefernstück auf, das auf einer eiszeitlichen **Binnendüne** wächst und „Sanddünen" heißt (J23). Der Sand bleibt aber unsichtbar. Stechmücken sirren, wir ziehen weiter, geradeaus zur Kreuzung mit der Schutzhütte. Wieder biegen wir nach links, dann in den nächsten Waldweg rechts und geradeaus, bis rechts eine Eicheninsel auftaucht. Diese Lichtung alter Eichen ist Wohnort von über 250 (!) Tierarten wie Mittelspecht, Eichenheldbock oder **Bechsteinfledermaus**. Nach rechts an grünflauschigen Moospolstern vorbei und wieder rechts laufen wir in die Maintaler Grenzschneise und kurz vor der nächsten Abzweigung bis zum **Hügelgrab** (J23), einem Zeugnis bronzezeitlicher Beerdigungsrituale. Jetzt,

„Wir pflegen eine Obstwiese"

„Hmmmh, lecker!", sagten spontan Uschi Frenzel-Erkert und Thomas Erkert, als sie ihren ersten eigenen Apfelwein probierten. Die Reha-Werkstatt Niederrad hat die Äpfel nicht nur für sie gekeltert, sondern auch in Flaschen mit eigenem Etikett abgefüllt – ein tolles Geschenk für gute Freunde! Die Pflegearbeiten in der Obstwiese sind für beide ein willkommener Ausgleich zur Arbeit im Büro: Wiese mähen, Bäume schneiden, wilde Brombeeren entfernen – und das alles an der frischen Luft. Auskunft für Interessierte gibt es über das Umwelttelefon: 069 212-39100.

nach Tausenden von Jahren, ist es bloß noch ein länglicher Hubbel, getarnt von kleinen Eichen. Ein Zaun schützt das Gelände, wobei Grabraub oder Schatzsuche vergeblich wären. Urnen und Schmuck als Grabbeigaben werden längst im Heimatmuseum Bergen-Enkheim aufbewahrt. Auf einem Baumstumpf rastend, kann man aber über die Vergänglichkeit (oder ein Käsebrot) nachdenken. Links geht es in den Postweg, dann rechts bis zum Naturschutzgebiet Enkheimer Ried. Nach einem erneuten Linksabzweig laufen wir immer geradeaus und bestaunen eine verzauberte **Eichenlichtung** (J23). Weiter durch den Laubwald geht es zum **Überwachsenen Trümmerfeld** (J22), das seit dem Zweiten Weltkrieg eine Freifläche ist, die sich langsam in einen zukünftig geschlossenen Wald zurückverwandelt. Die erhöhte Frequenz von Gebotsschildern gilt es nun wahrzunehmen, weiter auf dem Pfad entlang, der sich als Nachtigallenweg zu erkennen gibt. Nachtigallen gibt es hier tatsäch-

Streuobstwiesen in Blütenpracht

lich. Sie brüten im Frühjahr bodennah im Gebüsch. Deshalb: Nur angeleinte Hunde sind gute Hunde! Gelegentlich blitzt das Wasser des Rieds auf. Vor der Schranke am Waldende biegen wir in den Trampelpfad ein, zum unüberhörbaren Abfluss des Riedsees. Durch die Zaunlücke hindurch geht es halbrechts über die sonnige Wegekreuzung, flache Stufen hinauf zum Aussichtshügel über dem romantischen **Riedsee** (J22) mit seinen Europäischen Sumpfschildkröten. Vorne hinunter, links am See vorbei und nach rechts zurück Richtung Bergen, ins Steinkäuzerevier, die in der Balz miauen sollen. Die Jungkäuze jagen Regenwürmer in den nächtlichen **Wiesen**.
Zäune und Jogger ziehen vorüber, und wir biegen links in den Martin-Schäfer-Weg (J22), eine schön steile Etappe durch Streuobstwiesen, von nachgepflanzt bis ältlich zerzaust. Mountainbiker rasen in Gegenrichtung vorbei. Weiter hoch und noch weiter. Auf der zweiten derben Holzbank genießen wir den erkämpften Blick: Frankfurt zwischen Früchten, fast ein Schweizer Alm-Idyll. Und weiter hinauf, hinauf, unterwegs lässt es sich vergessenen Obstsorten nachspüren: **Winterzitronenapfel**, Ananasrenette, Büttners Rote Knorpelkirsche, Gräfin von Paris, Champagner-Bratbirne.
Weiter nach oben, die Elf-Uhr-Steine genannten Muschelkalkfelsen (J22) suchen wir vom Weg aus. Sie stammen aus der Zeit, als das Rhein-Main-Gebiet noch Teil des Urmeers Tethys war. Das 160-Grad-Panorama bis zum heutigen Horizont aufsaugen. Noch ein Stück nach oben, und wir sind wieder am geteerten Weg. Zwischen den Häusern 148 und 150 hindurch und die Marktstraße entlang wandern, bis wir auf das rot-weiße Fachwerk des **Alten Rathauses** aus dem 14. Jahrhundert stoßen (J21), das Heimatmuseum Bergen-Enkheim mit seinen Schatzvitrinen.

Jutta Vahrson

Das MainÄppelHaus Lohrberg

Mitten am Lohrberg mit Blick auf die Skyline liegt Frankfurts Streuobst-Zentrum. Im Naturerlebnisgarten gibt's Beratung, im Äppel-Bistro Saft oder Wein und im Hofladen alles, was man Gutes aus den Obstwiesen ernten und verarbeiten kann.

Streuobstwiesen sind ein typischer Bestandteil der bäuerlichen Kulturlandschaft, die im Rhein-Main-Tiefland ansprechende Landschaftsabschnitte ergeben. Sie stellen durch ihre oft alten Bäume auch einen sehr wertvollen Lebensraum für viele Tiere wie Steinkauz, Wendehals und Bechstein-Fledermaus dar.
Den Erhalt und die Pflege dieses für Natur und Mensch wichtigen Landschaftstyps nachhaltig zu fördern und zu sichern, ist das Kernthema des „Streuobstzentrums MainÄppelHaus Lohrberg". Am Stadtrand und gleichermaßen naturnah bietet der Standort am Lohrberg in Seckbach die Möglichkeit, ein **zukunftsweisendes Anliegen** wieder mehr ins öffentliche Blickfeld zu rücken. Die Mitglieder des Vereins wollen zur Bündelung der Aktivitäten beitragen und eine kompetente Anlaufstelle für alle Fragen zu Streuobst, Obstbau und Naturschutz für jedermann bieten. Das „Streuobstzentrum MainÄppelHaus Lohrberg" wurde im früheren „Beratungsgarten Lohrberg" eingerichtet, den die Stadt Frankfurt 1946 angelegt hat und auch heute noch fördert. Insbesondere die fachkundige und praxisnahe **Beratung** zum Obstanbau hat hier Tradition, denn es werden etwa 150 verschiedene Obstsorten angebaut, darunter rund achtzig Apfelsorten! Das 19 000 Quadratmeter große Gartengelände ist in einen den Zielen des Vereins entsprechenden **Naturerlebnisgarten** umgestaltet worden. Infostationen und Schaubeete zu Naturschutz und Streuobst erklären bei einem Spaziergang durch den Garten die geologischen Besonderheiten des Lohrbergs und

warum Streuobstwiesen ein wertvoller Rückzugsort für bedrohte Tiere und Pflanzen sind. Auch das Anlegen eines naturnahen Hausgartens wird demonstriert. Im **grünen Klassenzimmer** haben Kinder- und Jugendgruppen Gelegenheit, Natur und Umwelt kennen und als „schutzwürdigen Raum in eigener Sache" schätzen zu lernen, eine wichtige Aufgabe dieser Lernstation im GrünGürtel.
Ganz besonders beliebt bei Groß und Klein sind darüber hinaus das **Blütenfest** im Frühling und das **Äppelfest** im Herbst – dazwischen gibt es eine ganze Reihe von weiteren Aktivitäten. In **Exkursionen** können die Streuobstwiesen und ihre tierischen Bewohner am Berger Hang und am Lohrberg erkundet werden. Kinder sind eingeladen, bei der Ernte zu helfen und mit Spaß und Genuss den eigenen Süßen zu keltern.
Der Hofladen bietet sowohl die selbst angebauten Früchte als auch alles, was man daraus herstellen kann, zum Kauf an: Marmelade, Saft, Wein, Essig, Apfelchips und Schnaps . Hungrige Wandersleute und Ausflügler lädt das Äppel-Bistro im Apfelweingarten zu kleinen Spezialitäten von der Streuobstwiese, genau dann, wenn alle Lust haben, einen kühlen Schoppen oder heißen Kaffee in der Sonne zu genießen.

Barbara Fiselius

MainÄppelHaus Lohrberg Streuobstzentrum e. V.

Lage: Mitten am Lohrberg; Klingenweg 90
60389 Frankfurt, Tel.: 06109 35413
www.MainAeppelHausLohrberg.de
Öffnungszeiten:
April–Oktober:
Hofladen und Bistro: Di–So 11–18 Uhr, Montag Ruhetag; Beratung: Do 14–18 Uhr
November–März:
Hofladen: Di, Mi, Fr 11–15 Uhr, Do 11–18 Uhr, Sa–So 11–16 Uhr; Bistro: Sa–So 11–16 Uhr, Montag–Freitag geschlossen; Beratung: Do 14–18 Uhr
Besonderheiten: Naturerlebnisgarten mit Apfelweingarten und Beratung
Anreise ÖPNV: Bus 43 bis Haltestelle „Budge Altenheim", dann 10 Min. den Klingenweg hinauf
Parken: Am Lohrpark, Zufahrt über Friedberger Landstraße und Lohrbergweg

Blick von der Schwedlerbrücke

Die LandschaftsLücke

Eine Stadtlandschaft im Umbruch: Zwischen Ostpark und Main gab es bisher nur wenig Grün. Mit der Europäischen Zentralbank entstand auch ein grüner Durchgang und die Vision, die Lücke zur Brücke werden zu lassen.

Können Landschaften Lücken haben? Ja – wenn wir mit Landschaften Wiesen, Wälder und Felder meinen. All das gibt es hier, zwischen Ostpark und Mainufer, nicht. Der GrünGürtel ist also nicht geschlossen, es klafft eine Lücke, die fast einen Kilometer lang ist. Andererseits: Auch Stadtlandschaften haben ihren Reiz!

In den letzten Jahren hat sich hier viel verändert: Aus der einstigen Großmarkthalle wurde die **Europäische Zentralbank**, erweitert um ein spektakuläres Hochhaus. Für den GrünGürtel ganz wichtig: Zwischen Bank und Bahndamm blieb eine grüne „**Nord-Süd-Passage**" für Fußgänger und Radfahrerinnen erhalten, die Philipp-Holzmann-Anlage. Sie ist der erste Abschnitt der Landschaftslücke, der gestaltet und begrünt wurde. Eine Besonderheit ist die Erinnerungsstätte an die Menschen, die von den Nationalsozialisten von hier aus in die Vernichtungslager abtransportiert wurden.

Machen wir einen Spaziergang durch die Landschaftslücke vom **Ostpark** zum Main. Im Park ist die Welt noch in Ordnung, auf der großen grünen Wiese wird Fußball gespielt und gegrillt, während am Weiher die Enten schnattern. Ein Frankfurter Volkspark, wie er bei seiner Eröffnung im Jahr 1911 gewollt war. Solange der Rückbau und die Neuerrichtung der **Schwedlerbrücke** nicht abgeschlossen ist, müssen wir, um zum Main zu gelangen, den Park verlassen und die Ostparkstraße entlanggehen.

„Sonic Vista", eine Klanginstallation auf der Deutschherrnbrücke

Nach 500 Metern erreichen wir den Danziger Platz mit dem für alle Besucher offenen Frankfurter Garten, eine Urban Gardening Initiative, und dem **Ostbahnhof**. Hier soll in den kommenden Jahren die nordmainische S-Bahn gebaut werden. Mehrere Ampeln bringen uns über die vielbefahrene Hanauer Landstraße, ein Stück weiter können wir neben dem Bahndamm in die neue Philipp-Holzmann-Anlage einbiegen. Sie führt uns (künftig) an den Main und den bereits fertiggestellten Hafenpark.

Wagen wir einen weiteren Blick in die Zukunft: Wäre es nicht schön, wenn man sich den Danziger Platz und die umständliche Landstraßen-Querung als Fußgängerin und Radfahrer ersparen könnte? Oben auf dem Bahndamm gibt es ein **stillgelegtes Gleis**, auf dem wäre eine elegante und sichere Querung möglich, tolle Aussichten auf die Skyline gäbe es gratis dazu. Und tatsächlich, so ist es geplant – doch erst muss die S-Bahn gebaut werden. Bis dahin gilt es, die Baustellen möglichst gelassen hinzunehmen und die aufregenden Zwischenwelten zu beobachten.

Ingrid Wentzell

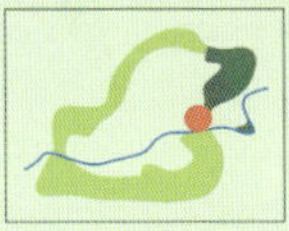

Die LandschaftsLücke

Größe: 7 Hektar
Lage: Zwischen dem Ostpark im Norden und dem Sachsenhäuser Mainufer im Süden
Stadtteil: Ostend

Was ist Landschaft?

Wenn wir von Landschaft sprechen – ob im GrünGürtel oder anderswo–, so meinen wir meist zweierlei. Zum einen den mehr oder minder großen **Raum** auf der Erdoberfläche, in dem wir uns bewegen und der aus unterschiedlichen Elementen besteht: aus Feldern und Wäldern, Felsen und Flüssen, Stromleitungen und Parkplätzen, (Hoch-)Häusern und Straßen sowie Pflanzen, Tieren und Menschen. Zum anderen ist Landschaft aber auch immer das, was wir wahrnehmen und in unserem Kopf an Bedeutungen und Bewertungen hinzufügen, Bilder, die mitschwingen, ob wir wollen oder nicht. Landschaften sind also der „Totaleindruck einer Gegend", wie Alexander von Humboldt gesagt haben soll, oder wie es Lucius Burckhardt in den 1970er Jahren formulierte: Sie sind ein „kollektives Bildungsgut", und jeder sieht darin nur das, „was er zu sehen gelernt hat". Wir können dazulernen. Bei den alten Eichen in Schwanheim erfahren wir, dass sie im Mittelalter als Nahrungsquelle für Hausschweine dienten und deshalb so ausladende Kronen haben. Über die traditionellen Streuobstwiesen lesen wir, dass sie erst vor etwa 300 Jahren angepflanzt wurden, nachdem Reblaus und Klimaänderung dem Weinanbau ein Ende bereiteten.

Auf der Erde gibt es nur wenige wirkliche, also vom Menschen nicht beeinflusste Naturlandschaften wie die Antarktis oder die Tiefsee, während etwa in Frankfurt und im Rhein-Main-Gebiet nur **Kulturlandschaften** zu finden sind. Landschaften sind kulturelle Leistungen der Menschen, in der Regel agrikulturelle Leistungen. Wenn wir aber in der Schwanheimer Dünenlandschaft stehen, könnten wir fast meinen, in reiner,

unberührter **Natur** zu sein – doch der Eindruck täuscht. Das Naturschutzgebiet mit den seltenen Flechten existiert nur, weil Menschen es mit hohem Aufwand bewahren: Schafe beweiden die Fläche, alle paar Jahre wird der Sand wieder freigelegt, Brombeeren werden gerodet. Würde die Düne der Natur überlassen, würde sie zuwachsen und Wald werden – Dünenwald ähnlich dem am Golfplatz, der ebenfalls auf einer Düne wächst. Natur befindet sich immer im Wandel und kennt keine stabilen Gleichgewichte. Zeit spielt keine Rolle.
Die Evolution geht weiter.

Für uns Menschen dagegen ist Zeit wichtig, wir brauchen stabile Verhältnisse und finden Nachtigallen meist interessanter als Tauben, Rosen attraktiver als Disteln und Tagfalter schöner als Mehlmotten. Wir wollen unsere Umgebung kontrollieren, insbesondere in Gärten und auf Ackerflächen, und sehnen uns doch auch nach **Wildnis**. Am Alten Flugplatz wächst auf entsiegelten Flächen eine solche heran, hier wird die Natur in ihrer Entfaltung nicht behindert. Gleich zu Beginn, als noch nackte Betonschollen zu sehen waren, machten sich Kinder begeistert daran, die Natur zu entdecken: Frösche, Pflanzen und Pfützen. Doch wer die Nachkriegszeit erlebt hatte, fühlte sich vielleicht eher an die Trümmerfelder der zerstörten Städte erinnert – womit wir wieder bei den Bedeutungen und Bewertungen sind, die wir im Kopf den Landschaften hinzufügen.

Ingrid Wentzell

Hafenpark und Mainufer

Wer das Mainufer von der Flößerbrücke flussaufwärts lange nicht besucht hat, reibt sich vielleicht verwundert die Augen: Nichts mehr zu sehen von Schrottverladeplätzen, alten Autoreifen und Baumaterialien. Stattdessen weite Grünflächen, Baumhaine, eine Uferpromenade bis weit ins ehemalige, früher unzugängliche Hafengebiet hinein. Was ist passiert?
Seit Beginn der 2000er Jahre, als immer mehr Hafenflächen ungenutzt brachfielen und entlang des Mainufers neue Wohnhäuser entstanden, wurden die ehemaligen Lagerflächen zeitgleich in öffentliche Grünanlagen umgestaltet. Der **postindustrielle Charakter** wurde gleich mit transportiert: Restaurierte Verladekräne aus der Entstehungszeit des Osthafens von 1911, raues Großsteinpflaster, ein Bananenwaggon auf den Schienen der Hafenbahn als Reminiszenz an das geschäftige Treiben in der ehemaligen Großmarkthalle und die rabenschwarze Natursteinbastion der Ruhrorter Werft lassen hier ein urbanes Idyll mit in der Stadt einzigartig lässigem Ambiente entstehen.
Seit Sommer 2015 führt die Uferpromenade noch ein Stück weiter nach Osten. Zwischen Deutschherrn-, Honsell- und neuer Osthafenbrücke ist auf einem ehemaligen Schrottplatz ein neues Stück grünes Frankfurt entstanden, der **Hafenpark**. Vor der Kulisse der Europäischen Zentralbank hat Frankfurt einen neuen **„Ort zum Sein"** bekommen, urbanes Grün für eine neue Generation von Stadtmenschen, von Beginn an heiß geliebt und enthusiastisch erobert. Hier treffen sich alle, die spontan und entspannt unterwegs sein wollen, entweder selbst sportlich aktiv auf den vielen frei verfügbaren Spielfeldern und den beiden Fitnessparcours oder einfach neugierig auf die Skater und BMX-Fahrer und die Calisthenics-Athletinnen und –Athleten, die an

Wochenenden in Scharen den Park bevölkern. Weite blühende Wiesenflächen zeigen mit Kleearten und Doldenblütlern einen kleinen Ausschnitt des **Artenreichtums** in der Stadt.

Der Hafenpark liegt an einer ganz besonderen Stelle im Freiraumkontext der Stadt: Hier begegnen sich das Mainufer und der GrünGürtel, die beiden wichtigsten Grünräume in Frankfurt. Mittlerweile sind die grünen Mainufer von einst bescheidenen dreieinhalb Kilometern am Eisernen Steg beträchtlich weiterentwickelt worden und bieten nun ein breites Spektrum: stille **Naturerfahrung** im Fechenheimer Mainbogen, spektakuläre Ausblicke auf den silbrig glänzenden Fluss und die Skyline von der Ruhrorter Werft aus, **„Sehen-und Gesehen-Werden"** auf der abendsonnenverwöhnten Sachsenhäuser Promenade und das Refugium aller Unangepassten im Niederräder „LiLu".

Bald geht es auch vom Westhafen aus weiter zum Sommerhoffpark im Gutleutviertel, ein nahezu vergessenes **Garten-Kleinod** mit malerischem Blick über den Fluss und ans gegenüberliegende Ufer, das künftig durch einen Steg an die Uferpromenade angeschlossen werden soll.

Simone Jacob

Hafenpark

Lage: Zwischen Deutschherrn- und Honsellbrücke am nördlichen Mainufer
Besonderheiten: Eine von Deutschlands größten Skate- und BMX-Anlagen sowie frei zugängliche Multifunktions-Spielfelder, schöne Picknickwiese; Grillen ist nicht erlaubt!
Anreise ÖPNV: U-Bahn U6 bis „Ostbahnhof". Straßenbahn 11 bis „Sonnemannstraße" oder „Honsellstraße"
Parken: Parkhaus Bildungszentrum Ostend, Sonnemannstraße 16

Der Fechenheimer Mainbogen

Die größte unbebaute Mainaue von Frankfurt. Ausgedehnte Äcker, üppige Wiesen und nahezu unberührte Waldstücke wechseln sich in der Weite dieser Landschaft ab.

Die malerische Mainschleife entstand vor Tausenden von Jahren vor den Toren der heutigen Stadt. Als der Main sich einen neuen Weg durch die enge „Frankfurter Pforte" zwischen Röderberg und Mühlberg bahnte, gab es einen mächtigen Rückstau. Gemeinsam mit dem Bürgel-Rumpenheimer Mainbogen auf Offenbacher Seite ist der Mainbogen in Fechenheim ein Relikt der auf diese Weise entstandenen, einstmals riesigen Auen- und Sumpflandschaft im Frankfurter Osten. Bis heute ist die Landschaft durch die Dynamik des Wassers geprägt. Der Fechenheimer Mainbogen ist bis zur Siedlungsgrenze als **Überschwemmungsgebiet** ausgewiesen. Er ist wichtiger Retentionsraum für die Frankfurter Innenstadt und könnte im Extremfall durch Zurückhalten des Wassers sogar vor nassen Füßen auf dem Römerberg schützen. Heute wird das Gebiet mit seinen fruchtbaren Schwemmlandböden überwiegend landwirtschaftlich genutzt. Auf saftige Wiesen für die Heuwirtschaft in Mainnähe folgen ausgedehnte Ackerschläge, auf denen hauptsächlich Speisemais angebaut wird. Dazwischen gibt es ein großes **Erdbeerfeld**, das im Sommer zum Selbsternten der süßen Früchte einlädt.

Mitten durch die Felder führt vom Fechenheimer Friedhof in Richtung Main ein landwirtschaftlicher Weg, der Mittelweg. Von ihm aus lässt sich die Weite der großen Mainaue besonders gut erleben, an manchen Tagen mit beeindruckenden Wolkenbildern am Himmel.

Landschaft

Direkt am Fluss trifft man auf ganzer Länge auf üppige Natur mit auwaldartigem Charakter. Die Reste einer **typischen Auenlandschaft** mit vernässten Stellen, Schilf, mächtigen Bäumen wie Weiden und Pappeln und neu angelegten Tümpeln bieten hier wertvolle Lebensräume für eine vielfältige Tier- und Pflanzenwelt. Bei einem Spaziergang durch das Gebiet ist nicht zu überhören, dass zahlreiche und auch seltene Vogelarten hier ihr kleines Paradies gefunden haben. Entlang des Mains unter den mächtigen Bäumen verläuft der **Leinpfad** (O23), ein historischer **Treidelpfad**. Bevor es motorisierte Schiffe gab, wurden die Kähne von Pferden an Leinen gegen die Strömung den Main hinaufgezogen, was als Treideln bezeichnet wird. Heute führt eines der schönsten Teilstücke des GrünGürtel-Radrundweges über den Fechenheimer Leinpfad. Und noch eine Besonderheit gibt es im Fechenheimer Mainbogen. Schnurgerade verläuft im westlichen Teil die Starkenburger Straße durch die offene Landschaft direkt zum Main, links und rechts gesäumt von imposanten, hundert Jahre alten Sommer- und Winterlinden. Die **historische Lindenallee** (O22) führt optisch auf das Isenburger Schloss auf der Offenbacher Seite des Flusses zu. Im 19. Jahrhundert gab es sogar eine Fährverbindung. Heute kommt man hier nicht mehr über den Main. Dafür ist das Verweilen unter den Linden vor allem im Frühsommer ein Genuss, wenn die Prachtbäume zur Blütezeit ihren typischen betörend lieblichen Duft verströmen.

Eva-Maria Hinrichs

Erdbeeren unter Folie

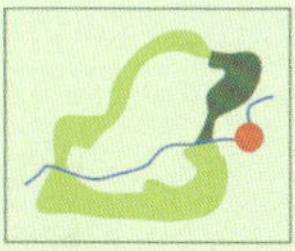

Fechenheimer Mainbogen

Größe: 108 Hektar
Lage: Zwischen der Bebauung von Fechenheim im Norden und der Mainschleife
Stadtteil: Fechenheim

Die Mainauen

Hochwasser prägten über Jahrtausende weite Teile Frankfurts. Noch heute gibt es typische Biotope: von Altmainläufen bis zu Dünen.

Kies und Sand – während der Eiszeiten brachte der Main Unmengen davon mit und lagerte sie in seinem Unterlauf ab. Immer wieder verließ er sein Bett, bildete neue Seitenarme und Kiesbänke, die sich ebenso schnell wieder verlagerten, wie sie entstanden. Sowohl östlich als auch westlich der Engstelle, die der Fluss zwischen Mühlberg und Röderberg durchbrechen musste, bildeten sich weite Schotterebenen. Stürme fegten über das Land und bliesen den Sand zu Dünen zusammen. Das Land glich einer Tundra ohne Baum und Strauch, nur mit Moosen und Flechten bewachsen. Nachdem die letzte Eiszeit vor 12 000 Jahren abgeklungen war, kamen die Bäume wieder zurück. Zuerst Pioniergehölze wie Birken, Weiden und Pappeln, später dann Eichen, Hainbuchen und als letztes die Buchen. Durch das neue Pflanzenkleid wurde Humus gebildet. Bei starken Niederschlägen im Main-Oberlauf konnte so fruchtbarer Boden abgeschwemmt werden, der sich in den Flussniederungen des Unterlaufs als Hochflutlehm ablagerte. Darauf wuchsen bald große **Auwälder** heran, von denen heute noch der **Enkheimer, der Fechenheimer** und der **Schwanheimer Wald** künden.

Das Seckbacher Ried

Der vorher stark verzweigte Fluss bildete einen Hauptlauf heraus, der träge in vielen Bögen die weite Ebene durchzog. Alljährlich zur Schneeschmelze trat er über die Ufer und überschwemmte weite Teile der Niederung. Dabei bildeten sich Seitenarme, die mit der Zeit wieder verlandeten. Einige dieser Altarme sind heute noch zu erkennen, etwa die **Altmainrinne** am Fuße des Berger Rückens vom **Enkheimer Ried** über den Voltensee, das **Seckbacher Ried** und der Ostpark bis zum Rechneigraben oder die Rinne vom Fechenheimer Wald über Stein-, Teufels- und Erlenbruch.

Auch im westlichen Stadtgebiet finden sich noch die Reste solcher Altläufe wie im Lachegraben zwischen Griesheim und Nied und im Schwanheimer Wald vom **Rohsee** über die Riedwiese in die Kelster. Auf den Hochufern und den Dünenrücken, die von den Hochwassern nicht überschwemmt wurden, siedelten die Menschen bereits in der **Steinzeit**. Diese Bereiche waren im frühen Mittelalter auch die Keimzellen für viele der Ortschaften, die heute noch existieren. So entstanden zum Beispiel Fechenheim, Höchst, Nied und auf dem **Domhügel** auch die Anfänge der Frankfurter Altstadt.
Früh wurden die Wälder in der Aue auf die weniger fruchtbaren sandigen Standorte zurückgedrängt. Man legte Entwässerungsgräben an, um auf den fruchtbaren Auelehmböden Ackerbau zu betreiben. Die feuchteren Bereiche

Beim Bootsbauer in Schwanheim

nutzte man als Wiesen zur Viehweide oder Heugewinnung; ein Nutzungsmuster, wie wir es heute noch im **Fechenheimer Mainbogen** vorfinden. Die Altläufe und Gräben waren zumeist von Kopfweiden gesäumt, die man für die Korbflechterei benötigte. Ein paar Exemplare gibt es noch am Voltenseeweg zwischen Seckbach und Enkheim. Im Fechenheimer Bogen sind in den nächsten Jahren umfangreiche Renaturierungsmaßnahmen geplant.
Regelmäßig trat der Main in Hochwassern über die Ufer, bis zur Mainregulierung Anfang des 20. Jahrhunderts. So lange blieben die Mainauen bis auf wenige Ausnahmen unbebaut.

Schon seit den Römern spielte der Main eine wichtige Rolle als Schifffahrtsweg. Bis zur Erfindung der Dampfschiffe war es üblich, die Lastkähne flussaufwärts zu treideln. Dazu wurden die Schiffe vom Ufer aus mit Pferdegespannen gezogen, wofür man spezielle Uferwege anlegte, die **Treidel- oder Leinpfade**, wie sie bei Schwanheim oder Fechenheim noch vorhanden sind. Im 19. Jahrhundert befuhren die ersten Dampfschiffe den Main. Zunehmende Versandung und die zum Teil geringe Wasserführung behinderten den Verkehr jedoch stark. Ein Ausbau wurde nötig, um auch größeren Schiffen die Flusspassage zu ermöglichen. Bis 1885 kanalisierte man den Abschnitt von der Mainmündung in den Rhein bis nach Frankfurt, gleichzeitig wurde der Frankfurter **Westhafen** eröffnet.
Durch den zunehmenden Bedarf an Baustoffen entstanden neue Landschaftselemente wie Kies- und Sandgruben. Einige davon bilden inzwischen wertvolle Lebensräume für Tiere und Pflanzen, der **Fechenheimer Waldweiher** etwa oder

die ehemaligen Gruben im **Schwanheimer Unterfeld**.

Das Frachtaufkommen auf dem Main nahm während der Industrialisierung schnell zu, und bereits 1912 wurde der Frankfurter **Osthafen** eröffnet. Sein Bau (mit den zugehörigen Industriegebieten) veränderte die bis dahin von Wiesen und Feldern geprägten Mainauen im Frankfurter Osten einschneidend. Durch den weiteren Ausbau des Mains blieben die charakteristischen Hochwasser aus, und viele ehemals feuchte Standorte leiden seither unter Austrocknung. Der Erhalt der verbliebenen wertvollen Auenlebensräume ist eine der großen Aufgaben der Zukunft.

Jürgen Blum

Der Main

Der Main misst, als einer der größten Nebenflüsse des Rheins, von der Quelle des Weißen Mains im Fichtelgebirge bis zu seiner Mündung bei Mainz 527 Kilometer. Etwa 27 Kilometer verlaufen im Frankfurter Stadtgebiet.
Täglich fließen über 17 Millionen Kubikmeter Mainwasser durch Frankfurt. Die mittlere Wasserführung an der Mündung beträgt 225 Kubikmeter pro Sekunde.

Markante Schutzhütte am Roten Graben

Der Fechenheimer und Enkheimer Wald

Ehemalige Auwälder, das älteste Naturschutzgebiet, den größten Waldspielpark – dies und vieles mehr finden wir im Osten des GrünGürtels.

Eine karge Tundra aus Flechten, Moosen und einigen Gräsern auf fast ganzjährig gefrorenen Böden – so müssen wir uns die hiesige Landschaft während der Eiszeiten vorstellen. Kein Baum oder Strauch konnte unter diesen Bedingungen überleben. Erst nachdem die letzte Eiszeit vor 12 000 Jahren abklang und sich das Klima erwärmte, wanderten wieder Bäume aus dem südlichen Europa ein. Die Hochwasser des Mains lagerten fruchtbaren Lehm ab, auf dem große Auwälder entstanden. Noch um 1800 erstreckte sich vom Riederwald bis nach Bischofsheim **ein geschlossenes Waldgebiet**. Im Bereich ehemaliger Altmainrinnen entstanden Niedermoore und sumpfige Bruchwälder aus Erlen und Weiden, an die noch heute die Bezeichnungen Erlenbruch, Teufelsbruch und Steinbruch erinnern.

Das **Enkheimer Ried** (J22) mit seiner offenen Wasserfläche ist ein besonders auffälliger Teil eines solchen Altmainlaufs. Es geht auf den Abbau von Torf im 19. Jahrhundert zurück. Nach dem Ende des Torfabbaus füllten sich die Torfstiche mit Wasser. 1888 siedelte sich die Firma Eis-Günther an und nutzte die im Winter zufrierenden Teiche zur Natureisgewinnung. Es wurden Eisblöcke ausgesägt und in großen Hallen eingelagert. Das Eis wurde im Sommer an Brauereien, Gaststätten und Privathaushalte geliefert, um Lebensmittel und Bier zu kühlen. Die Teiche entwickelten sich schnell zu einem bedeutenden

Lebensraum für Vögel, seltene Pflanzenarten und die Europäische Sumpfschildkröte, die hier noch heute vorkommt. Seit 1935 steht das Ried unter Naturschutz. In den 1950er Jahren wurde jedoch der westliche Teich zugeschüttet. Man baute dort die Sportanlagen und das Schwimmbad. Der verbliebene Riedteich wurde in den 1960er Jahren ausgebaggert, um die Verlandung zu stoppen. Leider ging dabei ein Teil der bedrohten Tier- und Pflanzenarten wie Drosselrohrsänger und Schwanenblume verloren. Einen besonders schönen Überblick bietet der Hügel am Westende des Riedteichs.

Ein weiteres Gewässer ist der **Fechenheimer Waldsee** (K23). Er wurde 1938 als Raststation für durchziehende Zugvögel angelegt. Auf einem Lehrpfad rund um den Weiher erfährt man Wissenswertes über hier vorkommende Pflanzen und Tiere. Einen besonders urtümlichen Waldbereich bildet das **Steinbruch** (das Bruch = Sumpf) (L21). Nur hundert Meter südlich der Autobahn und des Hessen-Centers gelegen, stehen hier von Efeu umrankte Eichen, Hainbuchen und Eschen. Sie umgeben eine Geländerinne mit einer Feuchtwiesenbrache, die jedoch in den letzten Jahren zunehmend verbuscht. Mit dem 1969 eröffneten **Heinrich-Kraft-Park** (L22) gibt es im Fechenheimer Wald eine besondere Attraktion für Kinder und Jugendliche. Hervorzuheben sind der integrative Spielbereich mit großer Kletterburg, die ausgedehnten Skate-Anlagen und der beliebte Grillplatz.

Jürgen Blum

Der Fechenheimer Waldsee

Grillen im Heinrich-Kraft-Park

Fechenheimer und Enkheimer Wald

Größe: 267 Hektar
Lage: Berger Südhang im Norden, Maintaler Grenzschneise im Osten, Bebauung von Fechenheim im Süden, Bebauung von Enkheim und das Gewerbegebiet Seckbach im Westen
Ortsteile: Fechenheim, Bergen-Enkheim

Schauen, Lauschen, Erinnern – ein Kinderspiel

Der GrünGürtel bietet Anregungen für alle Sinne. Ob bei einem Familienspaziergang oder einer Wandertour, ob allein oder in der Gruppe, meist sind es Kleinigkeiten, die – bewusst wahrgenommen – zu besonderen Schätzen der Erinnerung werden können.

Farbtöne benennen

Grün ist nicht gleich Grün! Es gibt Maiengrün, Moosgrün, Flaschengrün … Verschiedene Farbtöne werden „mit den Augen" gesammelt und notiert. Ein Stift oder ein Stück Papier findet sich bestimmt in irgendeiner Tasche. Beobachtungsgeschick und ein bisschen Fantasie sind gefragt. Und wenn nicht bei diesem, dann beim nächsten Ausflug.

Regenbogen suchen

Einen Regenbogen im GrünGürtel zu entdecken, das ist bei jedem Wetter möglich. Die Farben des Regenbogens werden bei einem Spaziergang, einer Radtour oder einem Picknick gesucht. Sie können sich in bunten Blättern verbergen, in einem einzelnen ganz bestimmten Blütenblatt, in einem Gras- oder Getreidehalm oder auch in einem bunten Bonbonpapier. Und zu Hause auf eine Pappe geklebt, ergeben sie eine farbenfrohe Collage.

Klänge erkennen

Für ein Klangbild nur fünf Minuten lang die Augen schließen, ganz ruhig stehen und auf Töne lauschen, um sie anschließend differenziert zu benennen. Es

Am Alten Flugplatz gibt es viel zu entdecken.

können Naturgeräusche sein (Wind, Wasser, Vogelstimmen), Motorengeräusche (Auto, Motorrad, Rasenmäher, Flugzeug, Traktor), Menschengeräusche (Lachen, Pfeifen, Rufen) und vielleicht auch ganz leise Naturgeräusche wie das Summen einer Biene.

Geschichten erfinden

Bei einer Rast fällt der Blick von einer Bank oder einer Wiese auf ein besonderes Objekt, das die Fantasie anregt. Die blaue Glockenblume verwandelt sich in eine zarte Elfe, die ihre Geschichte erzählen will, ein knorriger Zweig wird zu einem Waldgeist mit ganz besonderem Lebenslauf, ein Pilz wird zu ... So entstehen ganz persönliche Geschichten.

Natur erfühlen

An einem Spazier- oder Radweg gibt es ganz unterschiedliche Natur-Gefühle: raue Eichenrinde, die glatte Rinde einer Buche, weiches Moospolster, harzige Knospen, ein hartes, welkes Laubblatt vom Vorjahr ... Diese Gefühle werden mit anderen geteilt oder ihnen mitgeteilt, indem sie – zum Beispiel mit geschlossenen Augen – zu diesen Tasterlebnissen geführt werden.

GrünGürtel-Memory

Das GrünGürtel-Memory entsteht aus acht bis zwölf verschiedenen Gegenständen wie beispielsweise abgefallenen Zapfen, Steinen oder einem besonders geformten Blatt. Sie werden auf einer ebenen Fläche ausgelegt und zwei Minuten lang betrachtet, dann mit einem Tuch (etwa 50 x 50 cm), einer Regenjacke, einem Fahrradcape oder etwas Ähnlichem abgedeckt und die nun versteckten Gegenstände aus der Erinnerung benannt. Wirklich nur ein Kinderspiel?

Dr. Renate Rabenstein

Entdecken, Forschen, Lernen im GrünGürtel

Der GrünGürtel ist auch ein Bildungsraum – für Frankfurter Kinder und Jugendliche ebenso wie für Erwachsene. Das städtische Bildungsprogramm „Entdecken, Forschen und Lernen" entführt Schulklassen und Kita-Gruppen in den Frankfurter GrünGürtel. Ihn mit dem Rad umrunden, Fledermäuse erforschen und eigenen Apfelsaft herstellen steht unter anderem auf dem Programm. An Wochenenden können Eltern mit Kindern Flugmodelle basteln, den Vogeltag besuchen oder am FahrRad!-Tag teilnehmen. Dazu wurden die Lernstationen Alter Flugplatz, MainÄppelHaus und Stadt-WaldHaus eingerichtet. Das Programm wurde mehrfach als offizieller UN-Beitrag für die UN-Dekade „Bildung für nachhaltige Entwicklung" ausgezeichnet.
Weitere Informationen unter:
www.frankfurt.de/Umweltbildung

Zwischen Seckbach und Osthafen

Wer ungewöhnliche Orte, ein schillerndes Vereinsleben oder den „anderen" GrünGürtel sucht, der ist hier richtig!

GrünGürtel einmal anders! Statt Tiere, Pflanzen und Naturerlebnis finden wir in der sanften Senke zwischen Bornheimer Hang, Seckbach und Bergen ein Biotop ganz anderer Art: Fußballerinnen und Kleingärtner, Tierzüchterinnen und Karnevalisten, echte Rocker und sogar Hobbyindianerinnen haben rund um den Sausee ihren natürlichen Lebensraum gefunden. Die Landschaft zwischen Seckbach und Hanauer Landstraße ist von einer besonderen Heterogenität – landschaftlich wie sozial – geprägt. Am markantesten ist die **A 661,** die das Gebiet zerschneidet. Erst 1995 vollzogen, bedeutete dieser Einschnitt für viele Menschen die endgültige Abtrennung Frankfurts vom näheren Umland. Doch hat die Autobahn ihre eigene, fast groteske Landschaft hervorgebracht. Aber auch wer „unberührte Natur" sucht, kann hier fündig werden. Im Norden bei Seckbach gibt es einen kleinen, aber sehr feinen Streifen des Mainaltarms, das **Naturschutzgebiet Seckbacher Ried** (K20). Und im Süden findet man mitten in der Industrielandschaft zwischen B 8 und Enkheim ein kleines Waldstück, den Riederwald (M20), mit einem außergewöhnlichen Abenteuerspielplatz für kleine und große Kinder.

Das Besondere an der **Landschaft rund um den Sausee** (L19) sind die vielfältigen sozialen Nutzungen. Viele Frankfurterinnen und Frankfurter

Unter der A661

verbringen hier ihre Freizeit in einem der ansässigen Vereine. Es gibt Kleingartenanlagen, Freizeitgärten und Westernclubs. Es wird geschwommen, geturnt und Hockey gespielt. Sportclubs wie die Frankfurter Lions oder der FSV haben hier neben anderen Sportvereinen ihre Vereinssitze oder ihre Sportanlagen – allen voran natürlich der Fußballbundesligist Eintracht Frankfurt. Auch der 1911 von Carl Heicke geplante **Ostpark** (N19), der erste Volkspark Frankfurts, hat eine soziale Dimension. Diese liegt nicht nur darin, dass er ein beliebter Treffpunkt zum Fußballspielen, Grillen oder In-der-Sonne-liegen ist, sondern auch darin, dass sich im östlichen Teil der Anlage eine Unterkunft für Obdachlose befindet.

Alles in allem ist dieser Abschnitt des Grün-Gürtels **ein sehr heterogenes Gebiet**, und genau diese Gemengelage von Verschiedenartigkeit macht die Qualität von Stadt aus: Urbanes trifft auf Ländliches, Offizielles auf Informelles, Geplantes auf Improvisiertes – eben eine echte Stadtlandschaft. Genau deshalb gibt es hier Raum für Gruppen und Menschen am Rande der Gesellschaft. Ein Raum, auf den nicht so genau geschaut wird, an dem nicht so viele Menschen vorbeikommen, schrullig und eigenwillig, weil er an der Rückseite der Stadt liegt.

Friedrich von Borries, Christoph T. Herrmann

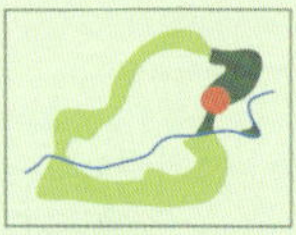

Zwischen Seckbach und Osthafen

Größe: 293 Hektar
Lage: Zwischen der Bebauung von Bornheim im Westen, Seckbach im Norden und Osten und der Schienentrasse, die zum Ostbahnhof führt, im Süden (Osthafengebiet).
Stadtteile: Seckbach, Bornheim, Ostend, Riederwald

Tour

Von Zaun zu Zaun

Zäune, Brücken, Bräuche. Rocker, Ponys, Indianerinnen. Klein- und Freizeitgärten – hinter, vor und unter der Autobahn

TourInfo

Länge: 6 km
Start: Ernst-May-Platz am Bornheimer Hang
Ziel: U4, U7 „Schäfflestraße"
Landschaft: Gärten, Autobahn, Brachen (zwischen Seckbach und Osthafen)
Weg: Leichte Steigungen bergab, Schotterwege, Erdwege, Asphaltwege, Treppen
Besonderheit: Der älteste Kleintierzuchtverein Frankfurts, Eintracht Frankfurt.
Gastronomie: Vereinsheim des KGV Buchhang e. V., Saalburgallee 7, 60385 Frankfurt Tel.: 069 434582
Anreise ÖPNV: Bus 38, Straßenbahn 14 „Ernst-May-Platz", von dort die Wittelsbacherallee bis zur Kettelerallee
Hinweis: Der Weg ist nicht ausgeschildert.

An der Heilig-Kreuz-Kirche auf dem **Bornheimer Hang** (M19) beginnt der Spazierweg. Wir gehen Richtung Norden zur Nussbaumallee, für deren Bäume man Patenschaften ersteigern kann und dann im Herbst die Nüsse ernten darf. Vor dem Spielplatz geht es rechts vorbei zur Kuppe des Bornheimer Hangs. Hier eröffnet sich ein weiter Ausblick auf die soziale Landschaft, auf Klein- und Freizeitgärten, Sportplätze und die Autobahn. Wir bekommen einen ersten Eindruck von der Vielseitigkeit, dem Durcheinander und der großen sozialen Vielfalt, die uns hier erwartet.
Links am Nadelbaum vorbei gehen wir im Zickzack den Hang hinunter zu den ersten Kleingartenvereinen. Ähnlich wie die Nussbäume, die Gartenbaudirektor Max Bromme plante, um die Siedlungsbewohner des Bornheimer Hangs mit gesunden Leckereien zu versorgen, dienten auch die Schreber- und Kleingärten einst der Selbstversorgung der Menschen. Auch wenn sich heute viele **Kleingartenvereine** durch Zäune vor Vandalismus und

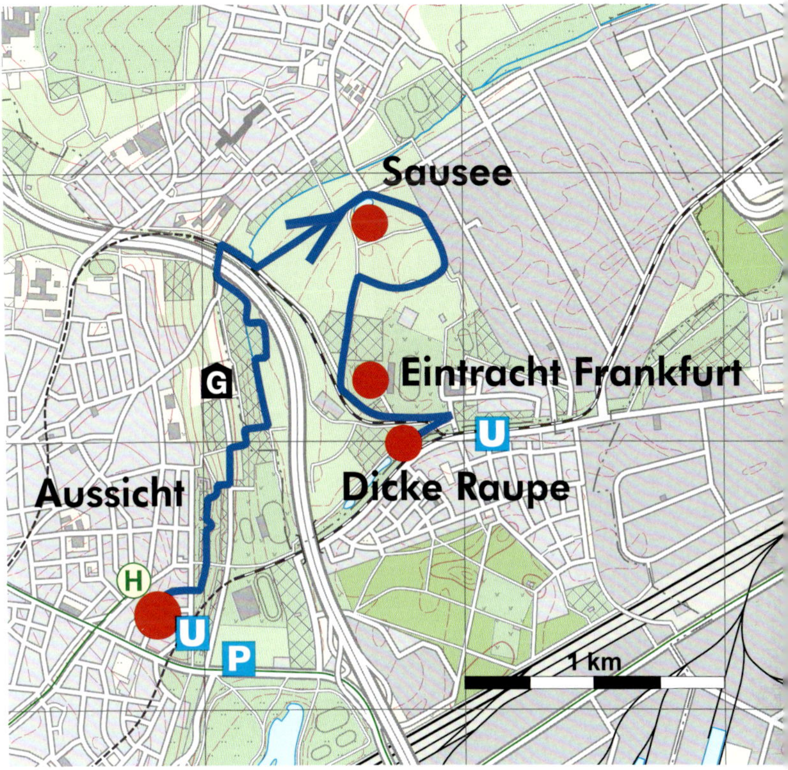

Diebstahl schützen, stehen sie noch immer jedem Interessierten offen. Die meisten der Hobbygärtnerinnen und Hobbygärtner freuen sich, Gästen ihr kleines, grünes Idyll zu zeigen.

Am Ende der langgezogenen Kleingartenanlage Buchhang e. V. geht es links auf der Straße Am Bornheimer Hang weiter.

Rechts flankieren verschiedene Sportstätten den Weg, die **Eissporthalle** der Frankfurter Lions und der Fußballplatz des FSV. Bevor wir die von Ernst May errichtete Charles-Hallgarten-Schule erreichen, biegen wir rechts in eine kleine Straße ein, durchqueren die Kleingartenanlage Bornheimer Hang e. V. und folgen dem gewundenen Weg bis zum breiten Randstreifen der A 661.

Hier führt er weiter nach links durch ein wildes, vielfältig genutztes Gebiet. Von der Ranch der Hobby-Cowboys „Trail Boys" bis hin zu den – inzwischen für den Straßenbau geräumten – **illegalen Hütten-Siedlungen** bietet dieser städtische Restraum Zuflucht und Freifläche

„Wir ernten unser eigenes Gemüse!"

Hatiche und Achmed Sümen sind glücklich in ihrem kleinen Garten. Die Nachbarschaft zu den anderen Hobbygärtnern macht beiden Freude. In ganz Frankfurt gibt es 16 000 Kleingärten, die von 115 Kleingartenvereinen verwaltet werden; viele davon liegen im GrünGürtel. Interessierte können sich beim Dachverband der Kleingartenvereine bewerben unter Tel.: 069 540933 oder www.stadtgruppe-frankfurt.de.
Wer lieber in einem Garten ohne Verein sein Gemüse anbauen will, kann beim Liegenschaftsamt unter Tel.: 069 212-34907 oder -36102 einen sogenannten Freizeitgarten pachten.

für Aktivitäten und Bedürfnisse, die in der Stadt oftmals keinen Platz finden. Hier, wo „Big Brother" nicht ganz so wachsam ist, können sich Menschen aus der Gesellschaft zurückziehen. Der Pfad endet an einer großen Autobahnbrücke, die Obdachlosen Wetterschutz bietet und mit ihren Betonrampen Spielort für Kinder und Jugendliche ist. Wir halten uns nach der Brücke rechts und gehen entlang der Umzäunung des U-Bahn-Depots – eine abgegrenzte Insel im GrünGürtel – in ein **Freizeitgartengebiet.** Hier verläuft der Riedgraben, und die privaten Gartenstrukturen werden wilder. Jeder umgrenzt sich mit Latten, Zäunen, Hecken und verschließt sich mehr oder weniger dem Blick der Vorbeigehenden – wobei gerade der Sichtschutz im Landschaftsschutzgebiet nicht gestattet ist. Erster Weg links, dann bis zum Ende gehen, dort befindet sich der **Sausee** (L19), eine kleine Naturoase mitten in der Vereins- und Gartenlandschaft. Er ist Ausläufer eines Mainaltarms, der sich Richtung Nordosten in die Naturschutz-

Der Blick über den Zaun findet die unterschiedlichsten Gartenwelten vor.

gebiete des Seckbacher und Enkheimer Rieds fortsetzt. Erneut halten wir uns rechts Richtung Büttelstück, vorbei an den Cowboys der Horse Ranch. Auch dieser Verein von Alt-Cowboys freut sich über jeden Gast, dem er seinen **Saloon** oder die Tipis im Garten zeigen kann. Wer hier über den Zaun winkt, kann sich mit Äppler oder Feuerwasser erfrischen. Der weitere Weg bildet die Grenze zwischen GrünGürtel und dem Seckbacher Gewerbegebiet. Fabrikhallen stoßen an Pferdekoppeln, Schotterpisten bilden Zufahrten zu Gewerbehöfen.
Der Weg biegt wieder rechts ab. Auf der rechten Seite erstrecken sich Reste der weitläufigen **Streuobstwiesen**, die einst das Landschaftsbild dieser Gegend prägten. Die historische Landschaft der Obstwiesen wird zwar einerseits durch die Freizeitgärtner gepflegt und gestützt, andererseits verwehrt der Diebstahlschutz den freien Zugang und zerstört damit den Charakter einer offenen Landschaft. Wir folgen weiter dem Pfad bis zu einem Ponyhof. Pferde und Ponys weiden überall auf Koppeln rund um den Sausee.
Links führt uns die Straße Am Sausee wieder durch Kleingartenanlagen, am Tierschutzverein vorbei bis zur neuen, von hohen Zäunen umringten Vereinsanlage der **Eintracht Frankfurt** (L19). Zwischen Eintracht und U-Bahn-Depot verlassen wir das Gebiet nach links, bis wir zur Haenischstraße kommen. Links bewundern wird die Pestalozzischule von Martin Elsaesser, rechts geht es dann zurück in die Stadt, der Weg führt zur Straße Am Erlenbruch, in der auch die nächste Haltestelle ist.

Friedrich von Borries,
Christoph T. Herrmann

Auf dem Höhenweg am Südhang

Der Berger Südhang

Streuobstwiesen, Magerrasen und Gehölze – eines der botanisch wertvollsten Gebiete im GrünGürtel. Eindrucksvolle Ausblicke auf die Mainebene und die Frankfurter Skyline gibt es gratis dazu!

Der Berger Südhang, ein einstiges Steilufer des Mains, neigt sich vom Berger Rücken nach Süden ins Maintal. Aufgrund seines **warmen Kleinklimas** dienten weite Teile des Berger Südhangs zwischen dem 11. und 19. Jahrhundert dem Weinbau, bevor dieser Anfang des 20. Jahrhunderts nach wiederholten Missernten durch sich ausbreitende Rebkrankheiten und -schädlinge zum Erliegen kam. In der Gastwirtschaft „Zur Traube" in der Enkheimer Riedstraße wurde 1909 zum letzten Mal Traubenwein vom Berger Hang ausgeschenkt. Danach setzte sich am gesamten Berger Rücken der Obstbau durch, der meist im Nebenerwerb betrieben wurde und auch heute noch das Landschaftsbild des Berger Südhangs prägt.

Das durch die Südexposition bedingte Lokalklima hat in Kombination mit dem **kalkhaltigen Untergrund** zur Ausbildung zahlreicher seltener und gefährdeter Lebensgemeinschaften mit entsprechenden schützenswerten Pflanzen- und Tierarten geführt, die sich gut von den zahlreichen Spazierwegen beobachten lassen. Neben bunt blühenden Salbei-Glatthaferwiesen finden sich auf engstem Raum orchideenreiche Trespen-Halbtrockenrasen mit seltenen und gefährdeten Kostbarkeiten wie Helmknabenkraut, Mücken-Händelwurz, Spargelerbse, Filz-Segge, Büschel-Glockenblume, Gelber Sommerwurz oder Arznei-Schlüsselblume. Der botanisch und auch zoologisch wertvollste Bereich befindet sich im Nordosten des Berger

Südhangs, nicht umsonst ist er seit 1954 Naturschutzgebiet (H23/J23). Hier sind auch Steinkauz, Nachtigall und der Insekten aufspießende Neuntöter zu hören. Am besten man kommt einmal mit den Fachleuten von der Vogelkundlichen Beobachtungsstation Untermain hierher, die ihren Sitz im nördlichsten Zipfel des Naturschutzgebiets hat. Das nachlassende Interesse am Obstanbau hat zu starken Veränderungen in der Pflanzenwelt sowie der Landschaftsstruktur des Berger Südhangs geführt. Immer mehr Obstgrundstücke fielen brach, fehlende Obstbaumpflege und Überalterung hat zum Absterben zahlreicher Bäume geführt, die nicht mehr durch Nachpflanzungen ersetzt wurden. Grundstücke wachsen mit **Brombeeren** zu. Hinzu kommen nichtheimische Arten, die sich im Unterwuchs der Streuobstbestände breitmachen, allen voran die Kanadische Goldrute und der Riesen-Bärenklau, auch Herkulesstaude genannt. Durch extensive Schafbeweidung und Mahd versucht man die Landschaft offen zu halten. Die von der Stadt Frankfurt angebotene **kostenfreie Verpachtung** städtischer Streuobstwiesen gegen die Verpflichtung zur ordnungsgemäßen Pflege soll zum einen das Interesse am Obstanbau wiederbeleben und zum anderen der zunehmenden Verbuschung entgegentreten. Jeder Pächter und jede Pächterin kann so aktiv an der Erhaltung der alten und wertvollen Kulturlandschaft am Berger Hang mitwirken.

Dirk Bönsel

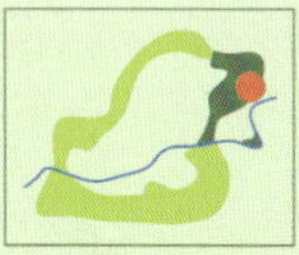

Berger Südhang

Größe: 86 Hektar
Lage: Zwischen Bergen und der B 521 im Norden, Stadtgrenze im Osten, Enkheimer Ried im Süden und Bebauung von Enkheim im Westen
Stadtteil: Bergen-Enkheim

Streuobstwiesen

Frankfurter Apfelwein ist ohne die Streuobstwiesen im GrünGürtel nicht denkbar. Sie sind jedoch ein recht junges Element unserer Kulturlandschaft.

Wer kennt sie nicht, die heimischen Streuobstwiesen? Im Frühling ein rosa-weißes Blütenmeer, in Sommer und Herbst ein Quell **süßer Früchte**, die frisch genossen und zu vielerlei Leckereien verarbeitet werden können. Von Naturschützern werden sie wegen ihrer Bedeutung als Rückzugsort für seltene Tier- und Pflanzenarten wie den Steinkauz gepriesen, von Apfelweinfreunden als Ursprung ihres **„Stöffches"** verehrt. Trotzdem steht es nicht gut um eines unserer **Lieblingsbiotope**.

Seit Jahrzehnten nimmt die Fläche der Streuobstwiesen rapide ab. Wie konnte es dazu kommen? Klären wir erst einmal den etwas seltsamen Namen: Der Begriff Streuobstwiese ist nämlich noch recht jung und entstammt einem Fachartikel zum Naturschutz von 1975. Gemeint sind damit Wiesen mit verstreut stehenden **Obstbäumen verschiedenster Arten mit hohen Stämmen**, im Gegensatz zu den in dichten Reihen bepflanzten Obstplantagen niedriger Baumformen. Geprägt wurde die Bezeichnung in Baden-Württemberg, denn dort, an den regenreichen Rändern der Schwäbischen Alb und des Schwarzwaldes, stehen die Obstbäume traditionell auf Wiesen. In unserem Raum nannte man die Grund-

Kirschblüte am Heiligenstock

stücke mit Obstbäumen zumeist einfach **Baumstücke** oder Baumgärten. Die Obstbäume wurden zumeist in direkter Dorfnähe gepflanzt, wie es am Berkersheimer Ortsrand noch erkennbar ist.

Doch blicken wir noch viel weiter zurück! Ein Großteil unserer heutigen Obstarten wie Apfel, Birne, Pflaume, Pfirsich oder Quitte stammt ursprünglich aus **Zentral- und Kleinasien**. Von dort aus gelangten sie mitsamt dem Wissen über ihre Veredelung in den Vorderen Orient und mit den Römern bis nach Mitteleuropa. Bei uns hielten im Mittelalter die **Klöster** die Obstkultur aufrecht. Mit der Neuzeit verlagerte sich die Obstbaumzucht zunehmend an die Schlossgärtnereien der Fürstenhöfe. Man wetteiferte um neue Tafelobstsorten als Statussymbol bei fürstlichen Banketten. So wollte der Preußenkönig **Friedrich II**. möglichst das ganze Jahr über frische Kirschen essen können – was seinen Gärtnern dank Zucht und Treiberei sogar gelang.
Das einfache Volk war hingegen wesentlich stärker an den flüssigen Produkten der Obstbäume interessiert. Denn **Obstmost und Apfelwein** stellten eine günstige Alternative zum Traubenwein dar. Daneben waren Dörrobst und eingekochtes Fruchtmus über lange Zeit die einzige günstige Möglichkeit, Speisen zu süßen – abgesehen vom teuren Honig.

Wesentlichen **Aufschwung** erlebte der Obstbau in unserer Region jedoch erst im 18. und 19. Jahrhundert. Das hatte mehrere Gründe. So erkannte eine ganze Reihe von Landesherren im Zuge der Aufklärung den Nutzen frischen Obstes für die Ernährung ihrer Untertanen

und förderten deshalb den Anbau von Obstbäumen. Insbesondere Pfarrer und Dorfschullehrer trugen zur Verbreitung des Obstanbaus bei, indem sie Baumschulen anlegten und ihre Schüler in der Baumpflege und Veredlung unterwiesen. Gleichzeitig nahm die **Nachfrage nach Tafelobst** in den wachsenden Städten zu. Hinzu kam, dass man in einigen Regionen, wie dem Frankfurter Raum, den bisher vorherrschenden **Weinbau** infolge von neu eingewanderten Schädlingen und Krankheiten sowie einer Klimaverschlechterung weitgehend aufgab. Dadurch wurden die für den Ackerbau schlecht nutzbaren Hanglagen frei für die Pflanzung von Obstbäumen, wie am Südhang des Berger Rückens. Diese machten weniger Arbeit als der Weinbau, gleichzeitig konnten die Techniken und Gerätschaften für die Weinverarbeitung weiter genutzt werden.

Besondere Bedeutung für den Obstbau hatte auch das **Erbrecht**. Durch die in Hessen übliche Realteilung wurde der Grundbesitz unter allen Erbinnen und Erben gleichmäßig aufgeteilt. So wurden mit wachsender Bevölkerung die Grundstücke immer kleiner und reichten nicht mehr zur Ernährung der Familien aus. Die Pflanzung von Obstbäumen auf die zumeist schmalen Ackerstreifen bot einen Ausweg. Nun konnten die Grundstücke **auf zwei Ebenen** Ertrag liefern. Unter den Obstbäumen baute man Getreide oder Kartoffeln an, es entstanden die sogenannten **Baumäcker**. Diese Bewirtschaftungsform wurde erst mit der Mechanisierung der Landwirtschaft

Gaumenfreuden

Obsternte in den 1930er Jahren

wieder aufgegeben, als die Bäume ein Hindernis für die Traktoren darstellten.

Im Umkreis von Frankfurt führte die Industrialisierung jedoch ab Mitte des 19. Jahrhunderts zu einer weiteren Zunahme der Obstwiesen. Ein großer Teil der ehemals bäuerlichen Bevölkerung hatte Arbeit in den Fabriken von Höchst, Bockenheim, Fechenheim oder Frankfurt gefunden. Landwirtschaft wurde jetzt überwiegend im **Nebenerwerb** betrieben. Dafür war der Obstanbau besonders gut geeignet, denn er erforderte nur kurze Zeit im Jahr vollen Arbeitseinsatz. Mit dem **Wirtschaftswunder** setzte der **Niedergang** des Streuobstbaus ein. Obst gab es durch Importe nun fast das ganze Jahr über in gleichbleibender Qualität in den Geschäften zu kaufen. Selbst die Keltereien bezogen ihren Rohstoff nun aus dem Odenwald, dem Spessart oder gar aus dem **Ausland**. Für viele Obstwiesenbesitzer lohnte sich die Mühe nicht mehr, und so ließen sie die Bäume roden oder wandelten ihre Wiesen in Freizeitgärten um. Die Obstwiesen an den Ortsrändern fielen neuen Baugebieten zum Opfer. Heutzutage stellt die **fehlende Pflege** die größte Bedrohung für die inzwischen geschützten Streuobstwiesen dar. Denn ohne regelmäßiges Mähen, Beschneiden und Nachpflanzen von Jungbäumen überaltern die Bäume und verbuschen die Wiesen. Deshalb richtet die Stadt Frankfurt seit 2009 einen „Apfel-Appell“ an ihre Bürgerinnen und Bürger.

Jürgen Blum

Obsternte – hoffentlich – demnächst

Apfel-Appell

Die Untere Naturschutzbehörde der Stadt Frankfurt will zusammen mit der jungen Designerin Lara Glück Streuobstwiesen wiederbeleben und erhalten. Mit gemeinsamen Aktionen zu Kultur und Genuss sowie praktischen Demonstrationen soll Begeisterung für den Apfel geweckt und bisher ungenutzte Obstwiesen an interessierte Pächterinnen und Pächter vermittelt werden. Inzwischen gibt es ein Starter-Kit für Streuobst-Neulinge, finanzielle Unterstützung für Neuanpflanzungen und Pflege von Obstwiesen bis hin zu originellen Absperrbändern zum Schutz der Ernte vor Obstdiebstahl.
Informationen unter:
www.apfel-appell.de

Berger Nordhang und Gisisberg

Versteckt hinter der Vilbeler Landstraße und der B 521: ein verborgener Hohlweg und Pferdefarmen, Orte für Entdeckerpersönlichkeiten!

Am Berger Nordhang wechseln sich frühlingsblühende oder herbstbunte Streuobstwiesen mit landwirtschaftlichen Höfen und **Orchideengründen** ab. Wer vom Jüdischen Friedhof oder der Berger Warte (H20) aus nach Nordosten vordringt, stößt zunächst auf eine Orchideenwiese und dann zwischen Äckern auf ein Kleinwäldchen, die **Baumlohhohl** (G22), die man achtlos auf dem geteerten Weg durchqueren könnte. Man kann aber auch darin stehenbleiben, ganz genau hin(ein)schauen und mit etwas Imagination ins dornröschenartige Unterholz eindringen. Von Gestrüpp zerkratzt würde man einen mysteriösen Erdwall erreichen, erklimmen und entdecken, dass es sich um einen zugewucherten **Hohlweg** handelt, den das Sträßchen durchschnitt und dadurch überflüssig machte. Bäume wachsen und vergehen hier, wie sie wollen. Ein verrottendes Metallobjekt unbekannter Herkunft liegt herum. Eine windgefällte Fichte versperrt den Blick, bis auch sie einst vermodert sein wird.
Nördlich davon, vor dem Bärlauchparadies im Vilbeler Wald (G21), fließt ein Bach an **Schwertlilienufer** und einer Baumwiese vorüber, lieblich wie ein gemaltes Schäferidyll (G22). Auch die eingezäunte Jägerwiese mit ihren Wildblumen daneben ist äußerst hübsch anzusehen. Mofas knattern umher. Pumpstationen tauchen auf, Hinweise für die kommerziell genutzten Quellen in

GrünGürtel-Spaziergang mit Michael Quast

Wiesensalbei

diesem Gebiet. In den Kronen der traditionellen Obstwiesen am mittleren Hang (H21) hausen nicht nur seltene Vögel, sondern auch **Apfelglasflügler**, Schmetterlinge, die in dunklen Obstbaumkrebsknollen heranwachsen.
Im Westen, vor dem städtischen Kleinmüllplatz Landgraben, häuft sich illegaler Abfall an, nicht wirklich attraktiv. Weiter im Südosten grüßt dann aber der **Gisisberg**, die zugige Kuppe des Gebiets, 202 Meter hoch (H22). Eigentlich ein Nichts aus Maisfeldern unter sehr zielstrebigen Stromleitungen, das jedoch eines der grandiosesten Panoramen der Hügel-und-Himmelwelt Hessens für aufmerksame Spaziergänger bereithält. Wer die Querung der B 521 überlebt, findet ein Refugium für die selten gewordenen heimischen Feldhamster. Und ein kerzengerades Stück geteerten Feldweg, der Teil der **Hohen Straße** ist (H22/H23). Die führt, da, wo sie den GrünGürtel-Radrundweg kreuzt, an einen dramatischen Kirschbaum-Rastplatz mit Sonnenliegen (H22).
Im Süden verändert sich die Landschaft erneut. Aus Äckern werden auffällig windüberfegte Pferdeweiden, Pferdepfade, **Pferdefarmen** wie Lindenhof und Charlottenhof (H23) mit ihren Rössern, die neuen Nachbarn der Feldhamster.

Jutta Vahrson

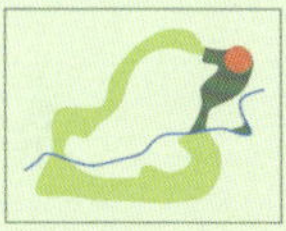

Berger Nordhang

Größe: 328 Hektar
Grenzen: Stadtwald von Bad Vilbel im Nordosten, Vilbeler Landstraße im Westen, B 521 im Süden und Hanauer Weg im Südwesten, der Weg vom Lindenhof zum Buchenhorster Hof im Osten
Stadtteil: Bergen-Enkheim

Tour

Orchideen und Wurzel-Canyon

Ein dramatisches Bachbett, Orchideen und Streuobstwiesen, ein Schrein und weiche Waldpfade locken in die Weiten des Berger Nordens.

TourInfo

Länge: 4,9 km
Start: Jüdischer Friedhof, Bergen-Enkheim (H20)
Ziel: Berger Warte (H20)
Landschaft: Streuobstwiesen, Äcker, Laubwald, Halbtrockenrasen, Wachturm, Friedhof, Waldbachbett (Berger Nordhang)
Wege: Flach und gelegentlich sehr steil, abwechslungsreich: Feldwege, Betonplatten, Waldpfade, Wiesenwege und asphaltierte Wege
Besonderheit: Im FFH-Gebiet auf den Wegen bleiben und Hunde an die Leine nehmen!
Rastplatz: Bänke und Picknicktische an Streuobstwiesen und Waldrand
Anreise ÖPNV: Bus 551 bis „Berger Warte": Bei der Hinreise von Frankfurt kommend noch einige Meter in Fahrtrichtung über die Kuppe der Vilbeler Landstraße und nach rechts in die Einfahrt zum Friedhof. Von Bad Vilbel aus die Straße queren und ein paar Schritte gegen die Fahrtrichtung laufen. Bei der Rückreise liegen die Bushaltestellen direkt am Grasweg, der von der Treppenseite der Berger Warte zur Vilbeler Landstraße führt.
Parken: Am Jüdischen Friedhof, Vilbeler Landstraße
Hinweis: Der Weg ist nicht ausgeschildert.

Der winzige Jüdische Friedhof von Bergen-Enkheim (H20) liegt wie ein Siedlungsvorposten oben auf der Kuppe der Vilbeler Landstraße. Wir wählen den Weg, der vom Parkplatz halbrechts nach Osten führt. Nach einem Schlenker kommen wir zu einer Wegkreuzung mit Apfelbäumen unter üppigen Strommasten. Zur Linken zeigt sich der abfallende Hang. Auf der gelegentlich schafsbeweideten Wiese unterhalb zweier friedlich modernder Bänke liegen Muschelkalkbrocken, Heimstatt für Zauneidechsen, Lehmwespen und vielleicht die Weiße Fetthenne. Im Frühherbst fallen die kaltroten Blätter der Kirschbäume auf, Indian Summer auf Hessisch. Wir bleiben auf dem Weg weiter geradeaus, im Schwung den Hang entlang, nun in einem Flora-Fauna-Habitat der Europäischen Union, Streuobstwiesen, Strommasten oder einem unbekümmerten Reh auf der Spur (H20/H21). Zwischen den Bäumen sind oft die knallgelben Bänder der Bauern oder Pächter gespannt, die ihr selbst gepflegtes Obst dann auch selber pflücken wollen: „Stopp!

Blühender Bärlauch im Vilbeler Wald

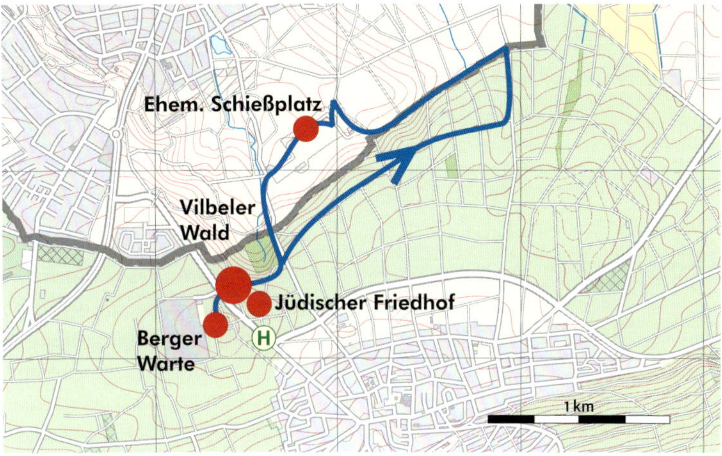

Ich ernte selbst! www.apfel-appell.de." In der Apfel- und Walnusssaison werden zwischen Herbstzeitlosen und Hagebuttenbüschen Mitbürger mit vollen Plastiktüten gesichtet.

Auch den Neuntöter genannten Vogel kann man erspähen. Und jagende **Steinkäuzchen**, eine entzückend kleinwüchsige Eulenart, die in den hiesigen Apfelbaum-Röhrenapartments haust. Vielleicht sehen wir auch die leuchtend blaue Knospe eines Enzians vom Weg aus, den hier weder Mensch noch Hund verlassen sollten.
Weiter geht es bis zu drei Holzbänken gegenüber einem Stromturm (H20), deren Einladung zur Sitzbeobachtung man folgen sollte. Denn der schmale Halbtrockenrasen am Hang darunter wird von **Orchideen** wie Helm-Knabenkraut oder Mücken-Händelwurz, auch von Thymian, Oregano und Kratzdistel bewohnt, auf denen sich eine pralle **karamellfarbene Kreuzspinne** tummeln kann. Trotz des Blicks bis zu Waldrand, Taunushügeln, Wolkengebirgen: Die Neugier ruft, wir ziehen weiter.
Deshalb: am Picknicktisch-Ensemble unter einem Landschaftschutzschild weiter geradeaus eilen (oder schlendern), ins Ackerland, gegrüßt von Joggerinnen und Spaziergängern. Mächtige Windräder drehen in der Ferne. An der nächsten Möglichkeit biegen wir links auf einen Betonplattenweg Richtung Bad Vilbel. Am Brennnesselfundament eines Strommastgiganten vorbei erreichen wir den

Unübersehbar: Hochspannungsleitungen

WissensWert

FFH-Gebiete

Nach der europäischen Flora-Fauna-Habitat-Richtlinie (FFH) soll europaweit ein Netzwerk „Natura 2000" aus Schutzgebieten entstehen. 1992 von der Europäischen Union verabschiedet, ist die Richtlinie ein wichtiger Beitrag zu Erhalt und Wiederherstellung der biologischen Vielfalt. Die Länder legen die FFH-Gebiete fest.
In Frankfurt gibt es neun FFH-Gebiete: Schwanheimer Wald (ein Teil davon liegt im Unterwald), Oberwald, Berger Hang (der Südhang), Berger Warte, Seckbacher Ried, Schwanheimer Düne sowie außerhalb des GrünGürtels der Kelsterbacher Wald (auf Frankfurter Gebiet), Mark- und Gundwald (südlich des Flughafens) und Erlenbach. Zum Netzwerk gehört auch das Vogelschutzgebiet Untermainschleusen an der Griesheimer Staustufe.

Rand des **Vilbeler Waldes**, an dem linker Hand ein Schrein mit Madonna auffällt, geschmückt mit frischen Blümchen, Federn oder einem geschnitzt grinsenden **Halloween-Äpfelchen** (G21). Dahinter entern wir links den Pfad in den Wald – die hinter den Schrein gestürzte Ruine einer uralten Buche nicht verpassen! – und geradeaus an der Schutzhütte vorbei ins recht urige Buchenforstinnere, durch die Waldabteilung 10, das Schelmeneck. An der nächsten Waldkreuzung und der nächsten wandlosen Schutzhütte weiter geradeaus durch die Bäume. Der schmale Pfad führt hinauf, hinunter, windet sich hin und her, ein Fest. Im Frühling duften die Bärlauchblüten. In den urtümlicher gewachsenen Buchenstämmen sind Wasserlöcher entstanden, Ausgangspunkte für **Elfenwaldfantasien**.
An einer Bank links vorbei stoßen wir auf einen Bachlauf, eine der Quellen des Gebiets, eigentlich bloß ein Rinnsal, das sich jedoch einen dramatischen **Wurzelcanyon** gegraben hat (G21). Waldtreibholz liegt kreuz und quer am dahinrie-

Zauneidechse (Männchen)

selnden Canyongrund. Auf den Buchen ringsum stehen eingeritzte Namen, deren Buchstaben im Lauf der Jahrzehnte immer breiter geworden sind.
Die paar Schritte zurück zur Bank und links hinunter, geradeaus über die Waldkreuzung, dann links steil nach oben aus den Bäumen heraus in eine Rechtskurve, ein Infoblatt über den renaturierten **Ehemaligen Schießplatz** mitnehmen (schwarzer Briefkasten mit gelbem Biotop), der, in den 1930er Jahren angelegt und später von US-Amerikanern für Militärübungen genutzt, nun hinter dem Gebüschstreifen aufblitzt: eine große künstliche Lichtung, Paradies für Spechte, Libellen und Heuschrecken (G20).
Geduldig weiter dem Weg am Waldrand folgen, zwischendurch den Anblick des opalgrünen **Molchtümpels** genießen.
Nach einer Biegung können wir links durch flach arrangierte Baumstämme hindurch das gesamte Schießplatzgelände erfassen oder durchstapfen, diese fremdartige Landschaft, karg bedeckt von Pionierpflanzen. Ein Platz zum Denken und Beschützen. Danach weiter dem Waldweg folgen, bis sich hinter einem Platz mit Volksfesthütte rechts, dann links die Möglichkeit ergibt, dem Wald zu entwischen: steiler und steiler und immer geradeaus, den Landgrabenweg nach oben, in die Weite der Streuobstwiesen zurück. Schon kommen wir keuchend zu den ersten Bänken der Tour, jene mit den Muschelkalkfelsen darunter, gehen nach rechts zurück Richtung Friedhof. Wir überqueren (umsichtig!) die befahrene Vilbeler Landstraße, biegen schräg gegenüber in Am Galgen ein und gleich wieder links hinauf über den mit Granitpfosten markierten Pfad, der zu einem runden Wäldchen führt, dem Nest der **Berger Warte** (H20). Seit 1557 ein morchelförmiger Steinturm, bietet sie wenig Überblick, dafür unheimlich stille Beschaulichkeit; eine im Verborgenen harrende historische Stätte.

Jutta Vahrson
(Dank an Manfred Sattler und Tapio Linderhaus)

Landwirtschaft

Wer an die Bankenstadt Frankfurt am Main denkt, kommt nicht auf die Idee, dass hier noch so viel Fläche beackert und bewirtschaftet wird. Rund 3700 Hektar der gesamten Stadtfläche werden landwirtschaftlich genutzt, das sind etwa 15 Prozent des Stadtgebiets. Manche Städter sprechen – nicht ohne Stolz – von Frankfurt als dem größten Dorf in Hessen. Wer hätte das gedacht! Ingesamt gibt es in Frankfurt noch etwa achtzig aktive Betriebe – darunter drei Biobetriebe – die Nahrungsmittel erzeugen, rund ein Viertel davon im Gemüse-, Kräuter- und Obstanbau. Die weitaus meisten Landwirte betreiben **Ackerbau**, und zwar auf etwa achtzig Prozent der gesamten Landwirtschaftsfläche. Ausgedehnte Äcker gibt es vor allem im Norden der Stadt mit Schwerpunkten in Nieder-Erlenbach und Bergen-Enkheim. Die natürlichen Bedingungen für die Landbewirtschaftung sind in Frankfurt besonders günstig. Gute und **ertragreiche Böden** und ein vergleichsweise mildes Klima bieten in weiten Teilen der Stadt die besten Voraussetzungen für intensiven Ackerbau mit eher anspruchsvollen Feldfrüchten wie Weizen und Zuckerrübe. Überspitzt gesagt, hat in Frankfurt die Land-Wirtschaft eine ähnliche Erfolgsgeschichte wie die Bank-Wirtschaft.
Auch der GrünGürtel wäre ohne Landwirtschaft nicht denkbar – und nicht wünschenswert! Vor allem der Berger Rücken von Bergen-Enkheim bis Berkersheim, die Niddaauen von Harheim bis Nied und die Mainauen-Relikte Schwanheimer Unterfeld und Fechenhei-

„Ich bestelle meine Felder!“

Andreas Damm aus Bergen-Enkheim ist einer von etwa achtzig Landwirten, die es noch in Frankfurt gibt. Auf den fruchtbaren Böden wird Getreide wie Weizen, Gerste, Roggen angebaut, außerdem Zuckerrüben und Kartoffeln. Einige Landwirte haben sich auf Obst, Gemüse oder Kräuter spezialisiert, nur wenige halten Kühe, Schweine oder Geflügel, manche nehmen Pferde in Pension.
Die Bauern freuen sich, wenn Gäste aus der Stadt ihre Felder besichtigen, doch sie ärgern sich über Hunde, die in Wiesen oder Kartoffeln ihr Geschäft verrichten.

mer Mainbogen werden landwirtschaftlich genutzt.
Und natürlich Oberrad, wo bis heute die Kräuter der traditionellen **Grünen Soße** angebaut werden. Innerhalb des Grün-Gürtels sind die landwirtschaftlichen Flächen deutlich kleinteiliger als außerhalb. In den GrünGürtel-Landschaften finden sich Äcker im Wechsel mit Streuobstwiesen oder auch größeren Wiesenflächen, wie zum Beispiel an Nidda und Main.
Stadtweit nehmen die **Wiesen und Weiden** nur gut ein Zehntel der Landwirtschaftsfläche ein. Weiden mit Nutztieren sind im GrünGürtel entsprechend selten zu finden. Die Tierhaltung spielt im Frankfurter Stadtgebiet ohnehin nur eine untergeordnete Rolle. Es gibt einige Betriebe mit Schweinehaltung und wenige Milchviehbetriebe. Mit Abstand am stärksten vertreten ist die moderne Form der Nutztierhaltung, die Pensionspferdehaltung, bei der Pferdebesitzer ihre Tiere einem Landwirt in Obhut geben.
Die Nähe zwischen Stadt und Landwirtschaft bietet gute Möglichkeiten für die **Direktvermarktung**. Nicht nur auf den Frankfurter Stadtteilwochenmärkten, sondern bei etwa einem Drittel der stadtweit aktiven Betriebe können frisch erzeugte Lebensmittel in ganz unterschiedlicher Bandbreite direkt ab Hof eingekauft werden. Wem würde es nicht gefallen, bei einer Radtour durch den GrünGürtel doch gleich die dort geernteten Kartoffeln für das Abendessen einzukaufen!

Eva-Maria Hinrichs

Tipp:

In der Broschüre „Frisch von Feld und Hof in Frankfurt am Main“ sind 24 Bauernhöfe und Gärtnereien aufgeführt, bei denen man Erzeugnisse direkt ab Hof einkaufen kann. Über die Hälfte der Betriebe liegt im oder nah am GrünGürtel.

Kartoffelblüte

Der Lohrberg

Ein Ort, um zarte Seifenblasen oder Silvesterraketen in den Himmel zu schicken. Ein Territorium mit Lavendelrabatten, Aussichtsrondell und einem unheimlichen Wachturm.

180 Meter über Normalnull. Der Lohrpark auf dem Lohrberg ist fast die höchste Erhebung Frankfurts (J19). Der ab 1919 eingerichtete **Volkspark** eignet sich in der Silvesternacht ganz besonders fürs Feuerwerk und ist im Sommer der ideale Ort, um Seifenblasen in die Welt zu schicken. Man kann ihn erreichen, indem man vom Atzelberg aus den steilen und immer enger werdenden Lohrweg erklimmt. Oben angekommen, lohnt es sich, eine Pause in der Lohrbergschänke einzulegen. 1933 als halbrunder Holzschindelbau eröffnet, bietet sie unter lauschigen Kastanien ein weites Panorama von der Berger Zwiebelturmkirche im Osten bis zum Messeturm im Westen. Das nächste Etappenziel könnte eine Bank des baumbeschatteten Aussichtsrondells am Ende der Kuppe sein, die mit glücklichem Kindergekreische vom türkisblauen Planschbecken nebenan einen Rundblick gestattet über die Grillstellen, die Rosen- und Lavendelrabatten, eine Walnussbaumwiese mit den Sonnenbadern, Drachensteigern oder Schlittenfahrern – je nach Saison. Auch das Denkmal für die Gefallenen der beiden Weltkriege ist von hier aus zu sehen. An seiner Rückwand winden sich die **Weinreben** des Lohrberger Südhangs, dem einzigen Weinberg im Frankfurter Stadtgebiet. Der hier angebaute Riesling „Lohrberger Hang" wird im Römer ausgeschenkt.

Am MainÄppelHaus vorbei, den Klingenweg hinab weichen die Schrebergärten Villen. Eine stillgelegte Straßenbahnstrecke wirkt wie die Grenze zum Tal. Weiter hinab geht es auf dem Wallfahrtsweg (K20), der früher einmal zu einer Bergkirche führte, die zu Pestzeiten

Berger Warte

Aussichtsrondel im Lohrpark

Wallfahrtsziel war. Heutige GrünGürtler führt der schmale Weg an Grundstücken mit Wicken oder wiehernden Pferden vorbei. Schwer zu finden im Gewirr der Pfade um Seckbach, kann man danach den Zugang zum **Bitzweg** bei Einheimischen erfragen, der als Schneise durch ein Wochenendhüttengebiet bis nach Enkheim führt (K19/K20). Am nordwestlichen Ortsrand von Bergen warten Trampelpfade durch Streuobstwiesen. Der Vilbeler Landstraße folgend, steht man bald im Nirgendwo, bis man widerwillig einen fast verschwundenen Feldweg betritt, ein Holunder- und Brombeerwäldchen erreicht – und plötzlich einen grauen Turm mit merkwürdiger Zipfelpilzhaube erspäht: die **Berger Warte** von 1340, auf 212 Metern Höhe tatsächlich der höchste Gipfel von Frankfurt (H20). Einst nur mit Leiter zu besteigen, ist sie heute mit einer flechtenüberzogenen Treppe versehen, und so einsam und ungewöhnlich, dass es einem unheimlich wird. Wer sich nun wieder der Zivilisation zuwenden möchte, kann am Umspannwerk, der Straße Am Galgen und der versteckt stehenden Ehrensäule vorbei einen der unbefestigten Pfade nach Südwesten Richtung City benutzen. Und dabei den **Huthpark** (K18) entdecken, einen vor dem Ersten Weltkrieg angelegten Volkspark, über dem der Hubschrauber der Unfallklinik kreist. Der Huthpark besitzt eine gigantische Wiese mit Purpurbuchen, eine dramatische Allee, Spielplätze, einen Fitnessparcours, einen Pavillon von 1930, viel Charme und gelegentlich Libellen.

Jutta Vahrson

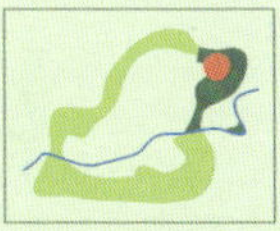

Lohrberg

Größe: 407 Hektar
Lage: Zwischen Stadtgrenze von Bad Vilbel im Norden, Bergen-Enkheim im Osten, dem Seckbacher Ried und Ortskern Seckbach im Süden, A 661 und Friedberger Landstraße/B 521 im Westen
Stadtteil: Seckbach

Der Schelmenborn

Quellenwanderweg

Eine Besonderheit an Seckbacher und Berger Hang sind die Quellen. Überall sickert und quillt das Grundwasser hervor.

TourInfo

Länge: 6 km
Start: (K19) Seckbach, Atzelbergstraße
Ziel: (J21) Bergen-Enkheim, Marktstraße
Landschaft: Gärten, ein Park, ein Naturschutzgebiet, Bebauung und zwei historische Dorfkerne (Lohrberg und Bergen)
Wege: Hügelig, an einer Stelle mit großer Steigung, Treppen (zweimal sechzig Meter Höhenunterschied), Schotter- und Asphaltwege, teils neben der Straße
Besonderheit: Entlang des Weges informieren Stelen und Tafeln über zwanzig Quellen, Gräben, Mühlen und Wassersammelbehälter.
Broschüre: „Der Quellenwanderweg im Frankfurter GrünGürtel“, Umweltamt
Eingerichtet: 2003, Projektgruppe GrünGürtel
Gastronomie: In den alten Ortskernen von Seckbach und Bergen-Enkheim
Anreise ÖPNV: Bus 43 bis Haltestelle „Alteborn“, von dort 200 Meter in die Atzelbergstraße hinauf. Der Quellenwanderweg beginnt in der Grünanlage rechts.

Wir starten unsere Tour auf dem Quellenwanderweg am **Alteborn** (K19), der sich in einer Grünanlage gegenüber dem Spielplatz an der Treppe zwischen Atzelbergstraße und Zentgrafenstraße am Rand der dortigen Grünanlage befindet. Der historische Name „Born“ bezeichnet eine gefasste Quelle, an der jedermann seinen Wasserbedarf decken konnte. Obwohl klein, bietet der Alteborn Heimstatt für manche Amphibie. Wir folgen den Wegeschildern über die Zentgrafenstraße weiter durch **Alt-Seckbach** mit seinen schmucken Fachwerkhäuschen. Die nächste Station entdecken wir am Rauschen des Wassers des Draisborngrabens an der Ecke Alsfelder Straße 2/Hintergasse. Es handelt sich um den Mühlbach, der unterirdisch gleich daneben den Draisborngraben aufgenommen hat.

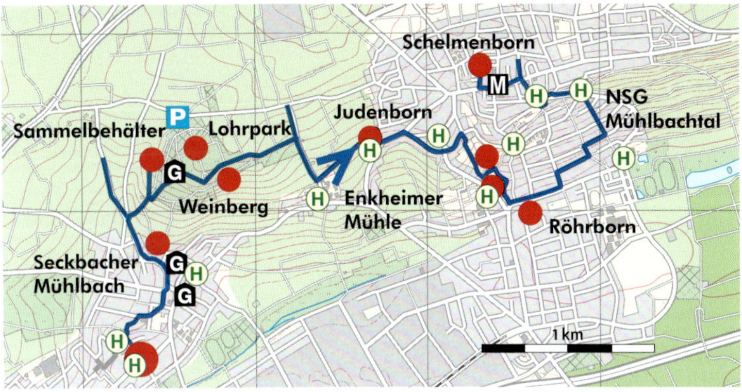

Wer will, macht einen Abstecher zum ehemaligen **Pumpwerk**, etwa sechzig Meter die Alsfelder Straße bergauf. Das Pumpwerk war Bestandteil der ehemaligen Seckbacher Wasserversorgung und beförderte das Wasser zum Hauptsammelbehälter am Pfingstlohr, von wo es in das Rohrleitungsnetz lief. Weiter führt der Quellenwanderweg jedoch zur Hintergasse 16, der ehemaligen **Seckbacher Mühle** (K19), die bis zum Ende des 19. Jahrhunderts durch den gleichnamigen Bach angetrieben wurde. Zeugnis davon geben die Mühlsteine, die vor dem Gebäude liegen. Wir gehen weiter aufwärts und nach der Treppenanlage nach rechts. Bald lassen wir die letzten Wohnhäuser hinter uns und tauchen in den GrünGürtel ein. Üppiges Grün umgibt uns im Sommer. Rechter Hand im Dickicht verläuft der Mühlbach.

Bei einem kurzen Abstecher zur **Pfingstgetrieschenquelle** können wir uns bequem mit Quellwasser erfrischen, denn es läuft über ein Rohr aus. Nun geht es steil bergauf, Richtung Lohrpark. Kurz bevor wir den Park betreten, wenden wir uns linker Hand dem Sammelbehälter der ehemaligen Seckbacher Wasserversorgung zu. Dieser liegt unter einer gepflasterten Böschung und Bewuchs verborgen. Wir kehren das kurze Stück zurück, durchqueren den **Lohrpark** (J19) mit dem einzigen Weinberg auf Frankfurter Gemarkung, passieren das MainÄppelHaus und gelangen nun zur am stärksten sprudelnden Quelle, dem **Klingenborn**, deren Wasser sich in ein Auffangbecken ergießt.
Wir folgen dem Klingenbach abwärts, bis unser Weg nach links abzweigt. Bald erreichen wir die Quellkammer des **Juden-**

Im Mühlbachtal

WissensWert

Wie entstehen Quellen?

Schichtquellen, wie sie am Berger Hang vorkommen, werden von Regenwasser gespeist, das im Boden versickern kann. Es trifft auf eine wasserundurchlässige Gesteinsschicht; hier ist es ein Mergel (kalkhaltiger Ton), anderswo ist es Ton oder Lehm. An Stellen, wo diese geologische Schicht an die Oberfläche tritt, quillt auch das Wasser heraus. An der Südseite des Berger Rückens gibt es besonders viele Schichtquellen.

borns (J20), dessen einstige Besitzer vermutlich jüdischen Glaubens waren. In niederschlagsarmen Jahren kann die Quellschüttung im Sommer schon mal versiegen. Seine Fassung wurde 2005 erneuert. Wir folgen der Markierung und steigen die Stufen zur Vilbeler Landstraße hinunter. Bevor wir die viel befahrene Straße vorsichtig überqueren, erkennen wir rechts den Judenborngraben. Hier blüht im Frühjahr auffällig die Pestwurz, im Sommer bedeckt sie mit ihren großen Blättern das schmale Rinnsal. Auf unserem weiteren Weg kommen wir nach **Bergen-Enkheim** (J21). Dort entdecken wir bald den **Rebenborn** mit seinem vergitterten Quellaustritt. Der Name dieser Quelle verweist auf den bis zum Ende des 19. Jahrhunderts hier betriebenen Weinbau. Das Wasser des Rebenborns floss ursprünglich offen den Berger Hang hinunter und mündete dann vermutlich in den Hungerbach. Wir überqueren den Neuen Weg auf einer Fußgängerbrücke aus Holz. Schon bald

führt uns ein schmaler Fußweg nach rechts wieder abwärts.
Imposante Pflanzen erwarten uns im **Naturschutzgebiet Mühlbachtal** (J21). Am spärlich fließenden Enkheimer Mühlbach wächst der Riesenschachtelhalm, der am schönsten im Sommer anzuschauen ist und in Frankfurt hier seinen einzigen Standort hat. Der Mühlbach floss früher zusammen mit dem Wasser des Pfingstborns über die Mühlteiche zur Enkheimer Mühle. Deren Betrieb wurde jedoch schon Ende des 19. Jahrhunderts eingestellt. Wir wandern – nun wieder in der Ortslage – weiter abwärts. In der Riedstraße stoßen wir auf den **barocken Brunnentrog** (J21) des **Röhrborns** und müssen schon bald wieder die Höhe erklimmen. Durch ein paar ruhige Wohnstraßen gelangen wir in die Fußgänger-Treppenlage „Bachrain". Dort begleitet uns in einem System aus Rinnen und Wasserbecken plätschernd der Abfluss des Pfingstlohrs. Er entspringt auf einem Privatgrundstück und fließt zunächst in einen Teich am Fritz-Schubert-Ring. Wir unterqueren die Brücke des Fritz-Schubert-Rings und kommen zu der als Biotop neu gestalteten **Wäschbachquelle**, wo man früher vermutlich Wäsche wusch. Wir steigen die letzte Treppenanlage der Wanderung nach oben, passieren die evangelische Kirche und gehen weiter bergauf bis zur Marktstraße mit ihren vielen Lokalen und einer Eisdiele.
Der Michlersbrunnen, der Günthersbrunnen und der Stillsbrunnen vor dem Berger Alten Rathaus zeugen von der früheren Wasserversorgung des Ortes. Über einem Teil der mittelalterlichen Schächte wurden im 17. Jahrhundert Ziehbrunnen errichtet. Bis aus 25 Meter Tiefe wurde das Wasser in Schöpfeimern hochgezogen. Die größte Wasserfläche finden wir am Ende der Tour am **Schelmenborn** (J21), der in den gleichnamigen Weiher des ehemaligen Burggrabens strömt.

Rainer Zimmermann

Der Heiligenstock

Blaue Berge, windumspielte freie Flächen, moderne Ruinen am historischen Weg: Das Plateau jenseits der Friedberger Landstraße ist so vielfältig wie geheimnisvoll. Zum Glück.

Von der Innenstadt her gilt es die Friedberger Landstraße zu überwinden, mit ihren Autokolonnen voller Pendler. Nahe der Fußgängerüberführung dann der Fachwerkbau des Alten Zollhauses (J18) mit einem Artefakt im Putz, der **Kanonenkugel** aus der Schlacht um Bergen von 1759. Nebenan, gelegentlich achtlos zugeparkt, jenes Monument, das dem Heiligenstock einst seinen Namen gab: der mittelalterliche Bildstock, eine zierliche Steinsäule mit (ersetzter) Madonna. Zwischen Gartenrestaurant und dem Rest der ursprünglichen Landstraßenallee verläuft der Eselsweg, Teil einer alten Handelsstraße. Was wie ein Mirabellen- und Birnenbaumstück auf einer Hochebene wirkt, entfaltet sich beim Hineingehen wie eine geografische Drehbühne. So verwandelt sich der **Eselsweg** – durch ein paar Befestigungssteine am Boden und kunstvoll rostende Meilensteine – zur hessischen Via Appia, die bis zum Horizont, bis zu den dunstblauen Bergen des nahfernen Taunus zu reichen scheint. Begleitet von Heuschreckenzirpen, Flugzeugbrummen und Vogelgezwitscher überlässt man sich dem weiten, weiten Himmel, den in der Magerraseneinsamkeit kreuzenden Pfaden, bereit für eine eigene Filmepisode, einen Western natürlich. Und stolpert über Betonklötze, die in dieser Zauberlandschaft herumliegen wie gestürzte Megalithe. Die Beschilderung erklärt, dass es sich um Reste eines Ra-

diosenders (J18) handelt, dessen **Ruinen** von einheimischen Wildrosensorten überwachsen sind. Diese Erklärung klingt so bizarr, wie es die beiden winzigen Häuschen sind, die auf einmal in den Wiesen zwischen den Obstbäumen erscheinen, eines rot und eines sattblau gestrichen. Parkgestalterische Geheimnisse am Heiligenstock.

Vom Autobahnsausen hinter einem Gebüsch am Westende des Plateaus irritiert, könnte man beschließen, einem der Feldwege ins Hochebeneninnere zu folgen. Wo ein steter Windzug über die Weizenfelder streicht, wo Traktoren ihrem Tagewerk nachgehen, in den landwirtschaftlichen Flächen einer Großstadt. Oder man taucht unter den Totenkopfgraffiti der A 661 hindurch Richtung Preungesheim (H17). Eventuell gerät man auch auf weitere baumschattige Teilstücke der alten Friedberger Landstraße und fast bis nach Bad Vilbel. Dort böte sich ein Waldweg am Parkfriedhof (H19) über den Heilsberg an, noch so ein unverhofft schönes Gelände. Weiter nach Nordwesten durch die Felder ziehend, gerät man an die Stelle, wo der breite Hang zum Flüsschental der Nidda hin abfällt (F18) und zwei einladende Felsklötze einen Aussichtspunkt markieren.

Doch der Heiligenstock lockt: zurück, zurück zu windigen Weiten, zu Betonruinen in den **Zauberwiesen**. Wo sich unterdessen eine helle Herde eingefunden haben mag, zufrieden rupfende Rasenmäher, vom Schäfer und einem Hinweisschild gehütet: „Vermeiden Sie eine Beunruhigung der Schafe."

Jutta Vahrson

Vor dem Gasthaus

Heiligenstock

Größe: 406 Hektar
Grenzen: Nidda und Siedlung Heilsberg im Norden, Friedberger Landstraße/ B521 im Osten, Preungesheim im Süden, Berkersheim/Am Dachsberg im Westen.
Stadtteilde: Berkersheim, Preungesheim, Seckbach

Picknick im GrünGürtel

Sossenheimer Steinapfel, Speierling, Gellerts Butterbirne, Mollebusch, Wildschweine aus dem Unterwald, Bärlauch, Wiesensalbei, Dost, Berger Pflaume, die dünnhäutige Tomate Berner Rosa, Hessische Brombeere oder die Schmiedeberger Haselblattbrombeere.
Hätten Sie gedacht, dass es im GrünGürtel an jeder zweiten Ecke essbare Schätze gibt? Und einige davon **an ganz bestimmten Ecken,** eben nur dort, wie den Sossenheimer Steinapfel oder die Berger Pflaume. Andere wiederum findet man fast überall, wie den Wiesensalbei, der je nach Standort immer ein bisschen anders schmeckt.

Es macht Spaß, die regionalen Produkte zu verwenden und sie in gewohnte Rezepte einzubauen.
Folgende Brotzeiten sind die Grundrezepte von typischen regionalen Speisen, die sich leicht zum Picknicken mitnehmen lassen. Man kann zu jeder Jahreszeit neue Variationen erfinden und sie zusammen mit Produkten von GrünGürtel-Erzeugern verspeisen. Unter freiem Himmel schmecken sie natürlich am allerbesten!

Thema

Kartoffelbrot mit Wurstseele

Viel Spaß beim Essen macht das sogenannte Mäusebrot, bei dem eine Wurst ins Brot eingebacken wird. So bleibt die Wurst auch an einem heißen Tag frisch und fettet die Tasche nicht ein.

300 g Weizenmehl in eine Schüssel geben und in der Mitte eine Kuhle formen. Dort hinein **100 g lauwarmes Wasser** und **¼ Paket frische Hefe**.. Beides mit etwas Mehl vom Rand zu einem zähflüssigen Teig zusammenrühren und 20 Minuten stehen lassen. **2 kleine Kartoffeln** (ca. 60 g) reiben, überschüssiges Wasser ausdrücken und das Gemüse mit **50 g heißer Milch** überbrühen.. **1 TL Salz** und **1 EL Öl** untermischen. Alle Zutaten gut zusammenkneten und für eine Stunde mit einem feuchten Tuch abgedeckt stehen lassen. Die **geräucherte Wurst** in den länglich ausgerollten Teig mittig einlegen, zuklappen und mit der Naht nach unten auf einem leicht bemehlten Backblech noch einmal eine Stunde, wieder abgedeckt, gehen lassen.

Im vorgeheizten Backofen auf der mittleren Schiene wird das Mäusebrot in 30 bis 35 Minuten bei 200° C schön knusprig. Eine glänzende Kruste entsteht, wenn man es in den letzten fünf Minuten mit Wasser einpinselt.

Wildvariante: Den Kartoffel-Hefeteig mit einer vorher gebratenen und gut abgekühlten Wildbratwurst füllen.

Vegi-Variante: Statt der Wurst eine gedünstete Lauchstange in den Teig einlegen.

Eierkäse

Eine Art Eierstich, der sich hervorragend als Brotbelag eignet.

8 Eier mit **1 Prise Salz** so lange schlagen, bis sich keine Schlieren mehr zeigen. Während die Eier ein Weilchen ruhen, einen kleinen Topf mit etwas Wasser auf dem Herd zum Kochen bringen. Dann **einen halben Liter Vollmilch** in die Eier rühren und **eine ordentliche Prise Salz** dazugeben. Das Ganze lässt man nun in einem hohen Topf oder Weckglas im Wasserbad stocken, bis es in seiner Beschaffenheit etwa einem Eierstich gleicht. Das dauert ungefähr eine halbe bis dreiviertel Stunde. Die Masse vorsichtig mit einem nicht zu großen Löffel in ein feines Sieb schöpfen und alle Flüssigkeit, am besten über Nacht, abtropfen lassen. Am nächsten Tag den Eierkäse stürzen. Dick geschnitten auf Brot oder anderes Gebäck legen. Besonders lecker schmeckt er auf dem Kartoffelbrot.

Variation: Schnittlauch darüberstreuen, im Frühling auch Bärlauch oder Sauerampfer, im Mai schmecken ganz junge, frisch gepflückte Buchenblätter und im Sommer Grüne-Soße-Kräuter dazu.

Kirschenmichel

Ein traditionelles Gericht, das man mit allen Obstsorten variieren kann.

5 altbackene Brötchen oder Weißbrot in walnussgroße Würfel schneiden und mit **250 ml Milch** übergießen. Die Schüssel abdecken.. **100 g Butter, 100 g Zucker** und **5 Eigelb** schaumig rühren. Am besten haben alle Zutaten Zimmertemperatur, weil sonst die Butter ausflocken kann. Den Ofen auf 180° C vorheizen, eine Auflaufform mit Butter einfetten.

5 Eiweiß zu nicht zu steifem Schnee schlagen und alle Zutaten plus **1 kg süße Kirschen** und **1 EL Vanillezucker** und **etwas Zitronensaft** vorsichtig vermischen. Die Kirschen kann man entsteinen oder auch nicht. Der Auflauf wird noch mit **Zucker und Zimt** bestreut und mit

ein paar Butterflöckchen belegt. Fertig ist der Michel, wenn die Oberfläche gebräunt ist. Besonders knusprig wird sie, wenn man nicht zu wenig Zucker nimmt (es ist ja nicht so viel im Teig).
Variation: Statt Kirschen Mirabellen, Zwetschgen, kleingeschnittene Äpfel oder Birnen nehmen und 100 g Mandelstifte oder gehackte Walnüsse unterrühren.

Sommerflieder-Limonade

Im GrünGürtel wächst auf wilden Brachen oft der Sommerflieder (Buddleja), ein sogenannter Neophyt, denn er kam erst nach der Entdeckung anderer Kontinente – erfreulicherweise – zu uns. Man kann aus seinen Blüten eine sehr leckere Limonade bereiten.
400 g Zucker in **200 g Wasser** kochen, um eine sterile Zuckerlösung herzustellen, die nicht gären kann. Die Lösung ist fertig, wenn man keine Zuckerkristalle mehr sieht. Den **Saft von 2 Zitronen**, **1 EL Zitronensäure** (Apotheke) und **etwa sieben Dolden Sommerflieder** dazugeben und in einem verschlossenen Glasgefäß (idealerweise) für einen Tag in die Sonne stellen. Wenn der Sirup sich rosa färbt und aromatisch schmeckt, ist er fertig und wird durch ein Sieb gegeben. Verdünnt mit Mineralwasser hat man ein sehr gutes GrünGürtel-Picknickgetränk. **Variationen:** Statt Sommerflieder Holunderblüten oder zwei Stunden angewelkten Waldmeister verwenden (erst dann wird er aromatisch).

Dorothee Becker und Onno Faller

Brot mit Wurstseele

Kartoffeln

Sommerflieder

Frisch vom Markt

Im Hofladen

Herbst

Drachen, Laub und viel Bewegung

MainÄppelHaus

Herbstzeit ist Erntezeit: Geheimrat Dr. Oldenburg, Madame Verte, Königin Viktoria – das sind nur einige der Obstsorten, die man in dem Informationszentrum kosten und kaufen kann – Verarbeitungstipps gibt es gratis dazu!

Lage: Klingenweg 90 (J20), siehe Seite 114

Buchen am Jacobiweiher

Wenn sich im Herbst der grüne Blattfarbstoff in den Baum zurückzieht, färbt sich das Laub bunt. In einem besonders intensiven Gelb leuchten – bei passender Witterung – die Buchen. Prächtige Exemplare wachsen nördlich des Jacobiweihers im Oberwald – ein Genuss für die Augen!

Lage: Zwischen Oberschweinstiegschneise und Weiher (S16), siehe Seite 78

Drachensteigen

Wenn der Wind bläst, die Felder abgeerntet sind und die Vögel nicht mehr beim Brüten gestört werden können, zieht es Drachenfans nach draußen. Besonders gut gleiten die bunten Flugobjekte am Hang vor dem Lohrpark (J19), am Heilsberg (G18), auf der großen Wiese im Volkspark Niddatal (J112) und auf dem Gisisberg (H22) durch die Lüfte. Oder am Alten Flugplatz (F14), wo von August bis März im Tower-Café sogar Drachen ausgeliehen werden können, **siehe Seite 180.**

Hohe Straße

Wem der GrünGürtel zu eng wird, der fahre auf der Hohen Straße im Osten aus der Stadt. Weite Blicke in die Landschaft – ob in die Wetterau oder ins Maintal – und originelle Kunstwerke machen die Regionalparkroute attraktiv.

Start: Bergen, an der Kreuzung von Hoher Straße und Umgehungsstraße B 521 (H22), siehe Seite 260

Top Tipps

Solmspark

Heute ist der Solmspark wegen seiner alten Bäume und der beeindruckenden Kaukasischen Flügelnuss beliebt. Doch wer hätte gedacht, dass hier im Mittelalter eine Burg stand, im 19. Jahrhundert sogar ein Schloss? Die Umrisse der Fundamente sind seit 2008 wieder sichtbar gemacht.

Lage: Auf der Insel (M11), siehe Seite 202

Feldbahnmuseum

Nicht nur Kinder lieben die herbstlichen Lampionfahrten der dampfenden Feld-bahn, die ihre Kreise im Rebstockpark zieht. Neue Perspektiven auf den Park und die Kleingärten gewinnt man aus dem schaukelnden Waggon.

Lage: Am Römerhof 15f (O11), www.feldbahn-ffm.de

Pilze im Unterwald

Scheinbar über Nacht schießen in jedem Herbst die Pilze aus dem Boden. Bei Pilzsammlern sehr beliebt ist der Unterwald, denn hier wachsen Steinpilze, Maronen und Parasole. Pilzberatung bietet das Frankfurter Gesundheitsamt an Sonntagen an. Informationen: www.gesundheitsamt-frankfurt.de

Schwanheimer Alteichen

Wenn die Eicheln fallen, kann man die länglichen heimischen leicht von den runden amerikanischen („Ice-age"-) Roteichen unterscheiden. Und einen Blick werfen auf die Gemälde alter Meister, die einst die Huteeichen vor dem Fällen bewahrten.

Lage: Harthweg im Schwanheimer Wald (R9), siehe Seite 56

GrünGürtel-Rundwanderweg

Wer im Herbst etwas für seine Gesundheit tun möchte, der gehe einmal rund um Frankfurt herum. Das Wetter ist meist gut, die Sicht auf Skyline und Umland klar, und die bunten Wälder und Wiesen duften eindrucksvoll, **siehe Seite 20.**

GrünGürtel-Radrundweg

In den Herbstferien einmal den GrünGürtel umfahren – nicht nur für Kinder und Jugendliche ein nachhaltiges Erlebnis! Entlang der Nidda, rauf auf den Berger Rücken und dort die Aussichten genießen und dann durch den Wald sausen und den Wind um die Nase spüren, **siehe Seite 228.**

Kinder

Spielen, Lernen, Radeln

Waldspielpark Schwanheim
Der meistbesuchte Waldspielpark im GrünGürtel! Nicht nur wegen der tollen Wasserspiele, sondern weil die Saurierwelt – ein integrativer Spielbereich – allen Kindern Vergnügen bereitet. Jugendliche kommen zum Beachvolleyball, und für Oma und Opa gibt es hier die ersten Senioren-Spielgeräte Frankfurts.
Lage: Schwanheimer Bahnstraße (R8)

Waldspielpark Goetheturm
Nach rechts oder doch lieber nach links gehen? Kinder finden früher oder später, aber immer mit viel Spaß, im Irrgarten den Weg nach innen zum GrünGürtel-Tier. Auch sonst hat der Waldspielpark viel zu bieten: ein Planschbecken für die Kleinen, eine Rutschbahn und viele Spielgeräte. Und natürlich die Aussicht vom Goetheturm!
Lage: Wendelsweg (Q18), siehe Seite 46

Waldspielpark Tannenwald
Weniger bekannt ist der Waldspielpark an der Peripherie des Stadtwaldes. Rollschuhbahn, Skateanlage, Minigolf, Spielgeräte, Liegewiese und große Wasserspiele bereiten den großen und kleinen Gästen viel Freude.
Lage: Friedensallee (U16), Neu-Isenburg

Waldspielpark Carl-von-Weinberg
Ein kleiner Waldspielpark mit Spielburg und Klettergeräten für jüngere Kinder. Fernab von großen Straßen geht es hier eher ruhig und beschaulich zu.
Lage: Golfstraße (S13), siehe Seite 44

Spielplatz Niddatal
Sehr beliebt ist der große Spielplatz im Volkspark Niddatal. Allerlei originelle Spielgeräte gefallen kleinen und älteren Kindern. Neben dem Platz ist eine große Spielwiese.
Lage: Am Ginnheimer Wäldchen (K13), siehe Seite 192

Höllbergspielplatz

Dieser Spielplatz ist besonders für kleinere Kinder geeignet und noch ein Geheimtipp. Die Picknicktische bieten auch für Gruppen Platz. Besonders schön ist seine Lage in der Landschaft.

Lage: Am unteren Ende der Höllbergstraße (J14)

MainÄppelHaus

Zwischen all den vielen Obstbäumen haben sich drei GrünGürtel-Tiere versteckt. Das Suchspiel macht Kindern ebenso viel Spaß wie das Ernten von Himbeeren, Äpfeln oder Kirschen und die vielen Veranstaltungen.

Lage: Klingenweg 90 (J20), siehe Seite 114

StadtWaldHaus

Im Stadtwald leben Hirsche und Wildschweine, doch sind sie ziemlich gut getarnt. Im Tiergehege am StadtWaldHaus kann man sie dagegen gut beobachten. Im Haus informiert eine Ausstellung spielerisch über den Wald und seine Bewohner.

Lage: Kuhpfadschneise (T15), siehe Seite 46

Alter Flugplatz

Auch ohne Spielgeräte kann Spielen Spaß machen. Am Alten Flugplatz wollen Frösche geküsst und Libellen bestaunt werden. Wem das nicht langt, der kann an Sommerwochenenden an den Lernwerkstätten teilnehmen.

Lage: Am Burghof 55 (F14), siehe Seite 180

Mit dem Rad von Zoo zu Zoo

Manchmal haben Kinder einfach keine Lust zum Rad fahren. Nicht so auf der Safari-Route, denn hier gibt es tierische Überraschungen entlang des Weges, wie zum Beispiel eine Flusspferdbadestelle und eine Krokodilrutsche.

Start: Frankfurter Zoo (N17), siehe Seite 248

Niddatal

Viel besucht ist das Niddatal im Nordwesten. Mal windet der Fluss sich beschaulich durch die weite Landschaft, mal fließt er durch einen Kanal und über Wehre.

Das Niddatal

Beliebt und bewegt ist die Keimzelle des GrünGürtels: das Frankfurter Ufer der Nidda.

Im Jahr 1975 drücken die Wasserbauer Sorgen. Von Frankfurt aus haben sie sich durch die Wetterau bis zum Vogelsberg gekämpft. Der **technische Ausbau** der Nidda ist abgeschlossen. Der Fluss gleicht nun einem Kanal. Die gerade Linienführung und das trapezförmige Einheitsprofil sorgen dafür, dass große Wassermassen schnell ablaufen können und die viel beklagten Überschwemmungen ausbleiben. Eigentlich hätten sich die Ingenieure nun zufrieden zurücklehnen können. Aber es dämmerte ihnen, dass die Erfolge der Politik des schnellen Wassers teuer erkauft waren: Der landschaftliche Reiz des in der Talaue weit mäandrierenden Flüsschens war dahin, die durch große Vielfalt in Flora und Fauna gekennzeichnete Nidda zu einem artenarmen Flusslauf geworden.

Angestoßen unter anderem durch fischereibiologische Untersuchungen des Forschungsinstituts Senckenberg ging es nun in eine andere Richtung. 1985 erschien der erste Entwurf zu einer „landschaftsökologischen Sanierung des Niddatales". Beruhigend auf die Flussbauer einwirken konnte diese Pille aber erst nach langwieriger administrativer Vorbereitung, als 1993 endlich der **naturnahe Umbau** des Flusses am Berkersheimer Niddabogen begann. Auf den neuen Überschwemmungsflächen ist inzwischen dichter Auenwald aus Silberweiden herangewachsen. Zypergras, Wilder Reis und Schwarzfrüchtiger Zweizahn florieren dort. Ein Anfang ist also gemacht. Um aber aus dem eher bescheidenen Gewässer auf gesamter Länge wieder einen richtigen Fluss zu machen, muss noch viel getan werden. Geplant ist, Altarme wieder mit der Nidda zu verbinden, was bereits in Bonames geschehen ist. Geplant ist vor allem, die sechs Wehre so umzubauen, dass die Fische flussaufwärts schwimmen können. Richtschnur ist eine von den Niddaanrainern gemeinsam erarbeitete Konzeption unter dem Titel „Naturnahe Nidda".

Doch der Reihe nach. Beim heutigen Heddernheim, in ihrem Vicus Nida, legten die Römer einen Hafen an, um mit **Austern** gefüllte Fässchen löschen zu können. Die ließen sie sich auf Treidelschiffen aus dem Atlantik kommen.

Die Nidda aber blieb der kurvenreiche, seichte Fluss, der er war. Er blieb es auch im Mittelalter. Das Wasser wurde an Wehren gestaut, um **Mühlen** betreiben zu können, die es in Bonames, Eschersheim, Praunheim, Hausen und Rödelheim gab. Viel ist davon nicht erhalten, nur in Praunheim steht noch das historische Mühlenwehr.

Ein Sprung vom Mittelalter in die preußische Zeit. Die Stadt Frankfurt expandierte. Bauland wurde gebraucht, auch im Niddatal. Wegen der häufigen **Hochwasser** der Nidda stieß der städtische Expansionsdrang an seine Grenzen. Die preußische Regierung verweigerte die Genehmigung eines Bebauungsplans für das von Hochwasser umspülte Hausen, solange „die Hochwasserabführung der Nidda nicht in geschlossenen Profilen" geschehe. So seicht der Fluss war, so tief gingen die Ausbaupläne des städtischen Tiefbauamts, dargestellt in der reich bebilderten Denkschrift über

Sehr beliebt: der Uferweg

Engstelle bei Rödelheim

WissensWert

Die Nidda

Bei Schotten im Hohen Vogelsberg entspringt die Nidda. Sie fließt durch die Wetterau und den Norden des Frankfurter Stadtgebiets, bevor sie nach 89 Kilometern Lauf bei Höchst in den Main mündet. Der Frankfurter Abschnitt der Nidda ist etwa 18 Kilometer lang. Das Einzugsgebiet des Flusses ist fast 2000 Quadratkilometer groß – etwas kleiner als das Großherzogtum Luxemburg. Der Wasserabfluss beträgt bei einem hundertjährlichen Hochwasser 115 Kubikmeter in der Sekunde. Seit den Flussregulierungen der 1920er und 1960er Jahre gab es in Frankfurt keine gravierende Überschwemmung mehr.

Malerisch: Der versteckt gelegene Altarm neben dem Nordpark Bonames

WissensWert

Die Nidda-Altarme

Bei der Niddaregulierung wurden Flussschleifen durchstochen, es entstanden die Altarme. Mit ihrem dichten Uferbewuchs aus Eschen, Erlen und Ulmen bieten sie ein idyllisches Bild, am schönsten an den Praunheimer Altarmen und in Griesheim am „Grill", wie die Angler ihn nennen. Eine trügerische Idylle. Weil die Altarme bestenfalls noch durch Rohrleitungen mit dem Fluss verbunden sind, lagern sich Sedimente zu einer faulgashaltigen Schlammschicht ab. Die Altarme verlanden. Bei einigen ist dieser Prozess nicht aufzuhalten, andere sollen wieder mit dem Fluss verbunden werden, um für eine gute Durchströmung zu sorgen. So geschehen in Bonames – ein erster Schritt!

die **Regulierung der Nidda** von 1914. Als langwierig erwies sich die Verwirklichung der Pläne. Erst unter dem Eindruck der drei Hochwasser des Vorjahres begann 1926 der Angriff auf die noch weitgehend natürliche Nidda. Der Abschnitt zwischen Eschersheim – dort und an anderen Stellen wurde das Mühlenwehr durch ein bewegliches Klappenwehr ersetzt – und der Mündung wurde so ausgebaut, dass das bordvolle Profil in einer Sekunde das Wasser von 500 vollen Badewannen abführen kann. Max Bromme, damals Leiter des städtischen Gartenamts, beschrieb in der Denkschrift zur **Erhaltung der alten Nidda** das Ergebnis des schon 1931 unter anderem aus Mitteln der „wertschaffenden Arbeitslosenfürsorge" beendeten Vorhabens: Der neue Flusslauf habe das Gepräge eines begradigten Kanals mit gleichförmig steilen, im unteren Teil durch Steinpackungen befestigten Böschungen. Zwar anerkennt Bromme in seiner Schrift von 1928 den

Ausbauarbeiten zwischen Praunheim und Eschersheim 1928

perspektivischen Reiz der entstandenen **Kanalbilder**, bemängelt aber, dass dies kein voller Ersatz für die landschaftliche Bedeutung des alten Flusslaufs oder der noch bestehenden Altgewässer sei. Er legt umfangreiche Vorschläge zur Bepflanzung der Ufer, zur Anbindung der Altarme an den Fluss und zur Gestaltung von Flussbädern vor.

Verwirklicht wurde davon wenig. Im Gegenteil: Der Ausbau des Flusses ging nach dem Zweiten Weltkrieg weiter. Der dazu gegründete Wasserverband machte sich daran, die Nidda oberhalb des Wehres Eschersheim auszubauen, begann also dort, wo man in den 1920er Jahren aufgehört hatte. Den ersten Spatenstich führte der hessische Ministerpräsident Georg August Zinn 1961 in Bonames aus. Ein halbes Jahr später schon konnte im „Goldenen Löwen" in Harheim der Abschluss der Arbeiten begangen werden, Arbeiten, die übrigens von einigem **Protest** begleitet wurden. In der Presse war von der „Zerstörung der Erholungslandschaft der Nidda" die Rede, der Gründezernent der Stadt Frankfurt zeigte sich bestürzt über die „vollständige Kanalisierung". Der Frankfurter Fischereiverein organisierte sogar einen Demonstrationszug! Davon unbeeindruckt marschierten die Arbeitskolonnen weiter, bis sie 1975 den Vogelsberg erreichten und das große Erwachen begann. Siehe oben. „Zehntausende werden sich auf den Wiesen, an den Wasserarmen und Seen des Tals tummeln", prophezeiten Leberecht Migge und Ernst May, die Grüngürtel-Architekten der 1920er Jahre, dem von ihnen als **grüne Mitte** auserkorenen Niddatal. Merkwürdig: Obgleich dem Fluss so zugesetzt, obgleich von Brommes umfangreichen Verschönerungsplänen kaum etwas verwirklicht und das Tal in der Nachkriegszeit von einer Meta-Ebene aus lärmenden Straßen überzogen wurde, haben sich die Voraussagen erfüllt. Das Niddatal ist beliebt. So beliebt, dass die Dichter den Fluss besingen:

Die Nidda bei Sossenheim

Immer immer wieda
Sing ich meine Lieda
Auf die blaue Nidda –
So was an Fluss war noch nie da!

Eckhard Henscheid macht sich Hoffnungen, mit diesem zarten Spar-Poem den Niddatal-Kulturpreis zu erringen. Er hat ihn selbst ausgelobt.
Aber warum ist das so, warum wird das malträtierte Niddatal so gemocht? Erstens: Die von Straßen-, Sportplatz-, Kleingarten- und Wasserbau ausgesparten, verkaterten **Restlandschaften** reihen sich an der Nidda wie die Perlen an der Kette, sie fügen sich zu einer vertrauten Gesamtheit. Der Radfahrer an der Nidda überhört den Straßenlärm. Die Spaziergängerin denkt wohl kaum daran, dass die Flusswehre den Ukelei daran hindern, vom Main aus die Nidda hinauf zu schwimmen, und dass die Uferschwalbe keine Bruthöhlen in die normierten Flussböschungen graben kann. Unsere Wahrnehmung ist selektiv. Ein Angler mit dem irreführenden Künstlernamen Kampfdackel 666 unterrichtet bei barschalarm.de die Menschheit über sein Pech am Grill'schen Altarm bei Griesheim: „Diverse Rotaugen, ein Brassen und 'ne Laube" gingen ihm an den Haken, „mehr net". Kein Barsch, kein Hecht, kein Zander. „Aber es war trotzdem schön!" Ja, schön ist es, wenn man nur seine Antennen richtig ausgerichtet hat.
Zweitens: Von der Wildnis bis zum gepflegten Park hat das Niddatal alles zu bieten. **Wildnis** wünscht sich der Städter, dem die Natur zu Haus – Baum – Hund geworden ist, wenn er sich in den GrünGürtel begibt. Und er findet sie: An der wieder ungebändigten Nidda bei Berkersheim, wo der Fluss sich hinter einem undurchdringlichen Weidendickicht versteckt.

Wilde Natur findet er flussabwärts am Alten Flugplatz. Auch klanglich geht es dort wild zu, wenn lange verschollen geglaubte Amphibien wie Laubfrosch, Kreuzkröte und Wechselkröte dissonante Harmonien quaken und knarren.

Nirgends ist Wildnis wilder als im **Sumpf**, auch im Niddatal, abgelegen und unzugänglich am Rande des Sossenheimer Unterfelds. „Sauere Gräser streiten um die Herrschaft daselbst", musterte 1871 sichtlich angewidert der Königlich-Preußische Wasserbaumeister Schmidt die Gegend. An den Halmen des weiten, von Wassergräben durchzogenen Röhrichts baut das Weibchen des Teichrohrsängers sein Nest, ermuntert vom „Karekiet" des Männchens.

Wildnis? – An der Nidda ist es doch wohl eher eine gezähmte Wildnis. Die Landschaft habe den Charakter eines verwilderten Parks, sagte der schon zitierte preußische Wasserbaumeister. So ist es. Kultiviertes und Wildes existiert an der Nidda in harmonischem Zwist. Nehmen wir Rödelheim, wo zwei Flussarme und der Graben der kriegszerstörten Mühle eine nahezu amazonische Landschaft bilden: das riesige, wilde Dickicht der Kaukasischen Flügelnuss im Solmspark, aus einem einzigen, im 19. Jahrhundert gepflanzten Baum hervorgegangen, die grazile Wildtulpe, in der tulipomanen Zeit der höfischen Lustbarkeiten und gestutzten Gärten aus dem Süden zu uns gekommen, der Pirol, der von den Wipfeln der Bäume herab die in gelbe Regenjacken gehüllten Besucher des Solmsparks anbalzt: „Düdelio!" Verfeinerte Seidentapeten- und Ginkgo-Kultur in und an Georg Brentanos malerischem, kunstsinnig restaurierten Petrihaus am Niddawehr, vom Dichterbruder Clemens als einsame Laube am schäumenden Katarakt beschrieben, wo Nichte Maximiliane von Arnim sich als Märchenprinzessin im **Zauberreich** fühlte und Goethe einen „ungezogen lustigen Nachmittag" verbrachte.

Ungezogen lustig geht es auch einen Steinwurf entfernt auf der Rödelheimer Insel zu. Märchenprinzessinnen süffeln dort am Wasserhäuschen ihr Export.

Im Zauberreich? Wer weiß? Ja, wer weiß denn schon, wie's im Zauberreich aussieht?

Heiko Kramer

Tour

Durch das Neue Frankfurt

Die Ernst-May-Siedlungen sind genauso typisch für Frankfurt wie die Skyline.

TourInfo

Länge: 7 km
Start: (J 13) Geschwister-Scholl-Schule, Hadrianstraße 18
Ziel: (L 11) Pavillon im Brentanopark
Landschaft: Siedlungen, Gartenanlagen, Altarme, Nidda (Ginnheimer und Rödelheimer Niddaauen)
Wege: Flache Pfade, Schotter- und Asphaltwege, Treppen und Straßen
Broschüre: „Das Neue Frankfurt", Umweltamt
Besonderheit: Ernst-May-Haus
Im Burgfeld 136, 60439 Frankfurt
www.ernst-may-haus.de
Besichtigungen: Di–Do 11–16 Uhr, Sa 12–17 Uhr
Tel.: 069 15343883
Anreise ÖPNV: U1 bis Haltestelle „Römerstadt"; zurück über den Fußweg am Pavillon zum Parkeingang und nach links über die Straße Auf der Insel zur Bushaltestelle „Parkweg", Linien 34 und 72
Hinweis: Der Weg ist nicht ausgeschildert.

Wohnungsnot und die strenge Ästhetik der Neuen Sachlichkeit, die **englische Gartenstadt**, eigene Frankfurter Ideen und das Bedürfnis, der engen dunklen (später zerstörten) Altstadt zu entkommen: Das alles wirkte Ende der 1920er Jahre in einem gigantischen, sozialreformerisch ausgerichteten Städtebauprojekt zusammen. Voraussetzung war die Regulierung der zu Überschwemmungen neigenden Nidda. Ihre Auen und sanften Hänge boten Platz für die Vision dezentraler Siedlungen, ergänzt von ebenso nützlichen wie schönen Grünflächen.
In der Zeit der Weimarer Republik und Alfred Döblins „Berlin Alexanderplatz" liegt also die Startphase des – damals bereits so bezeichneten – Grüngürtels! Bis 1932 entstanden um Frankfurt herum 15 000 Wohnungen und Gärten für Proletariat und Mittelstand nach den Konzepten von Stadtbaurat **Ernst May**, Gartenbaudirektor Max Bromme und Landschaftsarchitekt Leberecht Migge.

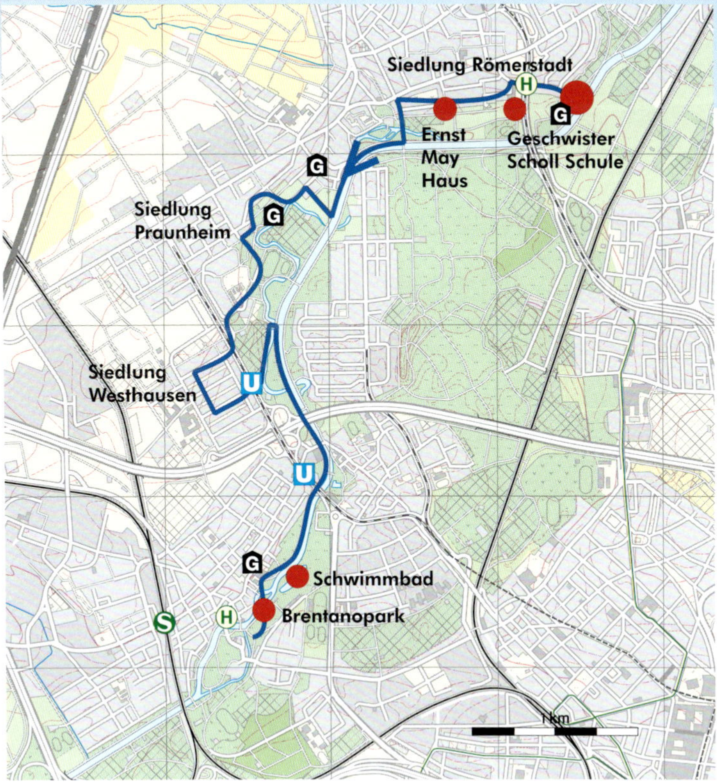

Wir besuchen die Anfänge an Frankfurts zweitem Flüsschen im Nordwesten.
Vor der Nidda wächst die **Hadrianstraße** aus dem Boden, das Rückgrat der Römerstadt-Siedlung, die 1927 bis 1929 auf Resten des römischen Nida erbaut wurde. Hügelaufwärts liegt links hinter einem Metalltor das Gelände der Geschwister-Scholl-Schule (J 13), morgensonnenfreundlich gebaut von Walter Schütte und Großmarkthallenarchitekt Martin Elsaesser, einst versehen mit einem Schulgarten. Hinter der Schule links in die Straße Im Burgfeld einbiegen, die sich nach einer Kurve mit ihren zweistöckigen Häuserreihen dem Verlauf des Hangs anpasst. Rechts zieht sich ein offener Rasenstreifen mit rotlaubigen Zierkirschen dahin, vor den Hauseingängen. Auf der linken Straßenseite herrschen Mauern, darauf Petunienkästen, davor Beete mit Hortensienbüschen, die Vorgärten.
An der Nummer 136 treten wir ein ins **Ernst-May-Haus** (J12), das als ein Exemplum der Siedlung wieder in seinen Originalzustand versetzt wurde und nun von der Ernst-May-Gesellschaft betreut wird. Schokobrauner Linoleumboden zu beigen Tapeten, oben ein blaues Zimmer. Das rekonstruierte schmale Nutz- und Erholungsgärtlein ist mit Terrasse, Wäschewiese, einem Obstbäumchen, Rhabarberbeeten und einer Rose ausgestattet. Den besten Blick darauf genießt man von der berühmten

Pavillion aus der Ära Ernst May im Brentanopark

Frankfurter Küche aus, einer der ersten Einbauküchen weltweit. Hier „schwelgt" sie in authentisch kaltdunklem Grün, und selbst das Bügelbrett lässt sich vor den Herd (wo die Kohle zum Bügeln erhitzt wurde) herunterklappen: die Hoffnung auf Arbeitszeitersparnis für Hausfrauen. Eine Konstruktion und Erfindung der ersten österreichischen Architektin **Margarethe Schütte-Lihotzky**.

Danach gehen wir zurück und biegen zwischen Haus Nr. 91 und 93 ein, dann nach rechts, um zeitgemäß individualisierte, heckenbegrenzte Reihengärten zu entdecken, entlang eines eng bewachsenen **Dungpfads**. Eine innen hüfthohe, zur Nidda hin mehrere Meter messende Mauer beschließt das Gartengelände, umhegt die gesamte Siedlung. Davor liegen einst genormte Pachtgärten in üppiger Unordnung – und es beginnt unser Grün-Gürtel. Der Dungpfad endet an einer der **Bastionen**, halbrunde Wiesenplätze mit duftenden Linden vor Mehrfamilienbebauung. Ein Treppchen führt in die Flussauen hinunter. Der Fritz-Lenning-Anlage nach rechts bis zu einem Altarm folgen, die linke Holzbrücke queren. Stadtwärts Richtung Niddawehr und nach rechts mit der Nidda fließen, über die Straße Alt-Praunheim, weiter am Fluss entlang und die nächste große Teerstraße nach der kleinen Wiese rechts. Am Ende links abbiegen Richtung Adlerwiese, einer Lichtung am Hang, von der rechts oben ein Pfad hinaufführt zur May-Siedlung Praunheim. Und zwar zwischen die Häuser Nr. 89 und 91 des birkenbesetzten Damaschkeangers (K11), benannt nach dem Berliner Pädagogen und Verfechter der Bodenreformbewegung Adolf Wilhelm Ferdinand Damaschke.

Von hinten verblasst, sind die Häuserreihenfassaden hier auffallend orange und blau und mit (leider uneinsehbaren) Dachterrassen bestückt. Der Straße um den Knick folgen, nunmehr unter Eichen, und rechts in Am Ebelfeld, eine entzückende Straße bunter **May-Wohnbauklötzchen**, die ohne Wiesen oder

Bastion in der Römerstadt-Siedlung

Bäume perspektivisch in den Fluchtpunkt zieht. An der Kreuzung links und die Praunheimer Hohl entlang, an einem verwunschenen Picknickabgrund vorbei und gegenüber der Neuapostolischen Kirche zur Ebelfeldschule (K11) von 1929/1930: verglaste Pavillons mit Privat-Schulgärten als Klassenzimmer und ein (postmoderner) **Sitzdrache** samt Spiegelscherbenschnauze.
Weiter der Praunheimer Hohl folgen, vorbei an der Heinrich-Lübke-Straße, durch die Unterführung und über die Treppe nach oben, rechts ein Stück die Ludwig-Landmann-Straße hinunter und via Egestraße in die Siedlung Westhausen (L11), eine weitere Variante des May'schen Bebauungsmusters. Kreuz und quer durch die Sträßchen tappen oder über die blassgelben Wizard-of-Oz-Pfade dieses Labyrinths erstaunlichster Vorgartenbeete.
An der Johanna-Kirchner-Straße zurück auf die Ludwig-Landmann-Straße und nach links, zur Unterführung an der U-Bahn-Haltestelle Stephan-Heise-Straße, diese unterqueren, danach rechts und gleich in einen Waldpfad und in den zweiten Weg links, einem Nidda-Altarm flussaufwärts folgen, nach rechts, an der kanalisierten Nidda der Beschilderung zum **Brentanopark** (L11) hinterher. Und über eine Brücke mitten hinein. Links hinter Zäunen das Brentanobad (M11), als Flussschwimmbad angelegt, heute mit hellblauen Kachelpools. Hinter dem Weg an der uralten Eiche vorbei blitzt der reformpädagogische Schulgarten im ehemaligen Landschaftspark auf, jetzt ein **Rosengarten** mit Brunnen. Eine strahlenförmige Anlage, die vom halbrunden, rot gestelzten Unterrichtspavillon (M11) ausgeht, dessen elegantes Fensterband seit 1930/1931 die Sehnsucht des Neuen Frankfurt erfüllt, das Drinnen mit dem grünen Draußen zu verbinden.

Jutta Vahrson

Im Schollenfeld am Alten Flugplatz zeigt sich ein ungewohntes Bild: eine Wildnis entsteht.

Der Alte Flugplatz

Ein „Konversionsprojekt" zum Anfassen, Zuschauen, Mitmachen, Erforschen, Staunen, Toben und Entspannen

Der ehemalige Flugplatz lag mitten in der Niddaaue, einer sensiblen Landschaft, die als Überschwemmungszone dient. Die **Auenwiesen** sind naturräumlich mit dem Naturschutzgebiet Riedwiesen verbunden und mitverantwortlich für die Regulierung des Grundwassers. Das ist der Grund, warum hier kein Bau- oder Gewerbegebiet entstehen durfte, und die Chance für den vielgestaltigen Landschaftsraum, der sich bis heute hier entwickeln konnte.
Aber der Reihe nach: 1948/50 wurde hier von den **US-Streitkräften** ein Flugplatz eingerichtet und mit einer Hubschrauberstaffel besetzt. 1992, nach fast vierzig Jahren, verließen sie den Standort wieder. Die Freigabe der Fläche kam unerwartet. Es gab keinerlei Nutzungskonzepte, so dass sich in den darauffolgenden zehn Jahren allerlei etablierte, was in einem Landschaftsschutzgebiet nichts zu suchen hat. Schließlich erarbeitete die Projektgruppe GrünGürtel ein sinnvolles Planungskonzept, das den größtmöglichen **Rückbau** der versiegelten Flächen vorsah, aber auch **naturverträgliche Freizeitnutzungen** erlaubte. Dabei sollte die Flugplatzfläche für den historisch-kulturellen Kontext erhalten bleiben. Dieses Konzept wurde 2005 mit dem 1. Preis des deutschen Landschaftsarchitekturwettbewerbs prämiert.
Was im Einzelnen geschah, ist heute noch zu erahnen. Die Beton- und Asphaltflächen im Norden und Osten sind auf unterschiedlichste Weise vor Ort zertrümmert, zerkrü-

melt, ineinander verschoben oder sogar gestapelt worden. So hat die Natur für die Rückbesiedlung einen großen Vorsprung erhalten, den sie in den letzten Jahren schon gut genutzt hat. Auf dem ehemaligen Vorfeld und den Hubschrauberabstellplätzen sind **Birken, Weiden und Pappeln** im Vormarsch, abgesehen von einer vielfältigen Tierwelt, die sich hier versammelt, inklusive kostenloser **Froschkonzerte** im Frühjahr. Die teerbelasteten Flächen sind abgebrochen und auf einer Deponie entsorgt worden. Trotzdem konnten fast 500 Meter der ehemaligen Landebahn erhalten werden. Hier kann man heute ungestört Skaten lernen, Drachen steigen lassen oder nebenan im Baumhain picknicken. Wer es gepflegter mag, lässt sich im Tower-Café verwöhnen.

Ein Feuerwehrmuseum ist in den ehemaligen Abfertigungsräumen eingerichtet worden. Eine Hundeauslaufwiese sorgt dafür, dass in der geschützten **Wildnis** die am Boden brütenden Vögel ungestört bleiben. Wer das gesamte Gelände erkunden will, wende sich am besten an die LandschaftsLotsen. Naturkundliche Exkursionen bietet die Naturschule Hessen an. In einem alten Hangar baut die Aeronautenwerkstatt Flugkörper, die zwar ungefährlich, aber zum Durchstarten geeignet sind. Gleichwohl ist die Anreise mit dem Hubschrauber nicht mehr erlaubt. Deshalb wurde für Radfahrerinnen und Wanderer eine Brücke über die Nidda gebaut, an der das **GrünGürtel-Tier** die Gäste begrüßt.

Maren Schilling

Alter Flugplatz

Lage: Am Burghof 55, 60437 Frankfurt am Main
Öffnungszeiten: Jederzeit zugänglich
Besonderheiten: Von März bis Oktober sind an den Wochenenden Landschafts-Lotsen vor Ort. Außerdem veranstalten Naturschule Hessen, Aeronautenwerkstatt und Stadtimker u.a. Floßfahrten auf der Nidda, Bauen von Solarzeppelinen und das Leben der Honigbienen. Außerhalb der Vogelbrutzeit (1. März bis 15.Juli) verleiht das Tower-Café Lenkdrachen, Sonnenliegestühle und Boulekugeln gegen Pfand. Während der Vogelbrutzeit Hunde bitte von Feuchtwiesen, Schollenfeldern und Storchenwiese fernhalten.
Gastronomie: Tower-Café, Am Burghof 55, 60437 Frankfurt, Tel.: 069 95048532
www.tower-cafe.de
Öffnungszeiten: April–September
Mo–Sa 11.30–18 Uhr – bei schönem Wetter ab 18.00 Uhr bis Sonnenuntergang
So und Feiertage: 10–18 Uhr
Oktober–März Mo–Sa 11.30–18 Uhr
So und Feiertage: 10–18 Uhr
Anreise ÖPNV: U-Bahn U2 bis „Kalbach", dann 10 bis 15 Minuten Fußweg über den Unteren Kalbacher Weg (ausgeschildert) oder Bus 27 bis „Nordpark", dann 5 Minuten Richtung Westen gehen
Parken: Parkplatz am Tower-Café. Wenn er überfüllt ist, bitte den Park & Ride- Parkplatz am Oberen Kalbacher Weg bei der U-Bahn Station „Kalbach" nutzen!

Tipp: Broschüren wie „Landebahn zur Wildnis", „Richtig verhalten" sowie Informationen zu „Fröschen und Kröten" und „Vögel" sind beim Umweltamt erhältlich und liegen im Tower-Café aus.

Die Nördlichen Niddaauen

Eine großzügige, naturnahe Flussschleife mit beliebtem Ausflugsziel für Groß und Klein, der jungen Wildnis am Alten Flugplatz

Charakteristisch für die Landschaft Nördliche Niddaauen, die sich auf rund 6,5 Kilometer Länge beiderseits der Nidda erstreckt, ist ihre Offenheit, die landwirtschaftlichen Nutzungen, die weiten Blickbeziehungen und viel Natur. In den Niddaauen liegen gleich zwei Naturschutzgebiete: die zwanzig Hektar großen Riedwiesen im Westen und das knapp fünf Hektar große Harheimer Ried im Osten. Sie sind die letzten erhaltenen Reste der ursprünglichen Niddaauen.
In den nicht zugänglichen **Riedwiesen** (G13) gibt es viele kleine Tümpel, Teiche und Gräben mit einer für diese Feuchtbiotope typischen Pflanzen- und Tierwelt. Zwei am Riedberg entspringende Quellen speisen das Feuchtgebiet. Hier wachsen Mädesüß, Großes Flohkraut und die Rispen-Segge.

Im **Harheimer Ried** (F17) brüten Flussregenpfeifer und Neuntöter, und es flattert der Schwalbenschwanz-Schmetterling. Gute Gründe, dass es 2008 zum Naturschutzgebiet erklärt wurde. Besonders im Frühjahr sind die saftig grünen Wiesen mit Sumpfdotterblumen und zahlreichen Seggen und Binsen ein reizender Anblick.
Zwischen beiden Feuchtgebieten liegt ein drittes, das jedoch kein Schutzgebiet ist, sondern ein vielbesuchter Ort mit Gastronomie, an dem Groß und Klein wilde Natur erleben können. Am **Alten Flugplatz** (F14) quaken im Frühling die Frösche, und im Sommer schauen die Störche vorbei. Gleich neben dem Flugplatz – jenseits der Homburger Landstraße – liegt der Nordpark Bonames mit Grillplätzen und Sportanlage. Die Landstraße selbst ist eine prächtige

Allee, von vier Lindenreihen und zwei Radwegen gesäumt. Hundert Speierlinge verwandeln auch die Bonameser Straße in eine Allee.
Zwischen Nidda und Bonameser Straße liegen viele Streuobstwiesen. Östlich der Homburger Landstraße dominieren die weiten, offenen Äcker mit Getreide, dazu Wiesen, vor allem nördlich der Nidda. Markanter Landschaftsbestandteil ist der **Berkersheimer Niddabogen** (G16) mit seinem bewaldeten Steilufer auf basaltischem Gestein, dem Ulmenrück. Hier begann 2001 der **naturnahe Rückbau** der Nidda, weshalb inzwischen die flachen Ufer stark bewachsen sind. Inzwischen ist auch der idyllische Altarm am Bonameser Steilufer wieder an den Fluss angebunden.
Am **Berkersheimer Hang**, der durch den mächtigen Bahndamm vom Niddatal abgetrennt ist, haben sich Gärten, Pferdekoppeln, Weiden und in Fortsetzung des Ulmenrücks ein Vogelschutzgehölz etabliert. Zwischen Bahnlinie und Nidda befindet sich auch noch ein Altarm, der früher zum ursprünglichen Lauf der Nidda gehörte. Ihr östliches Ende finden die Niddaauen dort, wo Nidda, Bahnlinie und B 3a zusammenlaufen, an der Stadtgrenze zu Bad Vilbel. Im nördlichen Zipfel, westlich des Harheimer Rieds, spenden zwei Baumhaine Schatten, und es sprudelt der **Römerbrunnen** (E17).

Rainer Zimmermann

Störche am Harheimer Ufer

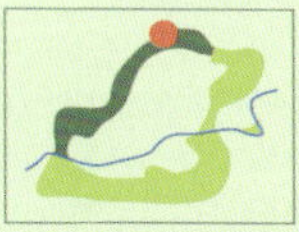

Nördliche Niddaauen

Größe: 583 Hektar
Lage: Zwischen der Bebauung von Heddernheim und Kalbach im Westen, Bonames und Harheim im Norden und Berkersheim, Frankfurter Berg und Eschersheim im Süden
Stadtteile: Harheim, Kalbach, Frankfurter Berg, Niederursel, Bonames

Tour

Zwischen Bonames und Harheim

Eine beschauliche Tour in unbebaute Auen, Wiesen, Äcker und Ufergehölze

TourInfo

Länge: 6,5 km
Start und Ziel: (F15) Homburger Landstraße
Landschaft: Wiesen, Äcker, Nidda, Altarm, kleines Wäldchen, ehemaliger Flugplatz (Nördliche Niddaauen)
Weg: Überwiegend flach, aber auch Steigungen, Gras- und Erdwege, Schotter, Asphalt
Gastronomie: Tower-Café am Alten Flugplatz, Am Burghof 55, 60437 Frankfurt
Tel.: 069 95048532
www.tower-cafe.de
Öffnungszeiten siehe S. 181
Grillplatz am Niddapark Bonames
Anreise ÖPNV: Buslinie 27, Haltestelle „Nordpark"
Parken: Parkplatz am Nordpark, Homburger Landstraße, neben der Niddabrücke
Hinweis: Der Weg ist zwischen Niddauferweg und dem Ortsrand von Harheim Bestandteil des GrünGürtel-Rundwanderweges und mit dessen Logo markiert.

Wir starten unsere Tour am Nordpark Bonames (F15) und gehen nach Süden, Richtung Frankfurter Berg. Vor der Niddabrücke biegen wir links auf den nördlichen Niddauferweg ein und laufen flussaufwärts. Diese Seite der **Nidda** ist bei weitem nicht so stark frequentiert wie der gut ausgebaute Weg am anderen Ufer und garantiert dadurch mehr Ruhe und Naturgenuss. Bald schon ergibt sich ein wunderbarer Blick auf die Nidda mit ihren renaturierten Ufern auf der Südseite, die schon so natürlich bewachsen sind, als seien sie immer so gewesen. Man hat nach den Erdarbeiten bewusst auf Ansaat oder Anpflanzung verzichtet, denn die Natur besorgt das im natürlichen Umfeld viel besser und angepasster. Linker Hand stehen die **hohen Pappeln und Eschen** des Nordparks. Die neue Brücke führt über den 2010

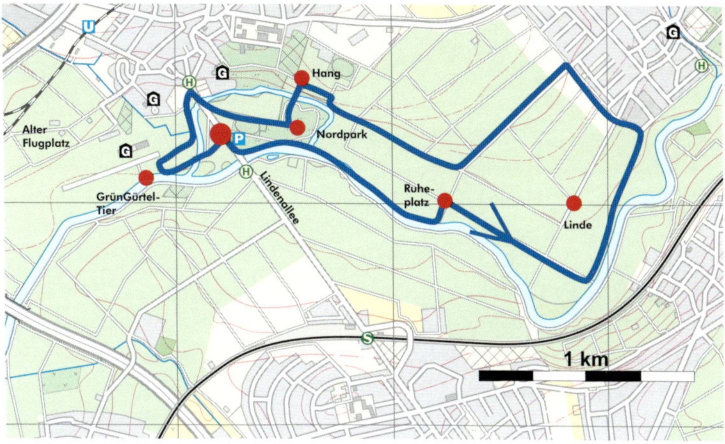

wieder an die Nidda angeschlossenen Altarm, der bald fünfzig Jahre ein Stillgewässer war (F15). Doch halt: Eigentlich wurde ja nur der **ursprüngliche Zustand** wiederhergestellt. Die neue Nidda ist die alte Nidda.

Nach der Brückenquerung wird aus einem breiten Schotterweg ein schmaler Gras- und Erdweg, der wunderbar zu begehen ist. Der Trampelpfad führt uns rechter Hand an Ufergehölzen vorbei. Links erstrecken sich weite Wiesen und Getreidefelder bis zum Horizont. Zurückschauend haben wir einen guten Blick auf die teilweise vierreihige Allee aus über 200 Kaiserlinden entlang der Homburger Landstraße.

Kurz vor der Wiese und dem dahinter liegenden dichten Ufergehölz gehen wir links und haben nun die sanft ansteigende Hangkante des Niddatals und Teile des Taunuskamms im Blick. Bald darauf erreichen wir einen kleinen **Ruheplatz** (F/G16), bestehend aus einer GrünGürtel-Baumgruppe, hier Spitzahorn, zwei Bänken und einer Stele, die über das Flurbereinigungsverfahren informiert, anlässlich dessen der Platz hergerichtet wurde.

Nach einer kleinen Pause wenden wir uns auf dem geschotterten Feldweg nach rechts Richtung Berkersheim, das im steil ansteigenden südlichen Niddahang eingebettet ist. Anfangs begleiten Grünland und Flurgehölze unseren Weg, vor allem rechts, zur Nidda hin. Wir laufen bis zum Ufer mit seinem dichten Bewuchs, wo wir links in einen kleineren Wiesenpfad abbiegen und dem Fluss aufwärts folgen. Auf der anderen Niddaseite rückt Berkersheim mit seinem Kirchturm immer näher. Bald passieren wir eine

Krähen lieben die Harheimer Felder.

WissensWert

Grillplätze

In Frankfurt gibt es 14 Grillplätze, neun davon liegen im GrünGürtel. Die beliebtesten sind die an den Waldspielplätzen Schwanheim, Scheerwald und Heinrich-Kraft-Park (dort gibt es sogar fest installierte Grills) sowie am Lohrberg und im Ostpark.
Weitere befinden sich am Nordpark, im Rebstockpark, an der Hadrianstraße und am Praunheimer Hohl.
Nur auf Grillplätzen darf gegrillt werden, anderswo in Wald, Feld oder Park ist offenes Feuer verboten.
Übrigens: Vom 1. März bis zum 31. Oktober darf in den Frankfurter Wäldern nicht geraucht werden – zu oft entstehen Waldbrände.

prächtige **Linde**, deren betörenden Duft wir zur Blütezeit im Frühsommer ein paar Minuten genießen können. Nach der Pferdekoppel auf der linken Seite, dort, wo die Nidda einen deutlichen Bogen beschreibt, gehen wir den Wiesenpfad geradeaus weiter. Bald begleitet erst links, dann rechts **Streuobst** unseren Weg. Am Ortsrand von Harheim wenden wir uns links, am Gelände der Baufirma vorbei. Bald geht die Straße in einen einfachen Feldweg über, dem wir folgen, rechter Hand Hausgärten, linker Hand ein Neubaugebiet.
Am Grundstück mit dem Jägerzaun biegen wir links in den asphaltierten Weg und erreichen bald landwirtschaftliche Flächen. **Weite Getreidefelder** (F16) säumen den leider baumlosen Weg, der schnurgerade nach Süden zur Nidda führt. Vor uns ragen die monolithischen Wohnhochhäuser des Frankfurter Bergs in den Horizont. Das letzte Stück des geraden Wegs senkt sich sanft ins Niddatal hinunter. Am Wegeknick, wo rechts auch ein Ferngaskasten und ein Pfosten mit Schachtkoordinaten steht, gehen wir

Berkersheim

rechts, nach Bonames. Wir wandern auf dem Wiesenpfad, an dessen rechter Seite der **Hang** immer steiler wird, je näher man Richtung Altarm kommt und haben links die Kulisse der Nidda mit ihren markanten Pappelbäumen. Bald säumen unzählige Exemplare des giftigen Attich und der Knollige Kälberkropf, der an den feuchteren Bereichen der Niddaböschung in Massen wächst, unseren Weg. An der mehrstämmigen, prächtigen Ulme schlüpfen wir dem Trampelpfad folgend in den Auwald hinein. Vorsichtig geht es den ungesicherten Pfad hinauf, denn links fällt der Hang steil zur Nidda hinab. Oben angelangt, biegen wir bei erster Gelegenheit links in den allmählich breiter werdenden Weg. Wiederum bei nächster Möglichkeit geht es den Weg hinab zum **Holzsteg** (F15) über die Nidda. Nach dem Steg folgen wir dem Asphaltweg, der am Rand des Nordparks vorbeiführt. Am Wegeknick steht die Sondermann-Skulptur von Bernd Pfarr, ein Objekt der Komischen Kunst. Rechter Hand liegen eine große Wiese und eine Freizeitgartenanlage. Die Homburger Landstraße überqueren wir vorsichtig und wenden uns nach rechts über die Niddabrücke. Bei nächster Gelegenheit biegen wir links in den leicht abschüssigen Weg ein. Diesem folgen wir, bis er in einen Trampelpfad übergeht. Nach Querung des Kalbachbrückleins halten wir uns geradeaus zum **Alten Flugplatz** (F14), dessen ehemalige Start- und Landebahn wir bald erreichen. Im Tower-Café besteht die Möglichkeit zur ausgiebigen Stärkung.

Ein Metallsteg führt uns danach über die Wiese zur Robert-Gernhardt-Brücke, die wir aber nicht queren, sondern wo wir nur das bronzene **GrünGürtel-Tier** bewundern, weil es so stoisch die Brücke bewacht. Wir halten uns links und folgen abermals dem Trampelpfad durch die Wiese bis zum hölzernen Steg über den Altarm, in dem wieder Niddawasser fließt. Geradeaus zur Homburger Landstraße erreichen wir kurz darauf den Ausgangspunkt unserer Wanderung.

Rainer Zimmermann

Kunst? Komisch!

Frankfurt besitzt ein großartiges Caricatura-Museum, in dem die Werke der legendären Frankfurter Neuen Schule gezeigt werden. Es war einen Versuch wert, jene ungewöhnlichen Künstler zu gewinnen, ins Grüne zu ziehen und neue Ideen zu entwickeln. Was dabei herauskam: Kunst – aber komisch. Einen Königsweg zur **Komischen Kunst** im GrünGürtel gibt es nicht. Sie ist vielmehr ein offenes Projekt, das sich nicht einfangen lässt. Begeben wir uns also auf die Suche, streifen wir im GrünGürtel umher und lassen uns überraschen!

Begonnen hat alles mit dem Kongress zum zehnjährigen Jubiläum des GrünGürtels und einer Absage von **Robert Gernhardt**. Die Absage war jedoch mit einer Zeichnung verbunden, die seiner ehrlichen Verbundenheit mit dem GrünGürtel Ausdruck verlieh: der ersten bildnerischen Darstellung des **GrünGürtel-Tieres**. Dieses Tier gefiel so gut, dass die Frankfurter mehr von ihm wissen wollten. Robert Gernhardt zeichnete vier weitere Szenen aus dem Leben des GrünGürtel-Tieres, die zeigten, dass es sich dabei um eine eigene Frankfurter Spezies mit ungezählten Individuen handelte. Und wie stark die Spezies variiert, kann man mittlerweile an vielen Stellen beobachten: Auf dem Gelände des MainÄppelHauses tummeln sich drei Vertreter, die von Andreas Rohrbach aus dem Holz Frankfurter Eichen geschnitzt wurden. Am Tiroler Weiher sitzt ein goldenes GrünGürtel-Tier auf hoher Jupitersäule, und zwei bewaffnete Tiroler GrünGürtel-Tier-Schützen bewachen den pompösen Aufgang zum Teich. Eine architektonische Geste, die nun erst Sinn ergibt, nachdem sich die Tiere das Nutzlose erobert haben. Und dann ist da natürlich noch das originale, von Robert Gernhardt höchstselbst geschaffene Bronzetier an der Brücke am Alten Flugplatz, das jeder gotischen Kathedrale zur Ehre gereichen würde.

ICH-Denkmal am Mainufer, Sondermann im Nordpark und Pinkelbaum am Jacobiweiher überraschen am Rundwanderweg.

Komische Kunst im GrünGürtel begegnet uns auch an Bäumen. **F. K. Waechter** hat einen ganzen Packen an Zeichnungen hinterlassen, die nach und nach im GrünGürtel als komische Skulpturen umgesetzt werden: Eine Eule im Norwegerpullover, den König der Eichhörnchen, eine Riesenraupe, Struwwelpeter, einen Monsterspecht, die Monsterkinder einer Eiche und natürlich den Pinkelbaum gibt es bereits. Manche davon sind Klassiker aus F. K. Waechters Werk, andere Neuerfindungen. Man findet die Objekte am Wegesrand des GrünGürtel-Rundwanderwegs, ganz dem Willen des Künstlers entsprechend, der das Zufällige-darauf-Stoßen wollte, um einen Lehrpfad der Komik zu vermeiden. **Chlodwig Poth** hat seinen letzten großen Zeichenzyklus „Last Exit Sossenheim" seinem Alterssitz Sossenheim gewidmet. Wo sonst als dort sollte also sein Beitrag zu finden sein! In der „Chlodwig-Poth-Anlage" im Sossenheimer Unterfeld wird in zwei Folgen von Zeichnungen, der Blick auf die Stadt und der Blick zurück auf Sossenheim, satirisch kommentiert. Und ganz nebenbei kann man die Obstwiesen drumherum genießen; ganz wie der Meister selbst, der diese Landschaft sehr mochte. Aber auch der Elfmeterpunkt im Ostpark ist zu erwähnen, wo auf einer elf Meter langen Erdachse ein Fußball thront. Erdacht hat ihn **F. W. Bernstein** und umgesetzt mit Henner Dreschers Hilfe. Und nicht zu vergessen das ICH-Denkmal von **Hans Traxler** an der Gerbermühle, das mittlerweile fast schon jeder kennt: ein Sockel aus rotem Sandstein mit goldener Gravur, dem „Ich" gewidmet, also jedem Mann und jeder Frau in unserer Gesellschaft.

Klaus Hoppe

GrünGürtel-Tier an der Robert-Gernhardt-Brücke zum Alten Flugplatz

Schnittlauchfeld in den Niedwiesen

Die Ginnheimer Niddaauen

Weite Wiesen mit Taunusblick, malerische Altarme und der steilste Niddahang kennzeichnen die Ginnheimer Auen. Eine Attraktion darin: der Volkspark Niddatal, Ursprung des Frankfurter GrünGürtels.

Einst prallten hier Naturschützer und Planer aufeinander: Für die Bundesgartenschau 1989 (Buga) wollte die Stadt das Niddatal zwischen Ginnheim und Praunheim völlig umkrempeln. Zwischen Wiesen, Gebüschen und Gärtchen ästen damals noch Bisons, und Indianer rauchten ihre Friedenspfeife. Naturschützer wollten diese reich strukturierte Landschaft erhalten, aber sie wurde dennoch für die Buga umgestaltet: Blumenbeete statt Brombeerwildnis, englischer Rasen statt blühender Wiese. War dies das Ende der Artenvielfalt? Nein, denn nach der Bundesgartenschau ließ die damals rot-grüne Koalition das Gelände zum naturnahen **Volkspark Niddatal** (K13) „zurückbauen" – wer einen Spaziergang unternimmt, kann selbst urteilen, ob dies gelungen ist.

Mit dem Volkspark wurden nach siebzig Jahren letztendlich auch die Ideen von Stadtrat **Ernst May**, Gartenbaudirektor Max Bromme und Landschaftsplaner Leberecht Migge umgesetzt. Denn schon in den 1920er Jahren hatten sie neben dem Bau von neuen Wohnvierteln wie der Römerstadt-Siedlung und der Siedlung Höhenblick auch das Anlegen und Sichern von großen grünen Freiräumen geplant – bereits damals „Grüngürtel" genannt.

Neben dem attraktiven und fast 170 Hektar großen Volkspark werden oft völlig zu unrecht die **Niedwiesen** (J13) in der nordöstlichen Nachbarschaft übersehen. Dabei können wir dort noch heute einen Eindruck erhalten, wie das Buga-Gelände vor 1989 aussah. Neu ist nur die artenreiche Brache, gleich zwischen Rosa-Luxemburg-Schnellstraße und Nidda gelegen. Auf ihr darf seit dem Rückbau der Buga-Parkplätze die Vegetation wach sen. Zwischen den Gehölzen taucht immer wieder der als „Ginnheimer Spargel“ bezeichnete Fernmeldeturm auf, stets eine nützliche Orientierungshilfe. Weiter nordöstlich in den Niedwiesen erhebt sich abrupt ein steiler Hang – das frühere Niddaufer. Hier war es besonders hoch, und von oben ist die Aussicht auf das Niddatal besonders schön. Das wussten auch Ernst May und der Architekt Martin Elsaesser zu schätzen, denn sie bauten hier ihre eigenen Häuser, die noch heute in der Ludwig-Tieck-Straße 11 und im Höhenblick 37 stehen. Hinter den Häusern entstand 1927 die May-Siedlung „Höhenblick“ (J, K14) im typischen Stil der frühen Moderne. Unterhalb des Hangs verläuft das Ginnheimer Woog, ein Graben umrahmt von feuchten Wiesen, in denen das schaumweiß blühende Mädesüß sowie die seltene Sumpfplatterbse und dichte Röhrichte wachsen.

Außerdem sind da noch die **Altarme** (K, L11) der Nidda! Ganz im Westen, zwischen Fluss und Bebauung, schlängeln sie sich zwischen Kleingärten und wilden Ecken dahin. Hier ist alles ein einziges üppiges Grün. Und nach dem geplanten Umbau der Nidda-Wehre wird das Wasser in den Altarmen wieder fließen und ihnen neues Leben einhauchen. Laichplätze für Fische werden so beispielsweise wieder entstehen.

Ingrid Wentzell

Volkspark Niddatal

Bei den Sportwissenschaften

Ginnheimer Niddaauen

Größe: 536 Hektar
Lage: Zwischen Maybach-Brücke im Norden, der Bebauung von Eschersheim, Ginnheim und Bockenheim im Osten, Industriehof und Ludwig-Landmann-Brücke im Süden und der Bebauung von Rödelheim, Praunheim und Heddernheim im Westen
Stadtteile: Ginnheim, Hausen, Praunheim

Tour

Durch den Volkspark Niddatal

Frankfurts größter Park bietet weite Wiesen, kleine Wäldchen und ferne Blicke, garniert mit Gartenarchitekturen

TourInfo

Länge: 4,6 km
Start und Ziel: (K13) Eingang Niddapark an der Ecke Am Ginnheimer Wäldchen / Rosa-Luxemburg-Straße (nahe der U-Bahn-Haltestelle „Niddapark")
Landschaft: Weite Wiesen, Wälder, Niddaufer, Kleingärten, Sportplätze und eine lange Allee (Ginnheimer Niddaauen)
Weg: Flach, breite, komfortable Parkwege, Waldwege, gepflasterte Wege
Besonderheit: Parkarchitekturen aus der Zeit der Bundesgartenschau, Taunusblicke, große Hundeauslaufwiese.Im Rest des Parks müssen Hunde laut Grünflächensatzung an die Leine.
Gastronomie: Blau-Gelb Restaurant Am Ginnheimer Wäldchen 3, 60431 Frankfurt Tel.: 069 532650, www.blau-gelb.de Öffnungszeiten: Di–Sa 16–23 Uhr, So und Feiertage 12–21 Uhr
Restaurant Niddagarten, Am Ginnheimer Wäldchen 6, 60431 Frankfurt, Tel.: 069 53084272, www.niddagarten.de Öffnungszeiten: Di–Sa 14.30–23 Uhr, So 12–23 Uhr
Anreise ÖPNV: U1 bis Haltestelle „Niddapark", die Treppen hinunter und dann nach rechts zum Spielplatz
Hinweis: Der Weg ist nicht ausgeschildert.

Erste Ideen für einen Volkspark reichen zwar zurück ins Jahr 1914, doch gab es im 20. Jahrhundert zunächst die unterschiedlichsten Nutzungen von dem Gelände: Ackerbau, Kleingärten, eine Außenstelle des Zoos, später auch eine militärische Fläche der Amerikaner. Erst nachdem 1989 die **Bundesgartenschau** (Buga) stattgefunden hatte, wurde der Ort zu dem, der er heute ist. Sowohl die Gartenschau als auch deren Umbau zum Volkspark Niddatal waren von heftiger Kritik und großem Widerstand begleitet. Unser Rundgang beginnt an der prächtigen Lindenallee. Links liegt ein großer Spielplatz. Wir gehen rechts die Lindenallee entlang und kommen zu einem kleinen Platz mit einer Säule aus rotem Sandstein, der sogenannten Nordbastion des Niddaparks. Sie ist eine von mehreren Buga-Architekturen im Stil der Postmoderne, denen wir begegnen werden. Wir gehen weiter und biegen vor dem Wald links in einen anfangs gepflasterten Weg ein. Nach der zweiten Bank biegen wir rechts ab ins

Bundesgartenschauarchitektur

Auf einer Hundewiese

Hohler Lerchensporn im Ginnheimer Wäldchen

WissensWert

Hunde

Hunde haben es im GrünGürtel nicht leicht: Grundsätzlich immer an die Leine müssen sie in allen Naturschutzgebieten, um wilde Tiere und Pflanzen zu schützen, und in den Parks, um die Menschen nicht zu belästigen (auch wenn Hunde nur spielen wollen, Menschen wollen das meist nicht). Und überall sonst – falls freilaufend – müssen sie dem Halter gehorchen, so will es das Jagdgesetz, das fast überall im GrünGürtel gilt. Besonders während der Vogelbrutzeit von Mitte März bis Mitte Juli sollten Hunde nicht in Wiesen und Gebüschen frei herumlaufen. Doch auf den ausgewiesenen Hundeauslaufflächen dürfen sie toben und spielen, soviel sie mögen. Ihre Hinterlassenschaften müssen allerdings überall entfernt werden – außer im Wald.

Ginnheimer Wäldchen (K13), einen alten Auwald, in dem im Frühling der Hohle Lerchensporn in Rosa und Weiß blüht. Im Wald queren wir den trockenen Wooggraben, kommen am Ende des Wegs zu einer Bank und biegen rechts in den breiten Parkweg ein. Bald erscheinen hinter Büschen versteckt Kleingärten, während links von uns immer wieder die große Wiese zu sehen ist. Wir erreichen den Bouleplatz mit kleinem Pavillon, **französisches Flair** im Niddapark. Vielleicht bleibt ja Zeit, um sich auf eine der Bänke zu setzen und mitzufiebern oder eventuell selbst zu spielen? Zwei Säulen betonen den Ausblick auf den Taunus, der sich hier erstmals zeigt und uns ein Stück begleiten wird.
Wir biegen an der nächsten Kreuzung links in einen Weg ein, dem wir bis zum Nachtigallenwäldchen (J12) folgen. Der melodiöse Gesang des Vogels ist hier tatsächlich in Sommernächten weithin zu hören. Wenn wir weiter am Wäldchen entlanggehen, erreichen wir das Ufer

An der Nordbastion

der **Nidda**. Frankfurts zweiter Fluss ist hier ein gerader Kanal, in dem das Wasser ruhig fließt, um dann über die Wehranlage laut tosend hinabzustürzen. Am Wehr biegen wir links ab, dann gleich ein zweites Mal, um am Rande des Praunheimer Wäldchens entlangzugehen, bis wir wieder in den zweiten Weg rechts abbiegen, weiter am Waldrand entlang. Links von uns befinden sich vereinzelt Bäume, und immer wieder erscheint die große Wiese. Wir folgen dem Weg weiter, der einen Schlenker nach links macht. An der folgenden Weggabelung halten wir uns rechts und erreichen so die rechts liegende **Streuobstwiese** (K12). Der jüngere Teil wurde für die Gartenschau angelegt. Links stehen wieder Säulen und ein Pavillon, diesmal aus Granit gefertigt.

Weiter auf unserem Weg kommen wir in einem Bogen nach links am Ende des Waldes vorbei und blicken auf die Wiese, queren sie und nehmen den ersten Weg nach links bis zur nächsten Kreuzung. Am „Dreimärker-Stein" stoßen Hausen, Ginnheim und Praunheim aufeinander. Wir biegen rechts ab in einen Weg, der an einen mäandrierenden, unbegradigten Fluss erinnert, begleitet von dem umstrittenen künstlichen Buga-Bach, den man nur erahnen kann. Wir folgen ihm bis zur **Südbastion**, wieder eine Säule (L13), gehen nach links und schreiten erneut durch die **Lindenallee**. Im Frühsommer duften die Blüten, und es ist einfach romantisch, die Allee hinauf zu sehen.

An warmen Sommertagen ist sie auch ein begehrter Schattenspender.

Wir gehen die komplette, einen Kilometer lange Allee ab, kommen dabei an Kleingärten, Tennisplätzen und sogar zwei Fußballfeldern vorbei, auch an einem Skaterplatz und Gaststätten, und erreichen schließlich wieder den Spielplatz, der Ausgangspunkt unserer Tour war.

Philippe Tiedemann

Pflanzenvielfalt im GrünGürtel

Magerrasen, Sumpfgebiete, sandige Dünen, Streuobstwiesen – in den verschiedenen Frankfurter Lebensräumen wächst eine vielfältige, interessante Pflanzenwelt.

Es sind die Blütenpflanzen, die in der Regel wegen ihrer Größe und Vielfalt an Formen und Farben unsere Aufmerksamkeit auf sich ziehen. Wir kultivieren sie auch im Garten oder auf dem Fensterbrett, pflanzen sie in Grünanlagen, an Weg- und Straßenrändern oder auf Äckern. Weltweit gibt es rund 250 000 Arten, in Mitteleuropa über 3000, davon lebt mit über **1300 Arten** fast die Hälfte auch in Frankfurt am Main – alle wildwachsend! Und das ist noch nicht alles: Hinzu kommen viele hundert Arten von Moosen, Algen und Flechten. Sie sind allerdings sehr klein, zum Teil nur mit dem Mikroskop zu erkennen. Im GrünGürtel finden wir vielfältige, unterschiedlich naturnahe Lebensräume, die auch in ihren Pflanzenarten variieren. Einige besonders interessante Blütenpflanzen sollen hier kurz mit ihren Lebensräumen vorgestellt werden.

Wir beginnen unseren „Rundgang" im Westen, im Naturschutzgebiet „Schwanheimer Düne", dem mit 58 Hektar Fläche größten Frankfurts. Auf den nährstoffarmen Sandböden können nur Spezialisten wie das seltene und geschützte **Silbergras** (Corynephorus canescens) gut gedeihen. Seine igelartigen Horste sind ein charakteristisches Element der lückigen Pflanzendecke. Weitere

Wiese mit Mücken-Händelwurz am Berger Südhang

attraktive Arten sind Sand-Strohblume (Helichrysum arenarium), Sand-Grasnelke (Armeria elongata) und Feld-Mannstreu (Eryngium campestre).

Nördlich grenzen die Nieder Niddaauen mit dem Niedwald an, der für seine großen Bestände einer Art bekannt ist, die Buchenwälder liebt: der **Bärlauch** (Allium ursinum). Er blüht im Frühjahr und zaubert dann einen weißen Teppich auf den Waldboden. Der Bärlauch gehört zu den Zwiebelgewächsen – und das riecht man auch. In den letzten Jahren hat dieses alte Küchenkraut eine Renaissance erlebt und wird wieder überall auf den Märkten angeboten. Vorsicht ist beim Selbersammeln geboten: Es kommen immer wieder Vergiftungen durch Verwechslungen mit Maiglöckchenblättern vor.

Im Sossenheimer Unterfeld bietet der GrünGürtel-Obstpfad Gelegenheit, alte Obstsorten kennenzulernen. Hier findet sich auch der **Speierling** (Sorbus domestica, gehört also nicht zur Apfel-Gattung Malus), ein stattlicher Baum, der typischerweise in den Obstwiesen der Region gepflanzt wurde. Seine birnen- oder apfelförmigen Früchte werden bei der Herstellung des „Ebbelwoi" verwendet. Der eine oder andere mag sich auch noch an die Erwähnung des Speierlings in einem Ebbelwoi-Werbespot mit einem bekannten Frankfurter Fußballtrainer erinnern.

Entlang der Nidda nach Norden finden wir interessante Wasserpflanzen, wie die **Gelbe Teichrose** (Nuphar lutea), die im schlammigen Grund wurzelt und nur ihre rundlichen Blattspreiten und die

Keine Grüne Soße ohne Sauerampfer

etwa fünf Zentimeter großen gelben Blüten an der Wasseroberfläche zeigt. Der Uferbereich, der durch den schwankenden Wasserspiegel regelmäßigen Veränderungen ausgesetzt ist, bietet einwandernden Pflanzen besonders günstige Bedingungen. So fallen Massenbestände des stattlichen **indischen Springkrauts** (Impatiens glandulifera) mit seinen großen rosaroten Blüten ins Auge. Die einjährige Art stammt ursprünglich aus der Himalaja-Region. Auch Gehölze wie der aus Nordamerika stammende Eschen-Ahorn (Acer negundo) oder die bereits zur Römerzeit eingeführte Walnuss (Junglans regia) finden zusagende Bedingungen und kommen in immer größerer Zahl an den Niddaufern vor. Der Eschen-Ahorn ist erst seit den 1980er Jahren verwildert in Frankfurt belegt, sein zunehmendes Vorkommen ist möglicherweise auf das wärmere Klima zurückzuführen.

Wir lassen die Nidda hinter uns und wenden uns nach (Süd-)Osten. Am Heiligenstock und im Bereich des Lohrbergs gibt es noch viele **Streuobstwiesen**. Diese landwirtschaftliche Nutzungsform – locker stehende Obstbäume mit Grünland darunter – war typisch für unsere Region und hat den Rohstoff für das lokale Getränk, den Apfelwein, bereitgestellt. Viele Streuobstwiesen sind aufgrund der extensiven Nutzung (keine Düngung) und des hohen Lichteinfalls am Boden besonders artenreich – mit zahlreichen geschützten und seltenen Sippen. Zur Blütezeit im Frühsommer entfalten sie ihre ganze Pracht, und die Vielfalt der Wiesen wird augenfällig. Hier hat eine Kostbarkeit der Frankfurter Flora ihr einziges Vorkommen: die **Gras-Platterbse** (Lathyrus nissolia).

Der Mädesüß wächst an der Nidda.

Östlich des Lohrbergs schließt sich der Berger Hang mit weiteren Streuobstflächen und ausgedehnten **Magerrasen** an. Hervorzuheben sind hier die reichen Orchideenvorkommen, besonders der **Mücken-Händelwurz** (Gymnadenia conopsea). Sie wird bis zu einem Meter hoch, so dass ihn Spaziergänger gut vom Weg aus betrachten können. Die große Artenvielfalt am Berger Hang hat schon 1954 dazu geführt, dass ein rund zehn Hektar großes Naturschutzgebiet „Am Berger Hang" ausgewiesen wurde. Insgesamt gibt es innerhalb der Frankfurter Stadtgrenzen sieben Naturschutzgebiete mit einer Gesamtfläche von über 130 Hektar.

Weiter im Süden setzen mit dem Fechenheimer Mainbogen und dem Oberräder und Sachsenhäuser Gärtnerland intensiv landwirtschaftlich genutzte Bereiche den GrünGürtel fort. Wollte man hier eine Art hervorheben, dann vielleicht den **Sauer-**

Seltsamer Lauch

Indisches Springkraut

Walnuss

Pflanzen pflücken

Wer möchte, darf einen kleinen Strauß Blumen oder Waldgrün aus dem GrünGürtel mit nach Hause nehmen – natürlich nur Pflanzen, von denen man ganz sicher weiß, dass sie nicht unter Schutz stehen oder die Gesundheit gefährden. An manchen Orten jedoch ist Blumen pflücken eindeutig verboten: in Parks, weil sich sonst andere Menschen nicht mehr an den Blumen erfreuen könnten, und in ausgewiesenen Naturschutzgebieten. Hier stehen alle Pflanzen unter Schutz. Außerdem gibt es besonders geschützte, meist seltenere Pflanzen, wie die Orchideen; sie müssen immer stehenbleiben.

ampfer (Rumex acetosa), ein wenig auffälliges und unscheinbar blühendes Kraut, das im ganzen Stadtgebiet verbreitet ist. Über viele Jahrhunderte als Gemüse oder Salat verwendet, ist diese Nutzung heute weitgehend in Vergessenheit geraten. In Oberrad wird der Sauerampfer allerdings noch kultiviert.

Und man hat ihm sogar ein Denkmal gesetzt! Denn als einer der sieben Bestandteile der „Frankfurter Grünen Soße" ist er zumindest in Frankfurt immer noch in aller Munde und hat sein Denkmal (wie auch die anderen Grüne-Soße-Kräuter) mehr als verdient.

Im Süden des Stadtgebiets erstrecken sich die ausgedehnten Flächen des Stadtwalds. Es dominieren Buchen-, Eichen-, Hainbuchen-, Kiefern- und Fichtenwälder und -forste, in die lokal verschiedene ausländische Gehölzarten wie Douglasie, Rot-Eiche und Strobe eingestreut sind. Aus der Luft betrachtet eine homogene grüne Fläche, ist der Stadtwald jedoch bei genauerem Hinsehen durch Straßen, Schienenwege und Flughafen in kleinere Teile fragmentiert. Für die Pflanzenwelt lassen sich drei große Bereiche unterscheiden: der Oberwald im Osten mit kalkhaltigen Böden, der Unterwald im Südwesten mit überwiegend nährstoffarmen sandigen Böden und der Schwanheimer Wald mit zum Teil periodisch überschwemmten Flächen. Für den Oberwald charakteristisch ist eine eingewanderte Lauch-Art, der **Seltsame Lauch** (Allium paradoxum), die ursprünglich aus Südwest-Asien stammt. Sie blüht im Frühjahr und ist an ihren eigentümlichen Blütenstän-

In der Nidda breitet sich die Gelbe Teichrose aus.

den gut zu erkennen. Im Unterwald ist ein anderer Neophyt (also eine in den letzten Jahrhunderten eingeführte oder eingewanderte Art) besonders charakteristisch. Die **Spätblühende Traubenkirsche** (Prunus serotina) wurde vor Jahrzehnten zur Verbesserung des Bodens absichtlich gepflanzt, heute bildet sie im Unterwald stellenweise Reinbestände in der Strauchschicht und wirkt sich negativ auf die Vielfalt des Unterwuchses aus. Ein Wahrzeichen des Schwanheimer Waldes sind die riesigen, mehrere Jahrhunderte alten **Stiel-Eichen** (Quercus robur), die mehrere Meter Stammumfang aufweisen und bereits zu den Zeiten, als der Stadtwald noch allgemein zur Waldweide genutzt wurde, stattliche Bäume gewesen sein müssen.

Prof. Dr. Georg Zizka

Flora von Frankfurt

Ein Schätzkästchen für botanisch Interessierte: die Internetseite www.flora-frankfurt.de.

Was bereits 1772 begonnen wurde, führt das Forschungsinstitut Senckenberg heute virtuell fort: eine Sammlung von allen Pflanzenarten, die in Frankfurt wild vorkommen. Die Internetseite informiert über jede Art und ihre historische Bestandsentwicklung in der Stadt. Bisher sind die wichtigsten und interessantesten 1117 Arten erfasst. Das Beste daran: Jeder kann zu der Sammlung beitragen. Wer den Wuchsort einer Pflanze melden möchte, kann dies direkt auf der Seite tun.

Pink blühender Blutweiderich am Alten Flugplatz

Baumhain an der Sternbrücke

Die Rödelheimer Niddaauen

Der GrünGürtel als grüner Flickenteppich: Kleingärten, Sportanlagen und Auwaldreste. Dazwischen wie kleine Perlen: alte und neue Parks.

Fragmentierte Landschaft – zwischen Rödelheim, Hausen und Bockenheim kann man erleben, was das heißt. Zerschnitten von Autobahnen, Straßen und Bahnlinien stößt man immer wieder auf Relikte der alten Auenlandschaft, Kleingartenidyll und großzügige Parkanlagen. Die ältesten und auch schönsten Parks finden wir mitten in Rödelheim zwischen Nidda und Mühlgraben. Der Solmspark und der Brentanopark, beide mit wertvollem Baumbestand im Stil englischer Landschaftsgärten gestaltet, liegen sich direkt gegenüber. Der **Solmspark** (M11), bereits ab 1150 Standort einer Wasserburg an der wichtigen Handelsstraße zwischen Köln und Frankfurt, wurde in späteren Jahrhunderten zum Schlosspark der Herren zu Solms-Rödelheim. Heute künden noch der rekonstruierte Grundriss des letzten Schlosses sowie ein Bronzemodell und eine Informationstafel von dieser Vergangenheit. Der **Brentanopark** (M11) geht zurück auf das Landgut des Tuchhändlers Detmar Basse, das 1808 von Geheimrat Georg Brentano erworben, erweitert und im englischen Stil gestaltet wurde. Landhaus und Park vor den Toren Frankfurts entwickelten sich bald zu einem Treffpunkt des intellektuellen Lebens. Von den einst zahlreichen kleinen Gebäuden im Park sind heute noch das Brentano'sche Gartenhäuschen und das Petrihäuschen erhalten. 1926 kaufte die Stadt den inzwischen vernachlässigten Park, um die Regulierung der Nidda durchführen zu können. Es entstand ein öffentlicher Park mit Pavillon und Lehrgarten für Schulklassen und ein

mit Flusswasser gespeistes Freibad, das Brentanobad. Nicht weit davon entfernt, spannen sich die Bögen der **Sternbrücke** (M11, N11) über eine Wiese. Hier verlief einst der Ochsengraben, der bei Hochwasser einen Seitenarm der Nidda aufnahm, der Hausen und Teile von Rödelheim umfloss. Um die wichtige Messestraße ganzjährig passierbar zu halten, wurde die Brücke 1803 bis 1807 erbaut. Von ihr ist es nur ein kurzer Weg zum **Biegwald** (N11), einem der wenigen **Auwaldreste** des Niddatals. Er findet seine Fortsetzung jenseits von Bahnlinie und Autobahn im Rest des Rebstöcker Waldes.

Bereits im Mittelalter befanden sich hier der Rebstöcker Hof und der Römerhof mit ihren Feldern. Ende des 18. Jahrhundert starteten vom Rebstockgelände erstmals Heißluftballons. 1909 fand die erste „Internationale Luftschiffahrt-Ausstellung" statt. In der Folge entstand der erste Frankfurter Flughafen mit Luftschiffverkehr nach Amerika. Er wurde in den 1930er Jahren in den Stadtwald verlegt. 1962 wurde auf einem Teil der Fläche der **Rebstockpark** (O11) mit seinem Weiher fertiggestellt. 2005 folgte mit dem „Neuen Rebstockpark" einer der jüngsten Frankfurter Parks. Ein kühner Entwurf mit Trockengrachten, Säuleneichen und Staudenbeeten hat einen ehemaligen Parkplatz in einen Park verwandelt.

Jürgen Blum

Kaukasische Flügelnuss im Solmspark

Rödelheimer Niddaauen

Größe: 386 Hektar
Lage: Zwischen der Bebauung von Bockenheim im Nordosten, der Nidda im Nordwesten, der A 5 im Westen und der Straße Am Römerhof im Süden
Stadtteile: Rödelheim, Bockenheim, Innenstadt

Wehre an der Nidda

Das erste der sechs beweglichen Niddawehre baute 1924 die Stadt Höchst, um auch in abflussarmen Zeiten ihr Naturschwimmbad in der Flussschleife der Nidda betreiben zu können. Die anderen Wehre wurden im Zuge der Niddaregulierung meist dort errichtet, wo vorher feste **Mühlenwehre** das Wasser gestaut hatten: 1927 in Hausen und Praunheim, 1928 in Eschersheim und Rödelheim, 1931 schließlich in Sossenheim. Die beweglichen Wehre sollten die Hochwassergefahr bannen, die von den Mühlenwehren ausging, deren Krone so hoch und deren Breite so gering war, dass sie **Überschwemmungen** verursachten. Ein weiterer, ein ästhetischer Grund für den Bau der Wehre war, dass bei Niedrigwasser nur die Sohle des ausgebauten Flusses gerade eben von Wasser bedeckt gewesen wäre. Es sei „ohne weiteres einleuchtend", ist in den Akten zu lesen, dass solch ein Gerinne „kein befriedigendes Bild gewährt". Ja, das leuchtet ein.

Bei Niedrigwasser werden die zwei beweglichen Wehrklappen „gestellt". Sie werden hochgefahren, um das angeordnete **Stauziel** einzuhalten. Bei Hochwasser werden sie gesenkt, das Wasser kann ungehindert abfließen. So gut dies hydraulisch funktioniert, so problematisch sind die ökologischen Folgen. Die Stauregelung macht die Nidda zu einem **Hybridgewässer**. Sie ist nicht Fisch, nicht Fleisch, nicht Fluss, nicht Teich: Bei Niedrigwasser und gestellten Wehrklappen ähnelt sie einer Kette von Stauseen. Bei Hochwasser hat sie reißende Strömung, ein Debakel für die Wassertiere.

Ein weiteres, den Wehren geschuldetes Öko-Manko erkannte Christian Morgenstern bereits 1910.

Ein Rheinsalm wollte in die Schweiz:
Er war schon weißgottwo,

Das Wehr bei Hausen

Doch eines Tages – oh! – :
Da kam er an ein Wehr:
Das maß zwölf Fuß und mehr!
Zehn Fuß – die sprang er gut!
Doch hier zerbrach sein Mut ...
Er kehrte schließlich stumm
Nach Deutsch- und Holland um.

Jungtiere des Salms (also des Lachses) oder der Meerforelle, die eher in der Nidda zu erwarten ist, wandern ins Meer, profitieren dort von reichen Nahrungsquellen, müssen aber zum Laichen in den Oberlauf ihres Flusses zurückkehren. Wehre hindern sie am Aufstieg. Die Stadt Frankfurt baut die Niddawehre deshalb nach und nach so um, dass sie keine **Barriere** mehr sind. Das erste Projekt dieser Art wurde in Rödelheim verwirklicht. Die Fische können hier durch den umgebauten Mühlgraben vom Unter- in das Oberwasser des Wehres schwimmen.

Es folgte die Umgestaltung des Höchster Wehres. Es wurde abgerissen und durch ein schräg in den Fluss gestelltes „Streichwehr" ersetzt, das einen Teil des Niddawassers in ein Umgehungsgerinne ableitet. Hier können die Fische aufwandern. Und sie tun es: Im April 2015 wurde in der Nidda eine aus der Nordsee zurückkehrende ausgewachsene Meerforelle gefangen. Sie hatte sowohl das Höchster als auch das Rödelheimer Wehr überwunden.
Für jedes Wehr gibt es also eine eigene Planung, die zwei Bedingungen zu erfüllen hat: keine Verringerung der Hochwassersicherheit und keine wesentliche Änderung der Grundwasserstände.
Immer lautet die Parole: freie Fahrt für freie Fische! Sie wurde vom Allgemeinen Deutschen Aquamobil-Club ausgegeben, nicht wahr?

Heiko Kramer

Ausgleichsmaßnahmen

Wenn Häuser in neuen Wohngegenden gebaut oder Straßen in die Landschaft gelegt werden, wird in Natur und Landschaft eingegriffen. Das Naturschutzgesetz bestimmt dazu in dürren Worten: „Der Verursacher ist verpflichtet, unvermeidbare Beeinträchtigungen durch Maßnahmen des Naturschutzes und der Landschaftspflege auszugleichen (Ausgleichsmaßnahmen)." Das heißt: Es fließt Geld in Öko-Projekte. So ist es möglich, den Umbau der Niddawehre anzugehen, ohne den Stadtkämmerer damit allzu sehr zu plagen, eine riesige Streuobstwiese auf den Feldern von Berkersheim anzulegen oder einen ehemaligen Militärflugplatz von Beton und Asphalt zu befreien.

Am Grill'schen Altarm

Die Niddaauen bei Nied

Schon den Römern hat es hier gefallen. Besonders beschaulich ist es dort, wo die Nidda in den Main mündet.

Die Landschaft um Nied, in der Nähe der Mündung der Nidda in den Main, ist durch die beiden Flüsse geprägt. Besonders die regelmäßigen Hochwasser behinderten eine frühe, dauerhafte Besiedelung des Gebiets, das vor allem aus dichten Auwäldern bestand. Bereits aus der **Jungsteinzeit** sind einzelne Funde menschlicher Aktivitäten vorhanden, unter anderem ein gut erhaltener Einbaum, der bei den Regulierungsarbeiten an der Nidda ausgegraben wurde. Doch erst aus spätkeltischer Zeit konnten Siedlungsreste im Bereich der heutigen Oeserstraße nachgewiesen werden. Bedeutung erhielt Nied bei den **Römern**, die am westlichen Niddaufer eine Großziegelei unterhielten, die vor allem Ziegel für die Militärbauten des nahen Limes produzierte. Auch Spuren einer Brücke und einer Siedlung östlich der Nidda fanden sich bei Ausgrabungsarbeiten. Eine dauerhafte Besiedelung von Nied erfolgte vermutlich erst in fränkischer Zeit, als das Fischer- und Bauerndorf an dem wichtigen Flussübergang über die Nidda zwischen Frankfurt und Höchst gegründet wurde. So wird eine **Brücke** zu Nied erstmals 1275 urkundlich erwähnt. Diese Brücke brachte aber auch immer wieder Not und Zerstörung über die Ortschaft, wenn durchziehende Heere den wichtigen Niddaübergang zu erobern suchten.

Die Nieder Flur entspricht einer typischen Auenlandschaft, die auch heute noch durch Wiesen und Wald geprägt ist und nur ein geringes Relief aufweist. Der **Niedwald** (O9/O10) ist eines der wenigen Relikte der einst ausgedehnten

Auwälder an der Nidda. Obwohl seit der Niddaregulierung keine Hochwasser mehr auftreten, hat sich hier eine recht ursprüngliche Auwaldvegetation erhalten. Die weitläufigen **Wiesen** entlang der Nidda verdanken ihre Existenz heute vor allem der Pferdehaltung auf dem Georgshof (O8), da sie zur Heugewinnung noch regelmäßig gemäht werden. Sie sind jedoch aufgrund von Entwässerung und Düngung längst nicht mehr so artenreich wie einstmals.
Besondere Bedeutung für das Landschaftsbild haben die fünf **Altarme** der Nidda (O8/O9), die sich auf Nieder Gemarkung befinden. Ein jeder mit eigenem Charakter, tragen sie wesentlich zum Reiz dieser Flusslandschaft bei. Beeindruckend ist die weitläufige Landzunge zwischen Main und Nidda, die **Wörthspitze** (P7). Ehemals wurde sie von einem Mündungsarm der Nidda unterbrochen, den man um 1800 zuschüttete, um die entstehenden Wiesen landwirtschaftlich zu nutzen. Hier entstand im Dritten Reich ein riesiger „Thingplatz“ als Aufmarschgelände für bis zu 25 000 Bewohnern der westlichen Frankfurter Vororte. Heute befinden sich hier großzügige Liegewiesen und ein schöner Piratenspielplatz. Besondere zoologische Bedeutung erlangten die Wiesen, als Robert Gernhardt hier am 1. April 2002 das **GrünGürtel-Tier** „fand“.

Jürgen Blum

An der Wörthspitze

Poloplatz bei Nied

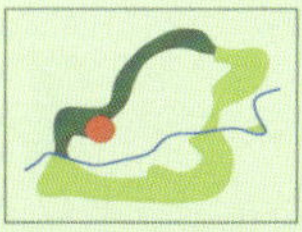

Niddaauen bei Nied

Größe: 145 Hektar
Lage: Zwischen der Nidda im Norden und Westen, der Bebauung von Nied und der Bahntrasse, dem Main im Süden und der A5 im Osten
Stadtteil: Nied

Tour

Entdeckungen entlang der Nidda

Ein Spaziergang durch die Niddaauen bei Nied mit idyllischen Altarmen, weiten Wiesen, einer Gartenstadt und urigem Wald mit Quelle

TourInfo

Länge: 4 km
Start: (P7) Alt-Nied. Ecke Oeserstraße, Bushaltestelle „Nied Brücke"
Ziel: (O10) Oeserstraße Ecke Am Neufeld, Bushaltestelle „Neufeld"
Landschaft: Nidda, Altarme, Wiesen, Pferdekoppeln, Siedlung, Wald (Nieder Niddaauen)
Weg: Flach, zumeist geteerte Wege, im Wald befestigte Waldwege
Gastronomie: Strandclub Niddastrand
Am Georgshof, Oeserstr. 80, 65934 Frankfurt
Tel.: 0151 23560202
Öffnungszeiten: Mai–Oktober täglich ab 10 Uhr
Anglerheim Nied, Grüne Weide 20
65934 Frankfurt, Tel.: 069 394666
Öffnungszeiten: Di–Fr 15–21 Uhr, Sa 13–21 Uhr, So 10–20 Uhr
Anreise ÖPNV: Busse 51, 54, 59 bis „Nied Brücke", von dort die Treppen abwärts zum Kerbeplatz Nied
Hinweis: Der Weg ist nicht ausgeschildert.

Wir beginnen unsere Wanderung am Nieder Kerbeplatz, wo sich an der Südseite die alte Nieder Brücke befindet, ein wichtiger Übergang über das einst sumpfige Niddatal. Die heutige Brücke wurde 1824 als Steinbogenbrücke errichtet. Zuvor gab es dort eine hölzerne Brücke, die sich bei Annäherung fremder Truppen schnell abreißen ließ. Am gegenüberliegenden Ufer befand sich im ersten und zweiten Jahrhundert ein **römischer Hafenplatz**, an dem die in den Ziegeleien auf dem Hochufer produzierten Ziegel verladen und per Schiff nach Nida beim heutigen Heddernheim oder mainabwärts bis nach Mainz transportiert wurden.
Wir folgen der Nidda flussaufwärts und gelangen, die S-Bahnbrücke unterquerend, zur Steinbogenbrücke der Taunusbahn, 1839 als eine der **ersten Eisenbahnbrücken Deutschlands** errichtet und noch heute in Benutzung. Nun

Die Eisenbahnersiedlung

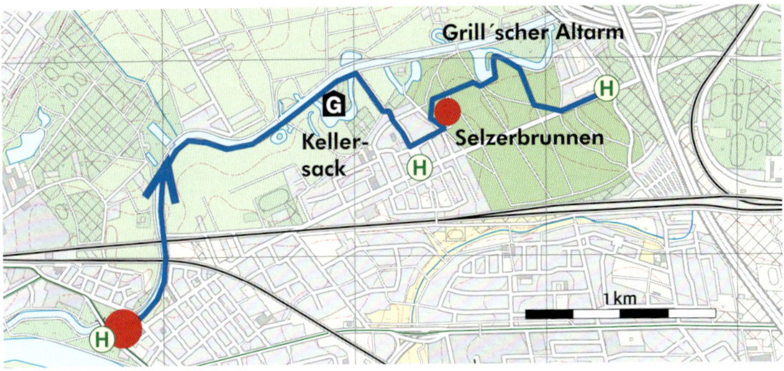

erstreckt sich rechter Hand eine weitläufige Wiesenlandschaft, durchsetzt von Baumgruppen mit Weiden und mächtigen Pappeln. Hier stehen oft Graureiher, die Mäusen und Fröschen auflauern. Bald erreichen wir das umgebaute Höchster Wehr. Inmitten der weiten Wiesen vor der Hochhauskulisse Frankfurts sehen wir bereits den Georgshof des letzten Nieder Landwirts. Er hat sich auf Pferdehaltung spezialisiert. Auf dem zugehörigen Polofeld finden gelegentlich große Turniere statt. Unter der Woche kann man vom **Strandclub „Niddastrand"** aus gemütlich dem Training zuschauen. Direkt am Niddaufer, kurz vor der Holzbrücke, befindet sich ein auf den ersten Blick unscheinbares kulturhistorisches Kleinod: einer der letzten hessischen Fischerei-Grenzsteine. Auf ihm ist der Frankfurter Adler und ein Rödelheimer Schild erkennbar. Die Fischerei war wie die Jagd ein herrschaftliches Recht, das verpachtet wurde; ein einträgliches Geschäft, war doch die Nidda einst sehr fischreich. Den Nieder Fischern war das Fischereirecht von ihren Kurmainzischen Landesherren nur von der Nieder Brücke abwärts und auf dem Main verliehen. Niddaaufwärts bis Rödelheim waren die Rechte zwischen Frankfurt und den Herren von Rödelheim aufgeteilt, daher der Grenzstein, der erst bei den Arbeiten zur Niddaregulierung wieder aufgefunden wurde.

Mit der Regulierung und Begradigung entstanden die **Altarme**, die wir nun rechter Hand sehen. Der erste, das „Rondell", liegt weitgehend hinter Bäumen versteckt und bietet Wasservögeln einen ungestörten Brutplatz. Als Nächstes folgt der nur von wenigen Büschen und Bäumen gesäumte „Wiesengraben". Hier brütet der Eisvogel, den wir mit etwas Glück und Geduld an einem der Altarme oder an der Nidda bei der Jagd nach

Die älteste in ganz Deutschland: Die Eisenbahnbrücke wurde 1839 erbaut.

WissensWert

Trinkwasser

Unter Wäldern bildet sich zwar weniger Grundwasser als unter Wiesen und Feldern, dafür ist es aber wesentlich sauberer, da die Blätter der Bäume die Schadstoffe aus der Luft herausfiltern, sich damit selbst schaden und so das Regenwasser reinigen. Als Frankfurt Trinkwasserversorgung bekam, wurden Wasserwerke im Stadtwald gebaut: 1893 das Pumpwerk Hinkelstein, später kamen die Werke am Oberforsthaus, bei Goldstein und Schwanheim hinzu. Etwa ein Fünftel des Trinkwassers, das in Frankfurt verbraucht wird, kommt bis heute aus dem Stadtwald, der Rest aus den Wäldern des Hessischen Rieds und des Vogelsbergs.

kleinen Fischen beobachten können. Die große Schlinge des **Altarms „Kellerseck“** (08) mit seinem Röhrichtgürtel folgt unmittelbar. Er umschließt eine ehemalige kleine Notsiedlung und das versteckt gelegene **Anglerheim Nied**. Hier können wir an warmen Sommerabenden am Ufer des Altarms sitzen, während Reiher und Kormorane auf Fische lauern, die im Wasser ihre Kreise ziehen. Wir verlassen das Niddaufer und folgen dem Weg „Grüne Weide“ zur **Eisenbahnersiedlung** (09). Sie wurde 1916 bis 1919 nach dem Vorbild englischer Gartenstädte erbaut und diente als Wohnquartier für die Arbeiter des Eisenbahnausbesserungswerks, das sich von 1918 bis 1967 auf der anderen Seite der Oeserstraße befand. Die weitgehend erhaltene und sanierte Siedlung steht seit 1984 unter Denkmalschutz. Wir wandern durch die Gassen zum zentralen „Neumarkt“ und können auch einen Blick in die Hinterhöfe und Gärten werfen. Am Neumarkt halten wir uns links und folgen

Der Altarm „Kellerseck“

dem Brunnenpfad. Neben dem Haus mit der Nummer 31 entdecken wir in einer kleinen Grünanlage den **Faulbrunnen** (O9). Bereits im 16. Jahrhundert wurde diese Schwefelquelle als heilkräftig beschrieben und von der Nieder Bevölkerung bei allerlei Gebrechen genutzt. Noch ein Stück weiter am **Niedwald** befindet sich auf einer Lichtung neben einem Spielplatz eine zweite Quelle, der **Selzerbrunnen** (O9). Sein stark salzhaltiges Wasser kommt aus 38 Metern Tiefe. Nun folgen wir dem Selzerbrunnenweg durch den Niedwald bis zum **Grill'schen Altarm** (N/O9). Hier finden wir neben alten Stieleichen und Hainbuchen vor allem Wildkirschen, Eschen, Linden, Ahorn und schöne Exemplare der selten gewordenen Ulme. Im Frühjahr blühen Buschwindröschen, Lerchensporn, Lungenblümchen, Aronstab und Bärlauch in großen Beständen.

Auch für einige Tierarten stellt der Niedwald ein Rückzugsgebiet dar. So siedeln hier über den Sommer verschiedene Fledermausarten in Baumhöhlen, darunter der große **Abendsegler**. Ein weiterer Gast ist der Pirol mit seinem auffälligen „Vogel Bülow“-Ruf, den man aber trotz seines goldgelben Gefieders nur selten zu Gesicht bekommt.

Wir folgen dem Grill'schen Weg entlang des Altarmufers und gelangen dann nach rechts auf dem Scheidlachweg zur Oeserstraße. Beim Hotelhochhaus an der Oeserstraße endet unser Spaziergang. Hier auf dem Flurstück „Heidenschloss“ fanden sich bei Ausgrabungen **römische Fundamentreste**. Sie gehörten wohl zu einer Raststation an der Kreuzung zweier Römerstraßen, die von Nida nach Groß-Gerau und von Höchst nach Bergen verliefen. An der nahen Bushaltestelle nehmen wir den Bus zurück nach Nied, auf dem gleichen Weg, den schon vor zwei Jahrtausenden römische Ochsengespanne und berittene Boten genommen haben.

Jürgen Blum

Das Sossenheimer Unterfeld

Ein Mosaik aus Streuobst- und Ackerflächen, Wiesen, Parks, alten und jungen Speierlingen. Attraktionen sind der Höchster Stadtpark mit Weiher und Fontäne und die Chlodwig-Poth-Anlage.

Das Sossenheimer Unterfeld liegt am Unterlauf der Nidda bis zu ihrer Mündung in den Main. Charakteristisch ist der kleinräumige Wechsel von landwirtschaftlich genutzten Flächen mit Natur- und Erholungsbereichen, zu denen am Westrand der Höchster Stadtpark, Sportplätze und große Dauerkleingartenanlagen gehören.

Der **Höchster Stadtpark** (O7) wurde ab 1911 auf Betreiben des damaligen Bürgermeisters von Höchst, Viktor Palleske, als Volkspark auf früherem, knapp 15 Hektar großen Sumpfgelände angelegt. Nach dem Zweiten Weltkrieg diente er vorübergehend zum Anbau von Obst und Gemüse, die Parkwiesen waren in Hunderte von Grabeland-Parzellen unterteilt. Seine noch weitgehend aus der Entstehungszeit stammende Gestalt ist durch einen Weiher und den sehr schönen Baumbestand gekennzeichnet. Entlang eines öffentlichen Grünzugs, teilweise am Sulzbach entlang, kommt man nach Sossenheim, dessen Ortsrand hauptsächlich aus Freizeitgärten, Kleingartenvereinen und Streuobstwiesen besteht.

Die Landschaft fällt vom Sossenheimer Ortsrand zur Nidda sanft ab. Der vom Taunus kommende Sulzbach mündet hier in die Nidda. Der Anbau von Streuobst hat auf den feuchten Aueböden Tradition, weswegen ein Streuobstpfad eingerichtet wurde. In der Mitte des Sossenheimer Unterfeldes liegt die **Chlodwig-Poth-Anlage** (N8), die nach dem in Sossenheim lebenden und 2004

verstorbenen Karikaturisten und Zeichner Chlodwig Poth benannt wurde. Zwei von ihm für diesen Ort gezeichnete Bildreihen sind hier auf fünf Stelen zu betrachten. Auf den beiden Bänken lässt es sich gut ruhen und die Aussicht auf die Innenstadt-Skyline oder auf den Sossenheimer Ortsrand mit der dahinter liegenden Taunus-Silhouette genießen.
2010 wurde östlich der Wiesenfeldstraße eine große **Flutmulde für Hochwasser** angelegt. Dafür wurde das Niddaufer auf einer Länge von 200 Metern abgetragen und das dahinter liegende Areal vertieft. In der Flutmulde fließt nun der Dottenfeldgraben mäandrierend und mit flachen Ufern in die Nidda. Im Zentrum der Auen, zwischen Wiesenfeldstraße und A 648, befinden sich hauptsächlich landwirtschaftliche Nutzflächen, die aber nie monoton wirken, da sie immer wieder von Feldgehölzen, Einzelbäumen und verwilderten Gärten oder gepflegten Streuobstbeständen unterbrochen sind. Eine Besonderheit finden wir in der nur an zwei Stellen von der Westerbachstraße zugänglichen Fläche zwischen den Autobahnen A 648 und A 5. In den Feuchtbrachen gibt es große Bestände von **Schilfröhricht** und feuchtigkeitsliebenden Hochstauden.
Der südwestliche Zipfel des Sossenheimer Unterfelds verläuft am Niddaufer entlang, vorbei an ihrer Mündung in den Main bis nach Höchst hinein. Der barocke **Bolongarogarten** (P7) berührt den GrünGürtel-Streifen, und ganz in seinem Westen liegt das Höchster Mainufer mit dem Anleger für die Fähre nach Schwanheim.

Rainer Zimmermann

Unter dem Westkreuz

Unentbehrlich: der Speierling

Sossenheimer Unterfeld

Größe: 372 Hektar
Lage: Zwischen den Ortsrändern von Höchst im Westen, Sossenheim im Norden, Rödelheim im Osten und der Nidda im Süden
Stadtteile: Sossenheim, Höchst

Tour

Chlodwig-Poth-Anlage

Sossenheimer Obstpfad

Viele Informationen rund um die Streuobstwiese bietet diese Tour. Außerdem Äpfel, Birnen, Walnüsse, Zwetschgen, Quitten, Mirabellen ...

TourInfo

Länge: 4,5 km
Start und Ziel: (N8) Wiesenfeldstraße, am Ortsrand von Sossenheim
Landschaft: Obstwiesen, Wiesen, Felder (Sossenheimer Obstpfad)
Weg: Flach, überwiegend Schotter- und Asphaltwege, aber auch Erd- und Graswege
Broschüre: „Der Sossenheimer Obstpfad", Umweltamt. In der Broschüre werden Spieltipps für Kinder gegeben.
Besonderheiten: An 16 Stationen informieren Stelen über Natur, Kultur und Landschaft.
Rastplatz: Chlodwig-Poth-Anlage, Wiesenfeldstraße
Gastronomie: In der Altstadt von Sossenheim
Anreise ÖPNV: Busse 50, 55, 58 bis „Sossenheimer Kirchberg", von dort 200 Meter in die Wiesenfeldstraße. Der Start ist am Ortsrand linke Seite.
Parken: Straße Alt-Sossenheim, neben der Bushaltestelle „Am Kapellenberg"

Ein Schwerpunkt des Obstbaus war und ist noch immer das Sossenheimer Unterfeld. Wir beginnen unsere Wanderung am Ortsrand des westlichen Frankfurter Stadtteils. Vor rund 200 Jahren wurde nach Einebnung des Haingrabens und Rodung der Wehrhecke das Gelände in Parzellen aufgeteilt und als Gartenland verkauft, das noch heute genutzt wird. Auf dem Weg treffen wir immer wieder auf **Streuobstwiesen**. Mehr als vierzig Vogelarten leben hier, darunter Grünspecht und Grauspecht, die Höhlen zimmern, in die später andere Vögel, aber auch Fledermäuse, Siebenschläfer oder Hornissen einziehen.

Auf einer **Obstartenwiese** (N8) wachsen Bäume, die früher für die Selbstversorgung charakteristisch waren, in erster Linie natürlich Äpfel, aber auch Birnen, Zwetschgen, Walnüsse, Kirschen, Mirabellen und Quitten. Auf der linken Seite zeigt ein wildes Weidengrundstück, wie es hier einst vielerorts aussah: Schilfflächen, Feuchtwiesen und Weidenwäldchen. Wir biegen rechts

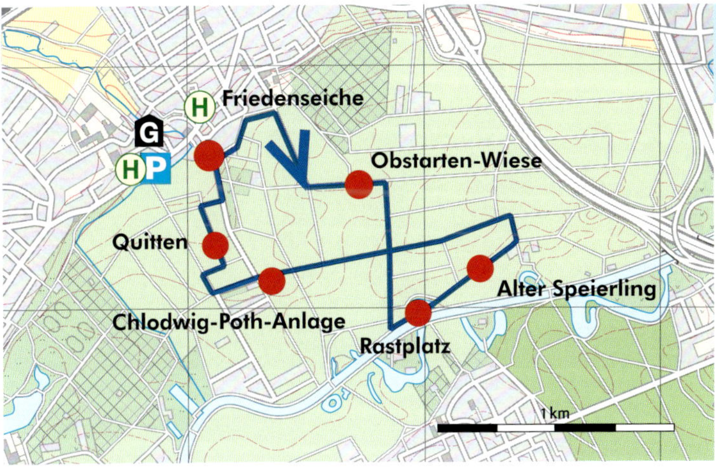

ab und gehen zwischen weiten Feldern weiter. An einem ehemaligen **Baumacker** stellen wir uns vor, wie früher in zwei Etagen gewirtschaftet wurde: Unter den Bäumen befand sich statt einer Wiese ein Acker, auf dem Getreide, Kartoffeln und anderes Gemüse angebaut wurde. Weiter nach links, vorbei an einem Ergebnis landschaftsplanerischen Mühens: einer Baumreihe von 23 Speierlingen. Mit ihrer Pflanzung soll die Speierling-Tradition im Unterfeld fortgeführt werden.

Die richtige Streuobstpflege ist für einen nachhaltigen Ertrag unabdingbar. Zu sehen sind zwei direkt benachbarte Obstwiesen (N9), wie sie unterschiedlicher nicht sein könnten: Die große Plantage aus Birnenhalbstämmen ist durch fehlende Wiesenmahd von wuchernden Wildgehölzen durchsetzt. Wiesenblumen und mit ihnen die auf sie spezialisierten Tiere verschwinden. Durch fehlenden Schnitt **verwildern** die Bäume, der Ertrag geht zurück. Anders sieht es in der angrenzenden Obstwiese aus, deren Bäume jährlich beschnitten und deren Wiese regelmäßig gemäht werden. Die Bäume bleiben vital und liefern jährlich Obst von guter Qualität.

Wir biegen zweimal nach rechts und sehen bald links einen schön gewachsenen, alten **Speierlingbaum** (N9). Seine Früchte sind willkommene Zutat für den Apfelwein. Wir gelangen an einen Rastplatz an der Nidda. Dann spazieren wir weiter, biegen rechts ab, gehen durch Felder und treffen erneut die Speierlingreihe. Dort wieder ab nach links, vorbei an einer alten Obstplantage, deren Früchte früher am Höchster Markt verkauft wurden. An der Chlodwig-Poth-Anlage (N8) können wir uns an Zeichnungen des Karikaturisten erfreuen. Weiter geht es zweimal nach rechts, einmal nach links zu einer Wiese mit zwei Quittenbäumen. Die Quitte gehört mit Apfel und Birne zu den ältesten kultivierten Obstarten. Ab hier passieren wir immer mehr Gärten, die Vorboten von Sossenheim und dem Ende der Tour.

Rainer Zimmermann

Im Sommer lockt eine Bar mit Liegestühlen.

Das Höchster Mainufer

Schon hinter Griesheim versteckte Sandbuchten, wo man Muscheln sammeln kann, wie am Meer. Noch maritimer wird's in Höchst mit Möwen und Schiffen an der Uferpromenade.

Main und Nidda prallen sanft aufeinander, lange schon. Aus einem Inselchen in der Flussmündung wurde die spätere Halbinsel Wörthspitze, aus dem darüber gelegenen Dörfchen die Stadt Höchst. Einen Flusshafen gab es mindestens seit den Römern; während der Industrialisierung wurden Ende des 19. Jahrhunderts Werft- und Krananlagen ausgebaut und in den 1980ern wieder stillgelegt. Zeitgenössische Ausflügler überqueren (oder betrachten) zunächst die **Seufzerbrücke** im Osten des Höchster Mainufers.

Dort beginnt die 2006 neu gestaltete Promenade, am barocken **Bolongarogarten** (dem ältesten Park Frankfurts von 1783) und seinem weiß-roten Palast – in dessen prächtigem Gartenpavillon sich das Höchster Standesamt befindet. Gegenüber den Rosenbeeten mit ihren Konfettiresten tummeln sich Picknicker und Angler auf der Baumwiese der Wörthspitze. In der Niddamündung dazwischen ankern zwei Hausboote mit Storchennest und Piratenflagge. Ein Hafenkran von 1870, von Hand gekurbelt zum Ent- und Beladen, ist als Denkmal erhalten. Ein paar Schritte weiter thront über türbesetzten Mauern eine Villa mit rundlichen Zwillingstürmen, mit denen sie wie eine riesige graue Schnecke wirkt.

Jetzt entdeckt man das Restaurantschiff mit der Ponton-Terrasse zum Main, zu Lastkähnen und Paddelbooten. Wer widerstehen will, wird von einem flachen Amphitheater gelockt, Sitzstufen als Teil der **Fähranlegestelle** wie auch das Fischerboot mit Eichenbäumchen, die gemeinsam in die Pflasterung versinken. Der Fähre (für

Bolongarogarten

Räder, Radfahrer und Fußgänger) kann man auf ihrem seit 1623 dokumentierten Weg zwischen Schwanheim und Höchst hin und zurück zuschauen. Kinder nutzen die Chance, zu einem der Spielplätze am Mainufer zu rennen, zu den hölzernen Ritterburgen und futuristischen Metallröhrenrutschen. Schlendernde Erwachsene erkunden die Stadtmauer hinter Wegen und Liegewiesenstreifen, die mit Pforten, Inschriften und den historischen Höchster Häusern bestückt ist. Von oben herab grüßt hier neben dem Schloss die Justinuskirche von 850, eine der ältesten Kirchen Deutschlands und die älteste Frankfurts. Also durch das sandsteinrote **Maintor** hindurch und über Kopfsteinpflaster hinauf zum gemütlichen Schlossplatz. Oder am Ufer bleiben, auch Batterie genannt, den Ochsenturm umrunden und in den Brüningpark: grüne Rasenwellen hin zum Fluss.
Der vor der Verschrottung gerettete große Schiffskran aus den 1950ern markiert schließlich das Kaiende an der Leunabrücke. Davor noch der Sommergarten an der **Alten Schiffsmeldestelle**. Liegestühle drängen sich um die Ausschankwagen und direkt an den Main, geschützt von den Hafenkranschienen. Bis in die Nacht trinken, futtern, feiern, in den Sternenhimmel und das ruhige dunkle Wasser starren, den rosa leuchtenden „Ginnheimer Spargel" in der Ferne kontemplieren – und sich an Brezeln freuen, die hier mit Seepferdspießchen garniert werden.

Jutta Vahrson

Höchster Mainufer

Lage: Höchster Mainufer zwischen Bolongaropalast (P7) und Leunabrücke (P6)
Besonderheiten: Personenfähre von Schwanheim nach Höchst (Fußgänger und Fahrräder): Mittwochs kein Fährbetrieb (Mai-Sept.: Maintouren)
Mo, Di, Do, Fr: 9–17 Uhr (März–Okt bis 18 Uhr), Sa: 9–14 Uhr (März + Okt bis 16 Uhr, April–Sept bis 18 Uhr), So und Feiertage: 11–16 Uhr (März + Okt bis 17 Uhr, April bis September 10–19 Uhr)
Der Fahrplan wechselt mit der Zeitumstellung. Auskunft Tel.: 069 303486 und www.facebook.com/Höchster-Mainfähre-Walter-Kolb.
Gastronomie: Hotelschiff Schlott
Café-Restaurant, Batterie, Mainufer Höchst
65929 Frankfurt-Höchst, Tel.: 069 30067680, www.hotelschiffschlott.de
Öffnungszeiten: Di–So ab 11.30 Uhr, Mo Ruhetag (außer an Feiertagen)
Alte Schiffsmeldestelle Höchst
Batterie, Mainufer Höchst
65929 Frankfurt-Höchst, Tel.: 069 30088444, www.schiffsmeldestelle.de
Öffnungszeiten: April–Oktober (bei schönem Wetter) täglich 11–24 Uhr
Anreise ÖPNV: Straßenbahn 11 oder Busse 50, 51, 55, 59 bis Haltestelle „Bolongaropalast"; Regionalbahn 10, 12 oder S1, S2 bis „Bahnhof Höchst", von da zu Fuß 10 Min. über Justinuskirchstraße, Bolongarostraße und Amtsgasse
Parken: Parkplätze an der Batterie, Höchster Mainufer

Hirsche, Wind und Feuerwerk

Blick von der Goetheruh

Im Winter werden Dinge sichtbar, die sonst hinter dichtem Laub verborgen sind. Von der Goetheruh kann man dann den Dom sehen – zu Goethes Zeiten noch Frankfurts höchster Turm! Zum Sitzen liegt eine Säule des Künstlers Ian Hamilton Finlay bereit.

Lage: Sachsenhäuser Landwehrweg (Q18), siehe Seite 94

Wintergäste im Enkheimer Ried

Wenn es kalt wird, wollen viele Menschen in den Süden fliegen. Für manche Vögel ist Frankfurt schon südlich genug. Im Enkheimer Ried sind vom Aussichtshügel dann unter anderem Krick- und Knäckenten zu beobachten.

Lage: Enkheimer Ried (J22). Weitere gute Beobachtungsorte: Alter Flugplatz (F14), Mainufer bei Höchst (P6), Fechenheim (O21), Staustufe Griesheim (Q10)

Auf Skiern durch den Volkspark Niddatal

Der naturnahe Volkspark ist mit seinen verschlungenen Wegen das ganze Jahr bei Sportlern beliebt. Doch wenn Schnee liegt, ist hier Raum für eine ungewöhnliche Stadt-Aktivität: das Skilanglaufen.

Lage: Zwischen Ginnheim und Praunheim (K12), siehe Seite 192

Grillplätze

Gerade im Winter tun Wärme und Licht so richtig gut. Wer ein originelles Fest mit Lagerfeuer feiern will, kann dies auf einem der vielen Grillplätze tun (die hat man meist für sich allein). Fest installierte Grillanlagen stehen in den Waldspielparks.

Lage: Waldspielpark Schwanheim (R8), Waldspielpark Scheerwald (Q19), Waldspielpark Heinrich-Kraft (L22). Hier müssen Grillgeräte mitgebracht werden: Lohrpark (J19), Nordpark (F15), Rebstockpark (O11), Ostpark (N19), Praunheimer Hohl (K11), Hadrianstraße (J13), siehe Seite 186

Auf dem Gisisberg

Manch einer liebt es kalt und windig. Der Gisisberg, Frankfurts windige Höhe, ist nur etwas für Wetterfeste. An klaren Tagen ist der Blick in die Wetterau toll. Und wer im Winter Licht tanken will, ist hier genau richtig.

Lage: Bergen, zwischen B521 und Stadtgrenze (H22), siehe Seite 144

Schlittschuhlaufen am Jacobiweiher

Ein klassisches Frankfurter Wintervergnügen ist das Schlittschuhlaufen auf dem Jacobiweiher. Natürlich nur, wenn die Eisschicht zum Betreten freigegeben ist!

Lage: Oberschweinstiegschneise (S16). Weitere Weiher: Ostpark (N19), Rebstock (O11)

Kelsterbacher Terrasse

Der eiszeitliche Main bildete diesen schroffen Abhang, der uns heute Blicke in die Wipfel der Kiefern ermöglicht. Die Grenzschneise führt direkt an der Kelsterbacher Terrasse entlang.

Lage: Grenzschneise (S9–19), siehe Seite 38

Waldspielpark Louisa

Noch ein Blick lohnt sich: der vom Waldspielpark Louisa auf die Pferdeskulptur „Eclipse" im zweiten Park der Bethmanns, der bis auf diese Bronzefigur fast vergessen und zugewachsen ist. Im Boden eingelassen sind die Umrisse des ehemaligen Lusthauses.

Lage: Waldspielpark Louisa (Q15), Mörfelder Landstraße, siehe Seite 44

Silvester am Lohrberg

Natürlich ist der Lohrpark das ganze Jahr einen Besuch wert. Doch zu Silvester herrscht hier eine besonders ausgelassene Stimmung, wenn halb Frankfurt den Blick auf das große Feuerwerk über der Skyline genießt.

Lage: Berger Weg (J19), siehe Seite 152

Rodelspaß

Schlittenfahren gehört nicht nur für Kinder zu einem perfekten Winter. An steilen Hängen ist das Vergnügen besonders groß!

Lage: Frankfurter Rodelhänge: Rodelschneise (S8), Lohrpark (J19), Müll-Deponie (G13), Bornheimer Hang (M19)

Kultur

Geschichte, Kunst und Bürgersinn

Brentanopark

Sichtbare Geschichte: Im 19. Jahrhundert gestalteten die Brentanos ihren Landschaftspark, im 20. Jahrhundert wurde unter Ernst May ein Teil im Stil des Neuen Frankfurt umgestaltet. Ein Kleinod ist das Petrihäuschen am Wehr neben dem Park.

Lage: Auf der Insel (M11), siehe Seite 202

Grüne-Soße-Denkmal

Einmalig in ganz Deutschland: das Denkmal für ein Nationalgericht. Grüne Soße ist beliebt, und die sieben Kräuter werden überwiegend im GrünGürtel angebaut. Bringen Sie die Kräuter mit und vergleichen Sie die Farben mit denen der grünen Gewächshäuser!

Lage: Oberrad, nahe der Speckgasse (P19), siehe Seite 92

Jüdischer Friedhof

Ein kleiner jüdischer Friedhof mitten auf dem Berger Rücken. Trotz Straßennähe und Stromleitungen ein Ort der Ruhe, angelegt in den 1920er Jahren, als der ältere jüdische Friedhof in Bergen zu eng wurde.

Lage: Bad Vilbeler Landstraße (H20), siehe Seite 146

Schießwälle am Tiroler Weiher

Der romantische Weiher ist kaum bekannt. Einst übten nicht nur bürgerliche Schützenvereine, sondern auch Bundestruppen hier das Schießen. Historisch sind die steilen Schießwälle neben dem Hotel, neu die GrünGürtel-Tiere am Weiher.

Lage: Hinter dem Hotel an der Isenburger Schneise (S14), siehe Seite 43

Justinuskirche am Höchster Mainufer

Ein Geheimtipp direkt neben dem GrünGürtel ist Frankfurts älteste Kirche, die Justinuskirche aus dem Jahr 850, mit ihrem versteckten Garten auf der hohen Stadtmauer von Höchst. Außerdem höchst historisch: Schloss, Altstadt und Bolongaropalast.

Lage: Höchster Mainufer und Altstadt (P6), siehe Seite 216

Grüne-Soße-Denk,mal

Top Tipps

Bolongarogarten

Frankfurts ältester Garten! Er wurde noch im Stil des Barock angelegt. Klein, aber mit allen wichtigen Elementen: Parterres, Schnitthecken, Figuren und natürlich einem Teich mit Fontäne.

Lage: Höchster Mainufer (P6), siehe Seite 216

Struwwelpeter und seine Freunde

Der Frankfurter Nervenarzt Heinrich Hoffmann erfand den Struwwelpeter für seinen kranken Sohn. F.K. Waechter schuf ein Jahrhundert später einen Antistruwwelpeter und verwandelte ihn zu komischer Baumkunst. Weitere Werke entlang des GrünGürtel-Rundwanderwegs.

Lage: Dietzelschneise (R7), siehe Seite 188 und Seite 57

Elfmeterpunkt

Ihn gibt es nicht nur vor jedem Fußballtor, sondern auch hoch oben in der Luft: im Kunstwerk von F.W. Bernstein und Henner Drescher. Komische Kunst, bei der die ganze Welt sich um den Fußball dreht.

Lage: Große Wiese im Ostpark (N19)

Historischer Lehrpfad Schwanheim

Älter geht es nicht: bronzezeitliche Hügelgräber, Reste einer römischen Villa und mittelalterliche Eichen, um nur drei von den vielen Stationen auf dem elf Kilometer langen Rundweg zu nennen. Eine Broschüre gibt es beim StadtForst.

Start: Parkplatz vor dem Waldspielpark Schwanheim (R8), Schwanheimer Bahnstraße

Bürgerwiese

Zarte Spitze und prachtvolle Hüte trugen die Frauen, weißen Nobelzwirn die Herren, wenn sie sich im 19. Jahrhundert zur Sommerfrische in die „Holzecke", Fankfurts ersten Waldpark, begaben. Auf der Bürgerwiese ist heute noch der Glanz zu erahnen.

Lage: Zwischen Kennedyallee und Mörfelder Landstraße (Q14), siehe Seite 44

GrünGürtel

Ein Ausblick

Der GrünGürtel ist ein Mosaik aus Wäldern, Wiesen und Feldern, aus Sportanlagen, Straßen und Picknickplätzen, aus Wildnissen, Gärten und Naturschutzgebieten.

Der Frankfurter GrünGürtel – die nächste Generation

Fast am Ende des Buches angelangt, haben wir einiges über den GrünGürtel erfahren oder ihn selbst erkundet. Aus Wiesen, Wäldern und Feldern wurden – denn man sieht nur, was man weiß – Streuobstwiesen, Buchenhaine und Kräuterbeete. Dazu gesellten sich Gärten, Orchideenwiesen und wilde Orte. Der GrünGürtel ist – auch in unserem Bewusstsein – zu einer **bunten Patchwork-Landschaft** geworden, die wir zu lesen gelernt haben.
8000 Hektar GrünGürtel: Das entspricht einer großen Zahl von Grundstücken. Auch wenn mehr als zwei Drittel der GrünGürtel-Parzellen zum Eigentum der Stadt gehören, so sind doch viele davon verpachtet an Vereine, Organisationen, Landwirte und Hobbygärtnerinnen. All diese Menschen geben dem GrünGürtel **ein vielfältiges Gesicht**, ebenso wie all diejenigen, die in ihm Erholung suchen.

Im Jahr 2016 ist der GrünGürtel gerade einmal fünfundzwanzig Jahre alt. Wie wird er wohl in weiteren fünfundzwanzig Jahren aussehen, **im Jahr 2041**? Sicherlich hat er sich weiter verändert. Hoffentlich können die immer wieder aufkommenden Wünsche nach Bauvorhaben abgewehrt werden – mit Hilfe von engagierten Bürgerinnen und Bürgern stehen die Chancen gut! Und hoffentlich wird er, ebenso wie einst die Wallanlagen, weiter wachsen. Allerdings nicht, indem er an Breite gewinnt, wie die Anlagen es taten, sondern indem grüne Verbindungen in die Stadt hinein und in die Region hinaus gelegt werden. Denn nur so wird er auch künftig, in Zeiten des Klimawandels, für eine Belüftung der inneren Stadt sorgen können. Statt Autobahn-Zubringern könnten eines Tages GrünGürtel-Zubringer für Radfahrerinnen und Fußgänger entstehen! Busse

und Bahnen würden an Wochenenden im dichten Takt den grünen Freiraum ansteuern. Und in 200 Jahren, **im Jahr 2216**? Das werden unsere Nachfahren entscheiden und gestalten müssen. Vielleicht werden neue Trendsportarten praktiziert, aber gewandert und mit dem Rad gefahren wird wohl immer noch – vermutlich in Funktionsbekleidung, die aus heutiger Sicht ziemlich futuristisch wirkt.
Doch wir können heute schon den GrünGürtel erkunden, durch feuchte Bachauen, trockene Dünen und alte Eichenwälder streifen. Und können manchmal noch ein paar Schritte weiter gehen, mal den empfohlenen Weg verlassen, der **eigenen Neugier** folgen und dabei – wer weiß? – ungeahnte Entdeckungen machen.

Ingrid Wentzell

Die Chronologie des Frankfurter GrünGürtels

1990/91	Erste Ideen unter Stadtrat Ernst May, in den 1970er Jahren von Till Behrens aufgegriffen
14.11.1991	Projektjahr unter Umweltdezernent Tom Koenigs. Stadtparlament beschließt einstimmig GrünGürtel-Verfassung.
1992	GrünGürtel Radrundweg, 1. Auflage der GrünGürtel-Freizeitkarte
1993–1996	GrünGürtel GmbH: Buch „Kreuz und Quer durch den GrünGürtel" sowie Projekte mit Kindern, Künstlern und GrünGürtel-Anwohnern
1995	Der GrünGürtel wird Landschaftschutzgebiet.
seit 1997	Projektgruppe GrünGürtel (Team aus Umweltamt, Grünflächenam inkl. StadtForst, Stadtplanungsamt): Broschüren, Internetauftritt, GrünGürtel-Stelen, Wanderwege, GrünGürtel-Rundwanderweg, Komische Kunst, Kunst- und Naturschutzprojekte wie Grüne-Soße-Denkmal und Alter Flugplatz, Bildungsprogramm für Kinder und Jugendliche (mit Stadtschulamt)

Radfahren

Hinfort aus der übervollen City, hinein in den GrünGürtel! Dahin, wo ausgebaute Radpfade zum Geschwindigkeitsrausch locken, wo die Weite wieder spürbar wird, der Lärm verebbt, wo Alltagssorgen von der Radfahrerin Schultern rutschen und am Wegesrand zurückbleiben. Sich bewegen können! Freiheit in der Freizeit erleben! Das sind Vorsätze und Sehnsüchte, für die Radfahrer ihren **Expeditionswillen** aktivieren sollten: Abenteuerlichkeiten sind Bestandteil selbst der kartierten und gezähmten Frankfurter Natur.

Manche Gegenden liegen trotz Skylineblick so isoliert, dass die dort ansässigen Schmetterlinge erst in allerletzter Sekunde ausweichen, ein sonst nur von Innenstadttauben bekanntes Phänomen. Weitere Kontakte mit insektoiden Mitbürgern sind möglich, zum Beispiel mit Mückenschwärmen. In Kombination mit gemütlich im Weg schnüffelnden Hunden ergeben sich so vielfältige **Bewährungsproben** unter freiem Himmel. Vom Bewegungsdrang in einer spätherbstlichen Raureifnacht verführt (oder von einer verpassten S-Bahn), kann man sich nicht nur mit holperigem Wurzelwerk und wilden Schlaglöchern auseinandersetzen, sondern auch mit merkwürdig dunklen Bommeln auf den weißen Äckern am Waldrand – die sich dann als Großfamilie aus **Wildschweinen** erweisen, von denen nicht alle, nicht immer, in die Gegenrichtung davonstürmen werden; ein Anreiz für Fahrradrekorde im Grün-Gürtel. Dagegen bieten wollhelle Hubbel in der hochsommerlichen

Wiesenlandschaft einen friedlichen, still vor sich hin kauenden Kontext: Schafe. Doch sollte man nicht nur der Fauna die Verantwortung fürs Abenteuer direkt vor der Mainmetropole zuschreiben; auch die grünende, blühende, fruchtende oder kahle Flora bietet Radler wie Radlerin unverhoffte Erlebnisse. **Brombeerranken**, die im strampelnden Nahkampf Hemd und Haut zerfetzen können; allergisch juckende Pflanzensamen auf den von Stengeln rosa gepeitschten Waden. Bei Gewitterstürmen mag man sich der Herausforderung herabfallender Walnusszweige oder Streuobstwiesenbirnen stellen. Generell können Wind, Hitze, Pfützen, Regengüsse und Schneeflocken auf den Zweiradnutzer einprasseln, überall, auf den glatt geteerten Radwegen oder in der Not befahrenen Bürgersteigen, auf bauernbrotbreiten Lehmstrecken durchs Ackerland oder jenen fast unsichtbar zugewucherten Feldpfaden. Das sind aufregende Transportwege, die Verheißungen urbaner Wildnis. So wird die Stadt Frankfurt eines Tages vielleicht **We did it!**-T-Shirts als Souvenirs anbieten, für heimgekehrte GrünGürtel-Radler. Und solche, die es werden wollen.

Jutta Vahrson

Das Fahrrad

Das Urfahrrad war die zweirädrige Holz-Draisine des Karl von Drais, 1817. Sein Prinzip der pedalfreien ‚Laufmaschine' – das erste mechanische Individualverkehrsmittel – ist heute bei Kleinkindern wieder beliebt. Bei der letzten Erhebung im Jahr 2013 gab es in der Mainmetropole noch 314 929 Pkws, aber einen Radverkehrsanteil von 13 Prozent. Dabei besitzen sogar 82 Prozent der Frankfurter einen Drahtesel und nur 47 Prozent ein Auto: Versprechen von Luft und Stille für die Zukunft.

Tour

Der GrünGürtel-Radrundweg

Den grünblauen Schildern folgen, dabei die Räder rollen lassen und Frankfurt von allen Seiten betrachten.

TourInfo

Länge: 64 km
Start und Ziel: (P6) Fähranleger am Höchster Mainufer
Landschaft: Abwechslungsreich, Niddaufer, Hügel, Felder, Wälder, Gärten und die Mainauen
Weg: Im Niddatal flache, durchgängig geteerte Wege, am Berger Rücken mehrere zum Teil steile Anstiege, kurze Abschnitte auf Schotter- oder Feldwegen, um Bergen drei gefährliche ungesicherte Straßenquerungen, im Stadtwald befestigte Waldwege
Broschüre: GrünGürtel-Freizeitkarte, 1:25.000 (Umweltamt)
Gastronomie:
Tower-Café am Alten Flugplatz, siehe S. 181
Bistro im MainÄppelHaus, siehe S. 115
Café Goetheruh,siehe S. 91

Anreise ÖPNV: S1, S2 bis „Bahnhof Höchst", von dort durch die Antoniterstraße zum Marktplatz und durch die Altstadt am Schlossplatz vorbei zum Mainufer
Fährzeiten Höchst-Schwanheim: Mittwochs kein Fährbetrieb (Mai–Sept.: Maintouren)
Mo, Di, Do, Fr: 9–17 Uhr (März–Okt bis 18 Uhr), Sa: 9–14 Uhr (März + Okt bis 16 Uhr, April–Sept bis 18 Uhr)
So, Feiertag: 11–16 Uhr (März + Okt bis 17 Uhr, April bis September 10–19 Uhr)
Der Fahrplan wechselt mit der Zeitumstellung. Auskunft unter Tel: 069 303486 und www.facebook.com/Höchster-Mainfähre-Walter-Kolb.
Außerhalb der Fährzeiten bitte die Leunabrücke benutzen (400 m).

Vom Höchster Mainufer aus im Uhrzeigersinn einmal rund um Frankfurt. Sportlich Ambitionierte schaffen das unter vier Stunden, andere bewältigen ihn gemütlicher in mehreren Etappen. Der GrünGürtel-Radweg bietet auf etwa 64 Kilometern Strecke eine abwechslungsreiche Tour durch die verschiedensten Landschaften, von grünen Auen über weite Felder bis in dichte Wälder.

Samstagmorgens, wenn andere noch beim Frühstück sitzen und bald mit dem Wochenputz oder Großeinkauf starten, ist die beste Zeit. Wir nutzen die Gunst der Stunde, um die ersten zwanzig Kilometer durchs Niddatal zurückzulegen, bevor sich weitere Radfahrer, spazierende Familien und Hundebesitzer aufmachen. Im Auge behalten sollte man auch die Heimspieltage der Eintracht, damit man am Nachmittag nicht am Waldstadion ausgebremst wird (in der Regel jeden zweiten Samstag vor Anpfiff um 15.30 Uhr).

Niddatal

Noch ist es ruhig, allenfalls die Fähre tuckert bei ihrer ersten Fahrt über den Main. Die kleinen grün-blauen Wegweiser mit dem weißen Rad immer fest im Blick, fahren wir am Ufer entlang nach Osten. Unterhalb des Bolongaropalastes, dessen Garten noch im morgendlichen Dornröschenschlaf ruht, erreichen wir die Nidda. Gleich geht es über die Fußgängerbrücke hinüber zur **Wörthspitze**. Vorbei an den weiten Liegewiesen kommen wir bald an den **Gernhardt-Eschen** (P7) vorbei. Am Niddaufer nehmen wir richtig Fahrt auf, doch bei der alten Nieder Brücke heißt es: Achtung, Kopf einziehen! Hinter den beiden Eisenbahnbrücken weitet sich der Blick – nach rechts über Wiesen bis zur Frankfurter Skyline, nach links über das Sossenheimer Unterfeld bis zu den Taunushöhen. Die Nidda ist jetzt ein schnurgerader Kanal, an dem wir mehrere Altarme und den **Niedwald**

An der Nidda entlang

unter dem Preungesheimer Knoten

über die Friedberger Landstraße

(O9/19) passieren, bis sich die Brücken und Auffahrrampen des Westkreuzes über uns wölben.

Nach der letzten Autobahnunterführung verlassen wir das Niddaufer und biegen nach rechts in eine Grünanlage. Unter einer Eisenbahnbrücke hindurch, den Wegweiser nach links beachtend, befinden wir uns nach kurzem Auf und Ab am Biegwald, einem kleinen Auwaldrest. Als Nächstes erreichen wir die **Sternbrücke** (M11) in Rödelheim, die sich seit 1807 über eine ehemalige Flutmulde der Nidda spannt. Weiter geht die Fahrt zum Sportstadion am Brentanopark, wo die Damen des FFC Frankfurt spielen. Wir überqueren die Ludwig-Landmann-Straße und rollen unter großen Walnussbäumen entlang der Backsteinmauer am Industriehof. Unter der Breitenbachbrücke dürfen wir nicht die Orientierung verlieren. Es geht eine kleine Böschung abwärts und zwischen Kleingartenkolonien und Bahnlinie weiter in den **Volkspark Niddatal.** Nur noch einige verschlungene Wege und ein paar Sandsteinpavillons erinnern an die umstrittene Bundesgartenschau von 1989. An der Brauerei „Wäldches" ist es noch zu früh für eine Pause, so fahren wir weiter nach Eschersheim, vorbei an Kleingärten, Kräuterfeldern und Gärtnereien.

Auf der alten Straßenbrücke queren wir die Nidda, der wir zum Eschersheimer Freibad folgen. Die Bebauung tritt jetzt zurück,. und es öffnet sich – nur unterbrochen von der Autobahn – eine weite Landschaft mit Wiesen und Feldern. Schon bald kommt der **Alte Flugplatz** (F14) am anderen Niddaufer mit seinen Hangars und dem Tower-Café in den Blick. Hier besteht die Möglichkeit zu einer kurzen Verschnaufpause vor der anstehenden Bergetappe. Ansonsten radeln wir auf dem gut ausgebauten Niddauferweg schnell weiter, vorbei am Steilhang des Ulmenrücks, einem harten Basaltriegel, der der Nidda den scharfen Knick am **Berkersheimer Bogen** (G16) aufzwingt.

am Berger Nordhang entlang

zum Entrée der Hohen Straße

Berger Rücken

Wir verlassen an einer mächtigen Pappel die Nidda und wenden uns hinauf nach Berkersheim. Nun heißt es den Berggang einzulegen. Steil geht es bergauf durch die Dorfgassen bis zum oberen Ortsrand. Zwischen Obstwiesen und Bebauung rollen wir danach entspannt auf einer ehemaligen Straßenbahntrasse nach Preungesheim. Dort geht es stetig ansteigend zum Neubaugebiet „Frankfurter Bogen" und nach der Autobahnunterführung rechts auf einem Schotterweg bis zur großen Wiesenfläche mit alten Apfel-, Birnen- und Kirschbäumen. Der Wegweiser führt uns nun auf einen schmalen Wiesenpfad. Wir folgen ihm und gelangen vorbei an verwunschenen Betonruinen einer ehemaligen Sendeanlage zur Hügelkuppe des **Heiligenstocks** (J18). Bald umtost uns jedoch wieder der Verkehrslärm, diesmal an der Friedberger Landstraße, wo gleich neben dem Alten Zollhaus der für das Gebiet namensgebende Heiligenstock steht. Nachdem wir das Rad über die Fußgängerbrücke geschoben haben, können wir anschließend auf fast ebener Strecke wieder etwas Tempo machen. Spätestens am **Lohrpark** (J19) ist es Zeit für eine Rast. Im Bistro des MainÄppel-Hauses sitzt es sich gemütlich über den Dächern Frankfurts.

Aber nicht zu sehr ausruhen, noch mehr als die Hälfte des Weges liegt vor uns! Auf dem Klingenweg gelangen wir schnell nach Bergen, vorbei an Villen und Einfamilienhäusern bis zur Kreuzung an der Vilbeler Landstraße. Hier heißt es den Verkehr im Auge zu behalten. Hinein in die Marktstraße und den „Landgraben" hinauf, auf den Kamm des Berger Rückens, wo wir uns wieder zwischen Feldern und Obstwiesen befinden. Vor uns neigt sich der Hang steil hinab zum Vilbeler Wald. Wer noch Lust und Zeit hat, kann einen Abstecher nach links zu Frankfurts höchster natürlicher Erhebung an der **Berger Warte** (H20) machen.

Berger Nordhang | Gisisberg | Berger Südhang

R Ü C K E N

vorbei am Enkheimer Ried

„Ich züchte Pflanzen für Gärten und öffentliche Grünanlagen!"

Damit öffentliche Parks und Grünanlagen – einige davon liegen im GrünGürtel – zur vollen Blüte kommen können, werden Stauden und Sträucher gepflanzt, Zwiebeln wie Osterglocken und Tulpen gesetzt und sehr viel Unkraut gejätet. Susanne Schmidt arbeitet bei einem großen privaten Gärtnerbetrieb, der für das Grünflächenamt Pflanzen züchtet und die Parks und Grünanlagen pflegt.

Ansonsten folgen wir der Beschilderung auf der Schulter des Berger Nordhangs, vorbei an alten Obstbäumen und bunt blühenden Wiesen, bis wir auf die freie Feldflur gelangen. Im Zickzack auf Wirtschaftswegen über die Kuppe des Gisisbergs, von dort bietet sich ein grandioses Panorama auf die Rhein-Main-Region. Der Weg wendet sich nun nach Süden über die B521 zum Entrée der Hohen Straße, die von hier aus auf der Höhe nach Osten zieht.

Wieder am Berger Ortsrand, überwinden wir – nicht ganz ungefährlich – die Umgehungsstraße und finden uns in einem Neubaugebiet wieder. Einige Meter weiter abwärts erreichen wir einen Aussichtspunkt mit Informationstafel zum Streuobstwiesengebiet Berger Südhang.

Jetzt zeigt sich, ob unsere Bremsen taugen, denn es geht auf einem Kiesweg siebzig Höhenmeter bis zum Rand des **Enkheimer Rieds** (J22) hinab.

am Offenbacher Mainufer

durch die Oberräder Kräuterfelder

Mainauen

Die GrünGürtel-Wegweiser führen uns zum westlichen Ende des Riedteichs. Von dem Hügel, der sich dort befindet, haben wir einen besonders guten Blick über das Naturschutzgebiet. Vor uns liegen nun der Enkheimer und der Fechenheimer Wald. Bald erreichen wir den **Heinrich-Kraft -Park** (L22), Grillduft und Kindergeschrei liegen in der Luft . Jetzt schnell über die Verbindungsbrücke zur Hanauer Landstraße und eine steile Rampe hinunter zum Mainufer radeln. Auf dem historischen Leinpfad umfängt uns bald die träge Geruhsamkeit des Flusses.

Zwischen Weidenbüschen und den Rufen des Pirols spüren wir einen Hauch von Amazonas. Auf dem gegenüberliegenden Ufer zieht die Offenbacher Mainfront mit dem roten Isenburger Schloss wie ein Film an uns vorüber, bis wir den Ruderclub Undine mit seinem charakteristischen Turm erreichen.

Nun fahren wir auf der Carl-Ulrich-Brücke über den Main. Am anderen Ufer kommen wir durch das Neubaugebiet am ehemaligen Hafen und dem Gewerbegebiet am Kaiserlei. Kurz hinter der Staustufe sind wir an der **Gerbermühle** (O19) wieder auf Frankfurter Boden. Nicht weit, und wir stehen am **ICH-Denkmal** von Hans Traxler. Schnell aufs Podest geklettert und ein Beweisfoto gemacht, und schon geht es an der Ampel auf die andere Seite der B 43 und weiter, unter den Bahngleisen hindurch, in Richtung Oberrad. Wir durchqueren die Kräuterfelder und sehen rechts noch vor dem Ortsrand die kleinen grünen Gewächshäuser des **Grüne-Soße-Denkmals** (P18).

Offenbach

Oberräder Gärtnerland

am Goetheturm vorbei

ganz, ganz lange durch den Stadtwald

Stadtwald

Nach Überquerung der Offenbacher Landstraße fahren wir den Hansenweg aufwärts bis zum Frankfurter Stadtwald. Dort führt eine kleine Holzbrücke über den Graben der ehemaligen Landwehr, dem wir bis zum **Waldspielpark Goetheturm** folgen. Je nach persönlicher Kondition können wir hier bei Kaffee und Kuchen unsere Energiespeicher auffüllen oder schnell den Goetheturm erklimmen, um einen Blick auf die zurückgelegte Strecke zu werfen. Frisch gestärkt geht es anschließend weiter kreuz und quer durch den Oberwald, bis wir urplötzlich über uns die Umrisse eines Monsterspechts entdecken. Doch keine Panik, wir stehen vor einem weiteren Beispiel der Komischen Kunst im GrünGürtel. Der Buchenhochwald umfängt uns wie eine grün schillernde, von silbern glänzenden Säulen getragenen Halle. Bald erreichen wir die Oberschweinstiege am **Jacobiweiher** (S16).

Nachdem wir die Isenburger Schneise überquert haben, befinden wir uns im Unterwald. Wir treten wieder kräftiger in die Pedale und kommen zu einem der Parkplätze des Waldstadions. Von der Brücke über die Mörfelder Landstraße aus kann man auch einen Blick auf das neue Stadion erhaschen. Doch schnell tauchen wir wieder in den Wald ein und gelangen zum Waldschadenslehrpfad an der Sperberschneise. Vom Bahnhof Stadion folgen wir der Flughafenstraße und fahren nach rechts unter den Schienen hindurch. Weiter geht es auf dem Benzengrundweg am Wasserwerk Goldstein vorbei bis kurz vor die Autobahn. Hier rollen wir den steilen Abhang der Kelsterbacher Terrasse hinab bis zur Autobahnunterführung.
Nun passieren wir den Waldfriedhof und die Försterei Goldstein und folgen der Dammschneise, bis sich der Wald lichtet und vor uns die **Schwanheimer Wiesen** (R7/8/9) liegen. Wir halten uns links und fahren am südlichen Waldrand entlang

Oberwald | Unterwald

S T A D T W A L D

und auf der Leunastraße hinunter zum Main

über die Schwanheimer Bahnstraße weiter bis zum Rastplatz am Agendawald (S8). Dort führt uns der Wegweiser hinaus auf die weitläufigen Wiesen zum **„Struwwelpeter“** (R7), der uns verschmitzt mit seinen Glupschaugen anschaut. Jetzt heißt es letzte Reserven mobilisieren, um die Brückenauffahrt über die B 40 zu bewältigen. Endspurt auf dem neu angelegten Radweg der Leunastraße. Bald erblicken wir unser Ziel, den Turm des Höchster Schlosses. Falls es noch früh genug für die Höchster Fähre ist, radeln wir weiter auf direktem Weg bis zum Fähranleger. Ansonsten nehmen wir die Leunabrücke und erreichen so den Höchster Schlossplatz. Dort können wir bei einem wohlverdienten Apfelwein die vielen Eindrücke von Frankfurts grüner Seite noch einmal Revue passieren lassen.

Jürgen Blum

„Wir schneiden die Wege frei!“

Jan Wehnert (rechts) und Frank Robst sind der „GrünGürtel-Pflege-Trupp“. In der Landschaft schneiden sie auf städtischen Flächen zugewachsene Wege wieder frei, setzen und reparieren Bänke, putzen GrünGürtel-Stelen, prüfen Wegweiser und halten den Radrundweg in Schuss.
Jan Wehnert meint: „Es macht viel Spaß im GrünGürtel unterwegs zu sein, ist aber leider auch ziemlich viel Arbeit.“
Freiwillige Helfer werden stets gesucht.

Schwanheimer Wald

Schwanheimer Unterfeld

Dünen, Wäldchen, Parkanlagen

Fechenheimer Mainbogen

Hier ist alles weit: die Felder, der Mainbogen und der Himmel darüber. Bei Hochwasser tritt der Main über seine Ufer, bei Normalwasser ist der alte Treidelpfad einen Spaziergang wert.

Lage: Fechenheim (O22), siehe Seite 122

Lohrpark

Der Grillplatz und die große Liegewiese locken immer viele Gäste an. Eine besondere Attraktion ist der Panoramablick über die Stadt von der Aussichtsbastion aus. Auch Frankfurts einziger Weinberg und das benachbarte MainÄppelHaus tragen ihren Teil zur Beliebtheit des Lohrparks bei.

Lage: Berger Weg (J19), siehe Seite 152

Schwanheimer Düne

Wo Steinkauz und Pirol, Silbergras und Bauernsenf zu Hause sind, erinnern knorrige Kiefern an ferne Meeresküsten. Die Düne ist in Frankfurt nicht nur das exotischste und beliebteste Naturschutzgebiet, sondern mit seinen fast sechzig Hektar auch das größte.

Lage: Zwischen Höchster und Kelsterbacher Weg (Q7), siehe Seite 48

Ostpark

Das ist Park pur: eine riesige Wiese zum (Fuß-)Ballspielen und Liegen, ein großer Weiher, Grillplätze, ein Kiosk und nebenan im Bürgergarten sogar ein Bach mit Blumenbeeten. Wagen Sie auch einen Besuch im Dunkeln, denn dann kommen die Fledermäuse aus den alten Bäumen geflogen.

Lage: Ostparkstraße (N19), siehe Seite 132

Goethebuche

Der Wald ist voller Bäume, doch dieser ist ein besonderer: Die hohe, einfach prächtige Buche, die in Goethes Geburtsjahr gepflanzt worden sein soll. Ein entlegenes und wenig besuchtes Picknickplätzchen im Altheeg.

Lage: Eysseneckschneise (T8), siehe Seite 70

Agendawäldchen

An diesem jungen, erst 1998 gepflanzten Wald lässt sich gut beobachten, wie ein solcher wächst. Jedes Jahr bietet er einen anderen Anblick. Ein Rastplatz lädt zum Betrachten ein. Doch aufgepasst, abends kann es schon mal zu Begegnungen mit Wildschweinen kommen.

Lage: Agendawaldschneise (R8), siehe Seite 61

Neuer Rebstockpark

Modern und stadtnah. Schnurgerade Baumreihen quer durch den Park. Beete mit bunten Stauden erstrecken sich in andere Richtungen, und – das gibt es nur hier! – Trockengrachten modellieren das Gelände.

Lage: Am Römerhof (O12), siehe Seite 203

Harheimer Ried

Frankfurts jüngstes Naturschutzgebiet liegt versteckt am Rand des GrünGürtels. In den feuchten Wiesen ist der seltene Neuntöter zu beobachten, ein Singvogel mit auffälliger schwarzer Augenmaske, der seinen Insektenvorrat gern auf Dornen aufspießt.

Lage: Riedhalsstraße (F17), siehe Seite 182

Volkspark Niddatal

Kein anderer Park in Frankfurt ist so naturnah und so groß wie dieser. Niddaufer, Ginnheimer Wäldchen, weite Wiesen mit Blick auf Taunus und Skyline zeichnen ihn aus, dazu kleine postmoderne Architekturen und eine beeindruckende Lindenallee.

Lage: Zwischen Ginnheim und Praunheim (K12), siehe Seite 192

Höchster Stadtpark

Es gibt sie noch: Teiche, in denen Modellboote auf Segeltour gehen. Daneben überzeugt der wenig bekannte Park mit schönen alten Bäumen.

Lage: Kurmainzer Straße (O7), siehe Seite 212

Kurios

Galgen, Goethe und ein GrünGürtel-Tier

Ich-Denkmal

In einer Stadt der Singles und Individualisten darf ein Denkmal für das ICH nicht fehlen. Hans Traxler hat es erdacht. Jeder kann sich auf das Sandsteinpodest stellen, sich bewundern und ablichten lassen. Komische Kunst vom Feinsten.

Lage: Am Mainufer zwischen Gerbermühle und Rudererdorf (O19), siehe Seite 95

Die dicksten Eichen

Im Schwanheimer Wald stehen viele alte Eichen (R9). Eine ist die auffälligste von allen: ein doppelstämmiger Baum, auch Zwiesel genannt, mit einem Stammumfang von 4,58 Metern, in dem der seltene Heldbockkäfer lebt. Noch dicker ist eine Eiche an der Wanzenschneise (S6) und eine im Brentanopark (nahe dem Denkmal, M11), die, mit einem Umfang von 7,20 Metern, die dickste Eiche von ganz Frankfurt ist.

In der Säulenhalle

Straßen zerschneiden den GrünGürtel, und manchmal entstehen dabei kuriose Orte: etwa die Säulenhalle unter der A 661 im Seckbacher Land (L19) oder unter der A 66 im Volkspark Niddatal (L13). Oder das verrückte Trugbild der Brückenlandschaft unter dem Westkreuz bei Sossenheim (N10), das durch die Spiegelung des nachmittäglichen Sonnenlichts an der Wasseroberfläche der Nidda entsteht.

Die Warte neben dem Galgen

Im Mittelalter wechselten die Kaufleute an der Berger Warte ihre Bodyguards (damals noch „Geleit" genannt), nicht weit entfernt stand ein Galgen für Verbrecher. Der Wartturm auf Frankfurts höchstem Punkt (212 m NN) versetzt uns, ganz ohne Aussicht, in vergangene Zeiten.

Lage: (H20), siehe Seite 153

Goetheturm

Heute ist der 43 Meter hohe Turm einer der kleineren in Frankfurt, aber da er auf dem Sachsenhäuser Berg steht, ist das 360-Grad-Panorama trotzdem einfach wunderbar: Stadtzentrum mit Hochhäusern, Taunus, Flughafen, Odenwald, Offenbach, Spessart, Lohrberg – bei guter Fernsicht.

Lage: Sachsenhäuser Landwehrweg (Q19), siehe Seite 90

Das große Fernweh

Manche Betrachter packt das Fernweh, wenn sie von der Brücke über die A 5, gerade aus dem Wald gekommen, auf das Frankfurter Kreuz und die darüber zur Landung ansetzenden Flugzeuge blicken.

Lage: Trichterfeldschneise (T10)

Das Fest im Wäldchen

Der Wäldchestag gehört zu Frankfurt genauso wie Goethe und die Hochhäuser. Seit etwa 300 Jahren wird das Pfingstfest im Wald am Oberforsthaus gefeiert – einst mit Picknickkörben und Musik, heute mit Riesenrad, Karussells und Bierzelten.

Lage: Am Oberforsthaus (R,S14), siehe Seite 42

Aussicht von der Mülldeponie

Der kleine künstliche Hügel bietet an der Nidda, wo sonst alles ganz flach ist, eine wunderbare Aussicht. Die einstige Deponie der Metallwerke ist heute abgedichtet und wird als Parkplatz genutzt.

Lage: Olof-Palme-Straße (G13)

Mörderbrunnen

An einem kleinen Brunnen im dunklen, feuchten Wald nah am Weilruhpfad soll einst eine wunderschöne Fee den Mörder ihres Geliebten grausam ermordet haben, so die Sage.

Lage: Nahe der Mörderbrunnenschneise (T17), siehe Seite 89

Frankfurter GrünGürtel-Tier

Die von Robert Gernhardt erfundene Tierart kommt nur im Frankfurter GrünGürtel vor, dort aber überall. Der Künstler selbst schuf das Exemplar aus Bronze auf der Robert-Gernhardt-Brücke am Alten Flugplatz.

Lage: Neben dem Niddauferweg bei Bonames (F14), siehe Seite 189

Regionalpark

Der GrünGürtel wächst über seine Grenzen hinaus: Grüne Wege führen in den Kern der Stadt hinein und aus dem GrünGürtel hinaus in die Region, mit der er in einem Netzwerk verbunden ist.

Hinein in die Stadt und hinaus in die Region

Die Heidi aus den Schweizer Bergen war einst sehr unglücklich in Frankfurt. Das hing sicher mit vielen Dingen zusammen, aber auch damit, dass sie die Tannen so sehr vermisste. So unglücklich hätte **Heidi** gar nicht sein müssen, denn Frankfurt hatte schon damals einen gewaltigen Wald, in dem unter anderem auch Tannen wuchsen. Wobei man es damals nicht so genau nahm und manche Kiefer als „Danne" durchging. Es hätte ihr also nur jemand den richtigen Weg weisen müssen.

Das Problem liegt auf der Hand. Wie findet man den Weg aus dem Inneren der Stadt ins Freie, also hinaus in den Stadtwald, in das Flusstal der Nidda oder in die Obsthänge des Berger Rückens? All das ist eigentlich gar **nicht weit weg** und zu Fuß, mit dem Fahrrad oder mit Bus und Bahn gut erreichbar.
Noch gibt es keine Steine wie bei **Hänsel und Gretel**, die uns in den Wald führen, noch ist das Signet des GrünGürtels nicht an den Haltestellen des öffentlichen Nahverkehrs zu finden. Es herrscht noch einiger Nachholbedarf, auf diese Weise Menschen zu verlocken, ins Grüne zu gehen und ihr Auto dafür stehenzulassen. Aber halt: Schon so manche **Spur** ist gelegt. Goethe- und Hölderlin-Bilder, jedenfalls als kleine Wandersignets, zeigen uns Fluchtwege ins Offene. Eine Safari-Route führt vom Kronberger Opelzoo zum Frankfurter Zoo. Ein weiterer Weg, ein sehr alter Handelsweg, die Hohe Straße, verläuft von Bergen-Enkheim über Hammersbach nach Büdingen, vielleicht auch einmal (wie einst) bis

Die Homburger Landstraße ist eine prächtige vierreihige Lindenallee.

Leipzig. Von Bergen-Enkheim wiederum gelangt man auf dem Jakobsweg bis zur Leonhardskirche in der City am Main. Alle diese Wege öffnen den Frankfurter GrünGürtel nach innen und außen. Dabei sollte es nicht bleiben, denn der Freiraum und seine Verbindungen sind wichtig für die Kernstadt. Nicht nur für Freizeit und Erholung, sondern zunehmend auch – überlebenswichtig – für das **Klima** in der Stadt. Frische kühle Luft muss in die Stadt hineinströmen können. Und da wird es auf Dauer nicht reichen, schmale grüne Pfade zu haben. Es müssen breite, mit Fahrradfahrern und Fußgängerinnen belebte grüne Achsen daraus werden!

Klaus Hoppe

Wege aus der Stadt hinaus

Aus Frankfurt hinaus, nach Frankfurt hinein oder hindurch führen regionale Rad- und Wanderwege genauso wie einige Fernverbindungen. Alle sind gut ausgeschildert. Vier werden in diesem Buch vorgestellt.

Wandern

Bonifatius-Route (von Mainz nach Fulda) www.bonifatius-route.de
Elisabethpfad (von Frankfurt-Sachsenhausen nach Marburg) www.elisabethpfad.de
Europäischer Fernwanderweg E1 (von Schweden nach Italien) www.era-ewv-ferp.com
Hölderlinpfad (von Bad Homburg nach Frankfurt) www.gruenguertel.de, siehe Seite 256
Hugenotten- und Waldenserpfad (von Schaffhausen nach Bad Karlshafen) www.hugenotten-waldenserpfad.de
Mühlenwanderweg (von Oberursel nach Frankfurt) www.regionalpark-rheinmain.de, siehe Seite 252

Radfahren

Hessische Apfelwein- und Obstwiesenroute (zwischen Main und Taunus) www.apfelweinroute-mtk.de
Hessischer Radfernweg R3 (vom Rhein zur Rhön) www.radroutenplaner.hessen.de
Hessischer Radfernweg R8 (vom Edertal zur Bergstraße) www.radroutenplaner.hessen.de
Hohe Straße (von Frankfurt nach Büdingen) www.regionalpark-rheinmain.de, siehe Seite 260
Mainradweg www.mainradweg.com
Regionalpark Niddaroute (von der Quelle zur Mündung) www.niddaroute.de
Safari-Route (von Frankfurt-Nied nach Kronberg) www.regionalpark-rheinmain.de, siehe Seite 248

Der Regionalpark RheinMain

Mit über 3,7 Millionen. Einwohnern besitzt der **Ballungsraum** Frankfurt/Rhein-Main zwischen der Vielzahl von Städten und Gemeinden noch große „regionale Grünzüge". Ein Wert, um den uns andere Metropolregionen beneiden, denn hier reichen Felder, Wiesen und Wälder bis weit in die Kernregion um Frankfurt hinein und bieten den Menschen, die hier leben, ein Erholungsangebot direkt vor der Haustür.

Der Regionalpark RheinMain hat einen ganz eigenen Charakter. Er schließt Städte und Flughafen mit ein. Seine Routen führen nicht nur durch reizvolle Kulturlandschaften, sondern kreuzen sich auch mit Autobahnen und Schienen. Im **Kontrast von Stadt und Natur** ergibt sich ein vielfältiges Landschaftsmosaik. Spannend wird es gerade an den Schwellen, wo Gewerbegebiet auf Streuobstwiese trifft, Kleingartenanlage auf Bikerparcours. Gehen Sie auf Entdeckungstour: Sehen Sie, wie am Ende einer Waldschneise der Commerzbank-Tower grüßt oder hören Sie nach dem Durchrauschen eines ICE den Specht klopfen. Der Regionalpark ist ein Raum für wache Sinne.

Es gibt viele Wege, den Regionalpark zu erkunden: **550 Kilometer Routen** zum Wandern und Radfahren, die **Regionalpark-Portale** in den Weilbacher Kiesgruben in Flörsheim und im Wetterpark in Offenbach, die landwirtschaftlichen **Hofstationen** und den **Regionalpark-Sommer**. Mit der Regionalpark-App und kostenlosen Freizeitkarten finden

Regionalpark-Portal Weilbacher Kiesgruben

Sie gut ans Ziel und nach der Einkehr im Landgasthof auch wieder gut nach Hause. Wenn die Beine mal müde sind, ist es nie weit zur nächsten S-Bahn.

An der Regionalpark **Niddaroute** oder entlang des Leinpfades am Rhein ist man den Flüssen nahe. In einer alten Kulturlandschaft finden sich auch immer interessante Spuren der Geschichte. So kann man den Römern auf der Regionalpark **Limesroute** oder mittelalterlichen Kaufleuten auf der **Hohen Straße** folgen. Ist man mit Kindern unterwegs, lädt die Route „**Von Zoo zu Zoo**" mit ihren kuriosen Schildern zur Safari ein. Der Regionalpark überwindet Gemeindegrenzen und verbindet über besonders gestaltete Routen den Frankfurter GrünGürtel mit den Wegenetzen und Sehenswürdigkeiten vieler Kommunen.

Die Kontraste der Stadtlandschaft entdecken Sie am besten auf der **Regionalpark-Rundroute**: Sie führt in einem 190 Kilometer weiten Bogen durch das Herz des Rhein-Main-Gebiets, verbindet Auen, Felder und Wälder mit Zeugnissen der Industriekultur und überraschenden Perspektiven auf die Frankfurter Skyline. Unterwegs finden Sie kleine und große Attraktionen, Hofläden und Aussichtspunkte. Folgen Sie einfach den Kilometermarken wie an schiffbaren Flüssen. Und entspannen Sie auf einem Regionalpark-Sitzkiesel.

Viele Möglichkeiten also, den Regionalpark zu erleben.

Gerhild Kunz

Tipp

Hilfreich beim Erkunden der Region sind die kostenlosen Freizeitkarten zu verschiedenen Regionalparkrouten und die Regionalpark-App. www.regionalpark-rheinmain.de

Sitzkiesel

Regionalpark RheinMain

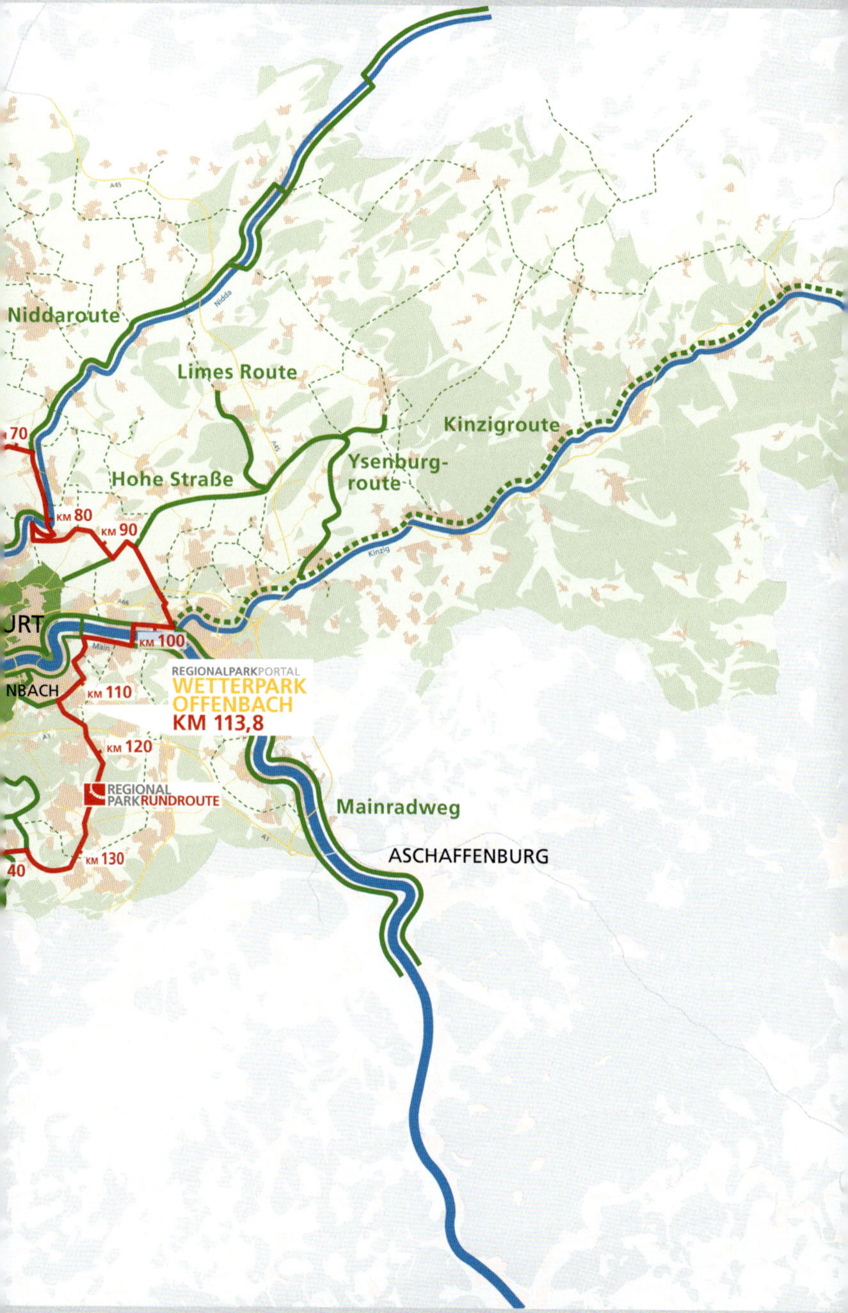

Regionalpark-Rundroute

Auf Safari zwischen Frankfurter Zoo und Opelzoo

Durch Felder, Wiesen, Bachtäler und Wälder hinauf nach Kronberg, gelockt von witzigen Schildern, die speziell Kindern Spaß machen

TourInfo

Länge: 24,8 km, mit Kindern dauert das rund sechs Stunden.
Start: Zoo Frankfurt oder Opelzoo. Die Strecke kann auch in Etappen gefahren werden.
Ziel: Opelzoo in Kronberg; www.opel-zoo.de; Öffnungszeiten: 9–17 Uhr, bei Sommerzeit bis 18 Uhr, Juni–Aug bis 19 Uhr
Zoo Frankfurt; www.zoo-frankfurt.de; Öffnungszeiten: 9-19 Uhr Sommerzeit, 9-17 Uhr Winterzeit
Landschaft: Felder, Äcker, Parks, Wälder, Bebauung, Parkanlagen
Wege: Langsamer Anstieg nach Kronberg, außerdem 2 steile kurze Steigungen (kleine Kinder können das Rad hier schieben); Schotterwege, Asphaltwege, manchmal auch an Straßen
Eingerichtet: 2008 die Route; 2010 die Safarischilder für Kinder, 2015 Erweiterung zum Frankfurter Zoo
Besonderheit: 38 lustige „Verkehrsschilder“ für wilde Tiere, über die „ Zootiere“ können sich die Kinder mit der heimischen Landschaft auseinandersetzen.
Gastronomie: Wiesenhof Ponderosa
Eschborner Straße 34, 65843 Sulzbach/Taunus
Tel.: 06196 72973
www.wiesenhof-ponderosa.de
Öffnungszeiten: Di–Fr 16–20.30 Uhr, Sa 17–20.30 Uhr, So und Feiertage 12–20.30 Uhr
Anreise ÖPNV: U-Bahn: Zoo, Eschenheimer Tor; S-Bahn-Anschluss: Frankfurt-Rödelheim, Frankfurt-Nied, Schwalbach, Kronberg-Süd, Kronberg

Teure Flugreisen ins südliche Afrika! Safaritrips nach Asien! Alles nicht mehr nötig. Denn auf Safari kann man jetzt auch auf der Route vom „Frankfurter Zoo zum Opelzoo“ gehen. Und zwar mit dem Fahrrad.

Was wäre eigentlich, wenn alle Tiere aus dem Opelzoo eine Landpartie unternähmen? Dieses Szenario ist die Grundlage für einzigartige „tierische“ Verkehrsschilder entlang der Route, die die Strecke zu einem Erlebnis nicht nur für Familien mit Kindern machen. Wo würden sich die Zootiere, so sie ausbrächen, heimisch fühlen? Zu entdecken gibt es auf der Reise eine ganze Menge. Aber nicht nur die Kinder kommen bei dieser Tour auf ihre Kosten, Erwachsene genießen die alten vielfältigen Kulturlandschaften, durch die der Weg führt und von denen heute noch etliche Besonderheiten zeugen, wie der Galgenberg oder der Esskasta-

37,3
für
Nandus

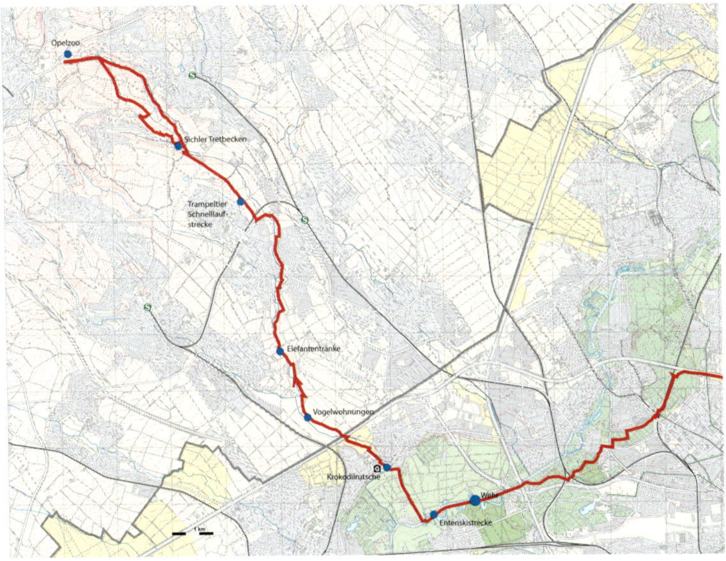
Opelzoo
Sichler Tretbecken
Trampeltier
Schnelllauf-
strecke
Elefantentränke
Vogelwohnungen
Krokodilrutsche
Wehr
Entenskistrecke
1 km

Elefantentränke
Vogelwohnungen
Krokodilrutsche
Wehr
Entenskistrecke
Zoo

Am Niddaufer bei Nied ist eine Entenskistrecke ausgewiesen.

nienwald in Kronberg, der schon Goethe köstliche Maronen lieferte.

Los geht es am Frankfurter Zoo, ein Stück durch die Wallanlagen, vorbei an der **Rettungsstation für junge Seebären** und dem **Blattnasenharem**. An der **Krötendusche** biegen wir nach rechts und folgen den Wegweisern der Safari-Route bis zum Grüneburgpark. Die Route verläuft hier auf ruhigen Nebenstraßen bis zum Parkeingang. Beim Durchqueren der Parkanlage bitte auf **spielende Kurzschnabeligel** achten und Vorsicht beim Überqueren der Brücke über die A66, es könnten **Gaukler** im Anflug sein, die gerne Saltos und spektakuläre Rollen in der Luft vollführen.

Nach der Brücke führt der Fahrradweg ein Stück steil bergab. Hier bitte langsam fahren, **ägyptische Landschildkröten** können hier den Weg kreuzen. Nach der Unterführung biegen wir, den Wegweisern der Route folgend, nach links ab und fahren auf einem geteerten Weg vorbei an den **Singwarten für trällernde exotische Vögel.**

Der Fahrradweg entlang des **Industriehofes** führt uns vorbei am **Grabverbot für Erdmännchen** bis zur Sternbrücke nach **Rödelheim**. Gleich nach der Brücke geht es links hinunter auf den Fahrradweg Richtung **Biegwald**. Die Strecke ist gut ausgeschildert und führt entlang einer Wiese durch einen lichten Wald bis hin zum Rebstöcker Weg. Auf der Strecke können uns **schlafende Hundskopfboas** oder sich **schubbernde Nashörner** begegnen.

Wir überqueren jetzt den Rebstöcker Weg und unterqueren die Bahn. Vorbei an der **Bartgeierknochenschmiede**, die man nie ohne Helm passieren sollte, biegen wir rechts ab, unterqueren nochmals eine Bahntrasse und fahren jetzt gerade

Das Affengebiet liegt in Kronberg.

aus in den **Springhasenweg**, der uns direkt an die Nidda führt.

Vorbei an der **Flußpferdbadestelle** und parallel zur **Enten-Ski-Strecke** geht es weiter Richtung Sossenheim. Kurz vor dem Ortskern bitte Acht geben auf eventuell kreuzende **Erdmännchen**, die Stelle ist allerdings deutlich markiert. Die Ortsdurchfahrt von Sossenheim ist eine der wenigen verkehrsreichen Situationen auf der gesamten Route, die mit Kindern etwas herausfordernd sein können. Doch ab der Sulzbachanlage treffen wir höchstens auf **Pfaue oder Giraffen**.
Nach der Unterquerung der A 66 ändert sich die Landschaft: freie Felder mit Blick auf Feldberg und Altkönig. Vorbei an der **Reihenhaussiedlung für Bienen** folgen wir dem Weg bis zur **Wohnanlage für Papageien**. Hier stehen nette Sitzgelegenheiten für eine kurze Rast bereit. Ein gutes Stück weiter, nach dem Reiterhof beginnt dann ein sehr idyllischer Abschnitt des Sulzbachtales.

In **Schwalbach** führt der Weg durch die Eichendorffanlage. Ausgeräumte Mülleimer sind meist ein Hinweis auf einen sich herumtreibenden **Waschbär**. Auf der Alten Poststraße fahren wir weiter leicht bergauf in Richtung Kronberg, vorbei am **Viergötterstein**, einem Zeitzeugen der einst römischen Besiedelung. Der Kronberger Quellenpark mit seinem **Sichlertretbecken** lädt uns zu einer ausgiebigen Pause ein, bevor wir den weiteren Aufstieg zum Taunus in Angriff nehmen. Auf Schotterwegen geht es bergan. Mehrere Schilder warnen vor **Purzelbaum schlagenden Affen**. Am Waldparkplatz oberhalb des Opelzoos ist es dann geschafft. Vielleicht trainiert ja gerade eines der Bergkänguruhs auf der **Känguruhweitsprungstrecke**?

Onno Faller

Mühlen wanderweg

Bergab durch Wald, Stadt und Wiesen, vorbei an historischen Mühlen, begleitet vom plätschernden Urselbach

TourInfo

Länge: 15 km
Start: Kaiserin-Friedrich-Brücke im Wald bei Oberursel, oberhalb der Hohemark
Ziel: (H14) Holzbrücke über die Nidda am Freibad Eschersheim
Landschaft: Wald, besiedeltes Gebiet mit Wiesen und Grünanlagen
Weg: Flach, zum Ziel hin abfallend, Erdwege, Schotter- und Asphaltwege
Broschüre: „Der Mühlenwanderweg am Urselbach", Regionalpark RheinMain Taunushang GmbH , Stadt Oberursel und Stadt Frankfurt
Eingerichtet: 2005
Besonderheit: Tafeln und Stelen informieren über 42 ehemalige Mühlen oder deren Standorte; einzigartige Mühlentreppe in Oberursel.
Gastronomie: Gasthaus zur Linde
Urselbachstraße 12, 61440 Oberursel-Weißkirchen
Tel.: 06171 286355 , www.zur-linde-oberursel.de
Öffnungszeiten: Di–Fr 17–24 Uhr, Sa/So und Feiertage ab 11.30 Uhr, Mo Ruhetag
Die Linse, Krebsmühle 1, 61440 Oberursel
Tel.: 06171 73018, www.restaurant-die-linse.de
Öffnungszeiten: Mo–Fr 18–24 Uhr, Sa 12–24 Uhr, So und Feiertage bis 23 Uhr
Lahmer Esel, Krautgartenweg 1, 60439 Frankfurt-Niederursel, Tel.: 069 573974, www.lahmer-esel. de
Öffnungszeiten: Täglich 11.30–14 und 17–24 Uhr, So und Feiertage bis 23 Uhr, Mo Ruhetag
Anreise ÖPNV: U3 bis Endstation „Hohemark"
Parken: Am Wanderparkplatz Hohemark

Über Jahrhunderte klapperten am Urselbach die Mühlen, aber auch andere Gewerbe nutzten die Wasserkraft. Zweiundvierzig Standorte sind bekannt, die meisten sind ganz verschwunden, einige der Gebäude werden heute anders genutzt. Der Mühlenwanderweg vermittelt eine Ahnung davon, wie viele Menschen einst hier gelebt und in den Mühlen gearbeitet haben.
Unsere Tour beginnt im Taunus oberhalb der Hohemark und endet an der Nidda. Der erste Teil des Weges führt uns auf weichen Erd- und Schotterwegen durch angenehm schattige Laubmischwälder am Borkenberg entlang. Der Ortsrand von Oberursel lässt sich nur hier und da erahnen. Eine Besonderheit der technischen Nutzung der Wasserkraft ist am Anfang des Mühlenwanderwegs auf einer Informationstafel rekonstruiert: die Spinnerei und Weberei Hohemark, die 1861 bereits über 260 Arbeiterinnen und Arbeiter beschäftigte und damit der größte Industriebetrieb im Herzogtum Nassau war. Die Maschinen wurden in der Anfangszeit ausschließlich mit

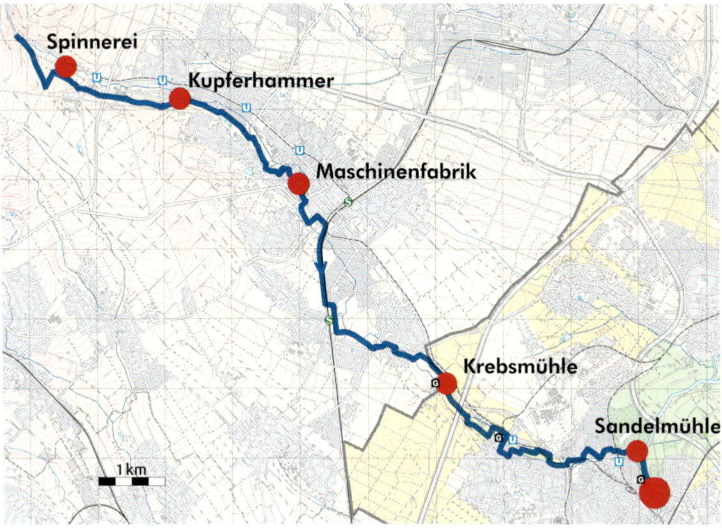

Wasserkraft angetrieben. Wir wandern nicht nur am Urselbach selbst, sondern auch an seinen über sieben Kilometer langen Werkgräben entlang. Diese leiteten das Bachwasser zu den Mühlen und verhalfen durch geschickte Nutzung von Höhenunterschieden zu einer **effektiven Energiegewinnung**. So etwa auch auf der Nordseite der St. Ursulakirche, wo sich auf sechzig Metern Grabenlänge vier Mühlen befanden.

Getreidemahlmühlen sind seit dem 14. Jahrhundert anzunehmen, aber auch Walkmühlen entstanden in dieser Zeit. Sie waren die Grundlage für das blühende Tuchmacherhandwerk. Daneben gab es Papier- und Pappemühlen, Kupfer- und Sensenhammer, Ölmühlen, Schleifmühlen und Tabaksmühlen, oft als Neubauten oder als wirtschaftlich bedingte Umnutzungen bestehender Mühlen. In der Mitte des 19. Jahrhunderts nutzten neu entstandene Industriebetriebe die Wasserkraft. Oder es wurden aus vorhandenen Mühlen neue Werke gemacht, etwa die ehemaligen Vereinigten Deutschen Metallwerke am Standort der Kalten Mühle oder **Rolls-Royce** anstelle der ehemaligen Wiemersmühle. Nachdem wir linker Hand dieses Fabrikgelände, rechter Hand das Schwimmbad passiert haben, erreichen wir die hübsche Fachwerkaltstadt von Oberursel, in der wir bald auf die Mühlen unterhalb

In Oberursel

WissensWert

Der Urselbach ist einer von 25 Bächen, die durch Frankfurt fließen, 17 davon im GrünGürtel (dunkelblau dargestellt).

In den Main fließen:
Riedgraben/Entengraben, Enkheimer Mühlbach, Seckbacher Mühlbach/Draisborngraben, Goldbach, Königsbach, Schwarzbach, Lachegraben, **Kelster**, Liederbach, Lachgraben, Welschgraben.

In die Nidda fließen:
Erlenbach, **Eschbach/Mühlgraben, Brunnengraben, Kalbach, Oberwiesengraben/ Lachegraben, Rohrborngraben, Urselbach, Steinbach, Wooggraben/Ochsengraben, Westerbach, Dottenfeldgraben/ Laufgraben, Sulzbach.**

In die Nidder fließen:
Feldbach, Eselsborngraben.

In den Rhein fließt der Hengstbach.

der Pfarrkirche St. Ursula treffen. Ein besonders gut erhaltenes Beispiel ist die Herrenmühle. Über den Marktplatz kommen wir zum **Rathaus**, wo wir dem Urselbach nach Stierstadt folgen. Wir wandern ein Stück parallel der Bahnstrecke Bad Homburg–Frankfurt S-Bahn S5). Rechter Hand säumen ausgedehnte Feuchtflächen mit im Sommer weiß blühendem Mädesüß unseren Weg. Nach Querung des Zimmersmühlenwegs erfreut eine große **Wässerwiese** unsere Augen. Um ihren Ertrag als Mähwiese für Heu über die Saison hinaus zu steigern, leitete man durch ein Be- und Entwässerungssystem Urselbachwasser in Gräben ein, die auf dem Scheitel dachförmig angeordneter Parzellen verliefen. Von dort rieselte das Wasser in die tiefer gelegenen Abflussgräben. Durch die Bewässerung verbesserte sich der Ertrag, Schwemmstoffe aus dem Bach bewirkten eine leichte Düngung. Eine radikale Änderung ergab sich in den 1950er Jahren, als erstmals **Mineraldün-**

Der Urselbach

ger zum Einsatz kam. Manche Pflanzen vertrugen ihn nicht und verschwanden. Große Grünflächen wurden zugebaut und machten die Entwässerung und Absenkung des Grundwasserspiegels erforderlich.
An der prächtigen Linde am Gasthof in Weißkirchen vorbei führt uns der Wanderweg auf den **Krebsmühlenweg** (F11) zur letzten ehemaligen Mühle auf Oberurseler Gebiet. Heute sind hier Wohnungen, Gewerbe und eine Gaststätte untergebracht. Unser Weg verläuft nun ganz nahe an dem munter plätschernden Urselbach mit begleitenden Eschen und Erlen unter der Autobahnbrücke hindurch. Jenseits des Sportplatzes befinden sich drei ehemalige Mühlen, in denen Papier und Textilien hergestellt wurden. Die nun folgende Obermühle war ebenso wie die Herrenmühle in Oberursel eine sogenannte **Bannmühle**, das heißt, die Obrigkeit konnte anordnen, dass die Bauern ihr Korn ausschließlich hier zum Mahlen anlieferten. Wir durchqueren das reizvolle **Alt-Niederursel** (G12) mit der Gustav-Adolf-Kirche, die nach Plänen von Martin Elsaesser 1927 erbaut wurde. An der Tabaksmühle vorbei durchstreifen wir die Wiesenau und erreichen bald das Mertonviertel, wo gegenüber die Neumühle stand. Weiter abwärts folgten noch die Kalte Mühle und die Sandelmühle. Jenseits der Olof-Palme-Straße wird es noch einmal landschaftlich mit weiten Wiesen, dem angrenzenden Naturschutzgebiet Riedwiesen und der Nidda, deren Ufer wir bald erreichen. Unter den Kronen mächtiger Pappeln wandern wir am rechten Niddaufer bis an die Brücke, die zum Eschersheimer Freibad führt (H14). Hier mündet der Urselbach in die Nidda. Wir erreichen das Ende des Mühlenwanderwegs.

Rainer Zimmermann

Tour

Hölderlinpfad – „Komm ins Offene, Freund!“

Zu Fuß von Bad Homburg nach Frankfurt. Man sollte sich mehr Zeit als Hölderlin geben, der die Strecke in drei Stunden bewältigte.

TourInfo

Länge: 22 km
Start: Sinclair-Haus neben dem Schloss Bad Homburg, 61348 Bad Homburg v.d. Höhe
Tel.: 06172 9262148, www.schloesser-hessen.de
Erste Informationstafel am Sinclair-Haus, Ecke Dorotheenstraße
Ziel: Goethehaus Frankfurt
Landschaft: Wiesen, Felder, Stadt, Grünanlagen, Alleen
Weg: Bergab, Asphalt, Schotterwege, Graswege, Erdpfade
Broschüre: „In naher Ferne“ (in beiden Gehrichtungen erhältlich: bergauf und bergab), Regionalpark RheinMain Taunushang GmbH und Umweltamt Frankfurt
Eingerichtet: 2007, Regionalpark RheinMain Taunushang GmbH
Besonderheit: Literarische Bezüge, entlang des Weges stehen fünf Informationstafeln.
Gastronomie: Tower-Café, Am Burghof 55 60437 Frankfurt, Tel.: 069 95048532
www.tower-cafe.de
Öffnungszeiten: April–September
Mo–Sa 11.30–18 Uhr – bei schönem Wetter ab 18.00 Uhr bis Sonnenuntergang
So und Feiertage: 10–18 Uhr
Oktober–März Mo–Sa 11.30–18 Uhr
So und Feiertage: 10–18 Uh
Anreise ÖPNV: S5 bis „Bad Homburg Bahnhof“, weiter mit dem Stadtbus (z. B. mit den Linien 1–7, 11, 12) zum „Kurhaus“. Von da sechs Minuten Fußweg zum Schloss

Wie lässt sich Friedrich Hölderlin, der Ätherische, in unserer heutigen, eigenwilligen Stadtlandschaft erleben? Die tragische Geschichte einer unerfüllten Liebe voller **Sehnsucht** ist ein starkes Motiv, das unverändert Kraft besitzt. Und die beiden Orte, die Schauplatz einer Beziehung waren, sind lebendig: Bad Homburg, die kleine, selbstzufriedene Kurstadt am Taunusrand, und Frankfurt, die schnelle, auftrumpfende Metropole mit dem weithin sichtbaren Bankengebirge in ihrer Mitte. Dazwischen: der arme Hauslehrer Hölderlin, die reiche Bankiersgattin – verwandte Seelen in unüberbrückbaren Welten.
Wer käme in heutiger Zeit noch auf die Idee, von Bad Homburg nach Frankfurt zu Fuß zu laufen? Indem wir uns aber auf den **Takt des Gehens** einlassen, lassen wir Alltagsgewohnheiten hinter uns. Und neugierig macht sie: die Landschaft des Vordertaunus mit der Silhouette Frank-

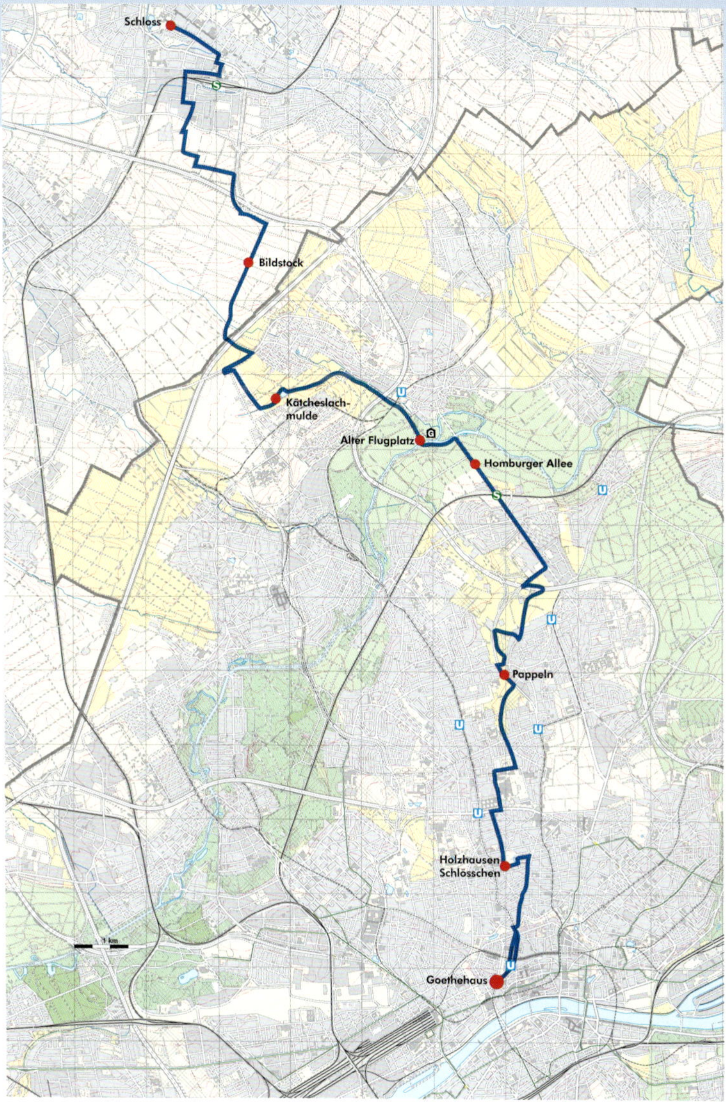

furts vor Augen. Gedichte von **Hölderlin im Tornister**, in der Landschaft zu lesen, in der sie vor 200 Jahren entstanden sind. Etwa sein „Gang aufs Land", das mit einem grandiosen „Komm ins Offene, Freund!" beginnt.

Ein 22 Kilometer langer Weg ist der Hölderlinpfad, manchmal wirklich nur Pfad, der uns durch die urbane Landschaft führt. Der an Orte leitet, die ganz unaufgeregt Ruhe ausstrahlen und aufatmen lassen. So schon der Gang über die weiten Felder um den Kronenhof, wenn man – beginnend am Landgräflichen Schloss – Bad Homburg verlassen hat. Dann Merkwürdiges, das **blaue Licht** der Aral-Tankstelle, das schon früh am Abend den Autofahrern heimleuchtet, aber auch fremd in die Landschaft strahlt. Ein **Tierfriedhof**. Ein aufgelasse-

WissensWert

Friedrich Hölderlin

Friedrich Hölderlin (1770–1843) war in jungen Jahren Hauslehrer bei der reichen Frankfurter Bankiersfamilie Gontard im Großen Hirschgraben. Der arme Dichter verliebte sich in die seelenverwandte junge Mutter und Gattin Susette Gontard (1769–1802).
Die Zuneigung blieb nicht verborgen, und Hölderlin wurde des Hauses verwiesen. Er floh zu seinem Freund Isaac von Sinclair ins nahe Homburg (Bad erst seit 1912). Die Verbindung zu Susette blieb jedoch bestehen. Heimlich, alle vier Wochen, ging er zu Fuß zum Sommersitz der Gontards, um zur vereinbarten Stunde mit der Geliebten Briefe durch die Hecke auszutauschen.

nes Bergwerk mit dem Namen „Gnade Gottes". Und immer wieder weite Felder mit dem Panorama der Stadt Frankfurt, einbettet in die sanfte Topographie der Taunushänge. Ein **Bildstock**. Vereinzelte Obstbäume. Dazwischen eine Autobahn. Wir streifen eines der größten Neubaugebiete in Deutschland, den Riedberg, suchen aber auch hier die landschaftliche Spur in der Siedlung in Form einer Grabenmulde, die uns hinunter zum Kalbach führt. Ein schmaler **Graspfad** entlang des Bachs lässt uns innehalten – doch, ja, wir sind noch auf dem richtigen Weg. Halbzeit und Brotzeit am Alten Flugplatz. Und dann kommt uns Hölderlin an – oder besser unter – der Robert-Gernhardt-Brücke ganz nah. Denn **auf der Wasseroberfläche** ist dank der Künstlerin Patrycja Swiderska ein Auszug seines Gedichts „Andenken" zu lesen: „Was bleibet aber, stiften die Dichter."
Wir gehen die neue prachtvolle Allee an der **Homburger Landstraße** entlang.

Hier dominiert nicht das Auto. Aufrecht schreitend können wir den breiten, gleichberechtigten Fuß- und Radweg genießen. Am Ende der Allee heißt es abtauchen, die Eisenbahn unterqueren, um dann in einem noch vorhandenen Stück der historischen Allee wieder aufzutauchen. Ein Stück Original Hölderlin. Diese Linden sind Zeugen seiner Existenz.
Es geht weiter entlang der ehemaligen **kaiserlichen Kasernen**, die ihre Strenge weitgehend abgelegt und sich mittlerweile in bunte Reihenhausquartiere verwandelt haben.
Dann heißt es wieder eine Autobahn zu queren – verblüffend, wie verschlungen dies manchmal geschieht. Gleich darauf in Eckenheim liegen eine weite Wiese, Obstgärten und ein alter **Walnussbaum** vor uns. Es sind diese kleinen idyllischen Momente, die immer wieder die Verluste an anderer Stelle deutlich machen.
Die Stadt rückt dichter an unseren Weg. Wir treffen auf die von Hölderlin so verehrten **Pappeln** in der Kaiser-Sigismund-Straße. Der alte Bertramshof, ein Wink aus der Vergangenheit. Wir queren den Alleenring und gelangen, eingebettet in städtisches Grün, in den Holzhausenpark. Nun sind wir nicht mehr weit entfernt von der „Übergabestelle" der **Liebesbriefe**. Leider ist vom Adlerflychthof, dem historischen Sommersitz der Gontards, heute nichts mehr erhalten. Die **Hecken** der kleinen Grünanlage am Oeder Weg müssen deshalb als Memento mori dieses denkwürdigen Ortes dienen. Auf dem letzten Wegstück umgibt uns bis zum Goethehaus im Großen Hirschgraben nur noch Stadt.
Aber wenn wir in die U-Bahn steigen, nehmen wir das Stück Landschaft, das wir uns erwandert haben, erschöpft mit nach Hause.

Klaus Hoppe

Hohe Straße

Wo die Winde wehen – alter Handelsweg mit Geschichte und wunderbaren Ausblicken auf die umgebende Kulturlandschaft

TourInfo

Länge: 38,3 km
Start: Entrée Hohe Straße in Frankfurt-Bergen, nahe der Kreuzung Hohe Straße/B 521
Ziel: Büdingen
Landschaft: Felder, Äcker, Wiesen
Wege: Nur wenige Steigungen, asphaltierter und breiter Wirtschaftsweg für Landwirte
Eingerichtet: 2004
Broschüre: Freizeitkarte „Die Hohe Straße", erhältlich beim Regionalverband Frankfurt RheinMain
Besonderheit: Schöne Ausblicke, zahlreiche Kunst- und Ruhe-Attraktionen
Anreise ÖPNV: Bus 42, 43 bis Endhaltestelle „Bergen Ost", dann in die gegenüberliegende Straße Am Hollergraben radeln oder gehen, bis diese die Hohe Straße kreuzt. Dort rechts abbiegen. Vorsicht, es muss die B 521 überquert werden. Hundert Meter weiter befindet sich das Entrée der Hohen Straße.
Abreise ÖPNV: Bahnhof Büdingen. Mit der Lahn-Kinzig-Bahn nach Gelnhausen; dort umsteigen in den Regionalexpress RE50 nach Frankfurt

Die seit der Jungsteinzeit beschrittene Hohe Straße war als Höhenweg Teil einer bedeutenden Ost-West-Handelsverbindung und auch in militärischer Hinsicht von strategischem Belang. Die Regionalparkroute von Frankfurt-Bergen nach Büdingen, in den Osten der Region, folgt weitgehend dem alten Verlauf der Hohen Straße und durchquert eine abwechslungsreiche, landwirtschaftlich geprägte Kulturlandschaft mit eindrucksvollen Weitblicken.

Brauchte man im Mittelalter noch einen ganzen Tag, um die Strecke zu bewältigen, so kommt man heute wesentlich bequemer auf dem fast durchgängig asphaltierten Weg voran. Vorsicht ist allerdings bei der Überquerung einiger Verkehrsstraßen geboten. Entlang des Weges wurden etliche attraktive Stationen errichtet, an denen auf die Besonderheiten des jeweiligen Ortes Bezug genommen wird:

Im Nordosten von Bergen, am GrünGürtel-Radweg, ist das Entrée der Hohen

Straße (H22) einladend gestaltet. Vom steilen Anstieg über den Berger Hang leicht aus der Puste gekommen, gibt es hier verschiedene Sitz- und Liegemöglichkeiten zum Durchschnaufen. Bei der **Sichtachse Große Loh** lenken zwei doppelte Stelenreihen aus Holz den Blick zum Taunus und an den Main. Die **Kleine Loh** ist ein Ort des ruhigen Verweilens mit Blick auf die Silhouette der Großstadt. Spiegelstämme reflektieren die Skyline und regen an, einen Blick zurück zu werfen.

Zu großen Reisen gehört das Rasten: Entspannung bei Kaffee aus der Thermoskanne, belegten Broten und Lockerungsübungen für die müden Knochen. Ein Rastplatz zum Picknicken und Regenerieren findet sich am **Lausbaum** mit Hängematten und Leiterwagen im Schatten der großen Eiche. Von hier aus rücken bereits die ersten der jüngst an der Route errichteten hohen Windräder markant ins Blickfeld.

Die **Himmelsschaukeln** am Galgen- und am Rummelsberg vermitteln auf besondere Weise das Gefühl von Weite und Freiheit. Sie bieten Ausblicke auf das Maintal und die Bergrücken von Taunus, Odenwald, Spessart und Vogelsberg – und das Gefühl zu fliegen.

Die große Geschichte und die vielen Geschichten, die sich an der Hohen Straße abgespielt haben, werden am **Wartbaum**, einer um 1600 gepflanzten Linde, sichtbar. An dieser Zeugin der Ereignisse der letzten Jahrhunderte sind sie durch Kaisertafel und Fähnleinpyramide sym-

Das Entrée zur Hohen Straße im Frankfurter GrünGürtel

WissensWert

Die Hohe Straße

Die Hohe Straße war eine Teilstrecke der historischen Via Regia, die einst als eine der wichtigsten Ost-West-Magistralen durch Europa galt und von Santiago de Compostela bis nach Kiew reichte. Auch heute noch fasziniert diese Landverbindung, die nicht ohne Grund 2005 zur Europäischen Kulturstraße ernannt wurde. Die Hohe Straße führte von Bergen auf den südöstlichen Vorhöhen des Vogelsbergs entlang der Wasserscheide Nidda-Nidder und Main-Kinzig über die Fulda bei Kämmerzell nach Vacha, dann via Eisenach und Erfurt nach Leipzig. Der Radweg ist bis Büdingen ausgebaut.

bolisiert. Mannshohe **Stelen**, in Gruppen aufgestellt, begrenzen die Festwiese zur offenen Landschaft hin. Sie stehen für die unterschiedlichen Reisenden, Händler, Bauern und Soldaten, die die Hohe Straße einst benutzten. Die **Patrouille** am Rand bewacht das Geschehen. In der heutigen Zeit werden Waren durch den Warencode – eine Reihung von Strichen – gekennzeichnet und bestimmt. Ein solcher Strichcode ist durch Stelen aus Cortenstahl in der **Sequenz** am Wegesrand nachgebildet und verweist auf die ehemals transportierten Handelsgüter. Die Besonderheit der Lage an der Hohen Straße und am **Limes** hat Marköbel zu geschichtlicher Bedeutung verholfen. Durch den Bau des Limes am Krebsbachübergang hatten die Römer die Hohe Straße gesperrt und ein Kastell von der Größe der Saalburg errichtet. Am Ortsrand weisen Landschaftsfenster entlang der Regionalparkroute auf die Besonderheiten von Marköbel hin. Die Schnittstelle der Hohen Straße mit dem

Am Ziel: Der Weitblick bei Marköbel

Limes im Bereich des Krebsbachs markieren mehrere Holzstelen. Der Hohlweg hinauf zum **Weitblick** ist der letzte sichtbare Rest der historischen Hohen Straße in Marköbel. Zwei doppelte Stelenpaare, eine Konstruktion aus Glas und Stahl des namhaften Glaskünstlers Wilhelm Derix aus Taunusstein, fokussieren den Blick auf den Großen Feldberg im Taunus und den Messeturm in Frankfurt am Main. Ein kleiner Platz bietet Sitz- und Rastmöglichkeiten. Dem Weg weiter nach Osten folgend, finden Radler und Wanderer Anschluss zur **Ronneburg** und nach **Büdingen**.

Mechthild Baukholt

Lausbaum

Wo bekomme ich Broschüren?
Wer bietet geführte Touren an?
Was könnte ich noch lesen?
Wo könnte ich im Internet surfen?
Was steht in der GrünGürtel-Verfassung?
Wer sind die Autorinnen und Autoren?
Wo finde ich was?

Der Serviceteil
gibt Antworten

Service

Hier erhalten Sie die Broschüren

Umweltamt der Stadt Frankfurt am Main
Galvanistraße 28
60486 Frankfurt am Main
Tel.: 069 212-39100 , E-Mail: umwelttelefon@stadt-frankfurt.de
www.gruenguertel.de

Grünflächenamt der Stadt Frankfurt am Main
Mörfelder Landstraße 6
60598 Frankfurt am Main
Tel.: 069 212-30208 (Parks und Spielplätze)
Tel.: 069 212-33186 (StadtForst) , E-Mail: gruenflaechenamt@stadt-frankfurt.de
www.frankfurt.de

Bürgerberatung der Stadt Frankfurt am Main
Römerberg 32
60311 Frankfurt am Main
Tel.: 069 212-40000
E-Mail: buergerberatung@stadt-frankfurt.de
Öffnungszeiten: Mo/Di/Mi 10–16.30 Uhr, Do 10–12.30 und 14.30–18 Uhr, Fr 10–14 Uhr

Regionalpark Ballungsraum RheinMain gGmbh
Besucherzentrum
Frankfurter Straße 76
65439 Flörsheim am Main
Tel.: 06145 9338112 , E-Mail: information@regionalpark-rheinmain.de
www.regionalpark-rheinmain.de

Regionalverband FrankfurtRheinMain
Poststraße 16
60329 Frankfurt
Tel.: 069 2577-0, E-Mail: info@planungsverband.de
www.planungsverband.de

Lese-Tipps

Bryson, Bill: Picknick mit Bären,
München 1999

Burkhardt, Lucius: Warum ist Landschaft schön? Die Spaziergangswissenschaft,
Berlin 2006

Führer, Ruth (Hg.): Hinter Frankfurt das Meer – Literarische Entdeckungen im
Frankfurter GrünGürtel, Frankfurt am Main 2005

Hoppe, Klaus (Hg.): GrünGürtel Frankfurt – Dokumentation eines Symposiums,
Frankfurt am Main 2003

Koenigs, Tom (Hg.): Visionen offener Grünräume – GrünGürtel Frankfurt,
Frankfurt am Main 1991

Koenigs, Tom: Tagträume und Nachtschichten – Umweltpolitik in einer großen Stadt,
Köln 1992

Küster, Hansjörg: Geschichte der Landschaft in Mitteleuropa – Von der Eiszeit bis zur Gegenwart,
München 1999

Küster, Hansjörg: Schöne Aussichten – Kleine Geschichte der Landschaft,
München 2009

KulturRegion FrankfurtRheinMain: 35 Industrie KultTouren Rhein-Main, Hanau 2012

Lotz, Kurt: Einführung in die Geologie des Landes Hessen,
Marburg 1995

Ottich, Indra/Bönsel, Dirk/Gregor, Thomas/Malten, Andreas/Zizka, Georg: Natur vor der Haustür – Stadtnatur in Frankfurt am Main, Ergebnisse der Biotopkartierung; Kleine Senckenberg-Reihe 50, Stuttgart 2009

Schick, Ingrid: Grüne Soße – Die besten Rezepte, 3. Auflage, Hanau 2016

Wittig, Rüdiger (Hg.): Die Naturschutzgebiete in Frankfurt am Main,
Frankfurt 2002

Zeller, Anja: RadRheinMain – Die 22 schönsten Touren rund um Frankfurt, Hanau, Wiesbaden und Mainz, Hanau 2011

Jutta Zwilling: Vision und Verpflichtung. Frankfurts GrünGürtel, Hanau 2016

Internet-Tipps

www.gruenguertel.de
www.flora-frankfurt.de
www.nabu.de/themen/streuobst
www.promenadologie.de
www.regionalpark-rheinmain.de
www.erlebnis-wandern.net
www.radroutenplaner.hessen.de
www.radfahren-ffm.de

Service

Anbieter von Wanderungen, Radtouren und Veranstaltungen im Frankfurter GrünGürtel

Allgemeiner Deutscher Fahrradclub e. V. (adfc)
(Radtouren)
Fichardstraße 46
60322 Frankfurt am Main
Tel.: 069 94410196
E-Mail: kontakt@adfc-frankfurt.de
www.adfc-frankfurt.de

Bund für Umwelt und Naturschutz Deutschland e. V. (Bund)
(Führungen)
Ostbahnhofstraße 13
60314 Frankfurt am Main
Tel.: 069 57804959
E-Mail: bund@bund-frankfurt.net
www.bund-frankfurt.de

Hessische Gesellschaft für Ornithologie und Naturschutz e. V. (HGON) Arbeitskreis Frankfurt
(Kurse, Exkursionen)
Am Saalenbusch 14
60386 Frankfurt am Main
Infos bei Walter und Gabriele Gengenbach,
Tel.: 06187 3786
E-Mail: info@hgon.de
www.hgon-frankfurt.de

MainÄppelHaus Lohrberg Streuobst- -zentrum e. V.
(Wanderungen, GrünGürtel-Lernstation)
Klingenweg 90
60389 Frankfurt am Main
Tel.: 06109 35413
E-Mail: info@MainAeppelHausLohrberg.de
www.mainaeppelhauslohrberg.de

Naturschutzbund Deutschland e. V. (NABU)
(Führungen, Wanderungen)
Ludwig-Reinheimer-Straße 50
60439 Frankfurt am Main
Tel.: 069 584506
E-Mail: nabu.frankfurt@t-online.de
www.nabu-frankfurt.de

NaturFreunde Deutschlands e. V.
Verband für Umweltschutz, sanften Tourismus, Sport, Kultur
(Wanderungen)
Am Poloplatz 15
60528 Frankfurt am Main
E-Mail: info@naturfreunde-ffm.de
www.naturfreunde-ffm.de

Naturschule Hessen gGmbH
(Naturerlebnistage, GrünGürtel-Lernstation)
Am Burghof 55
Im Hauptgebäude am Alten Flugplatz
60437 Frankfurt am Main
Tel.: 069 50689972
E-Mail: kontakt@naturschule-hessen.de
www.naturschule-hessen.de

Schutzgemeinschaft Deutscher Wald e. V. (SDW)
(Führungen, StadtWaldHaus)
Hans-Joachim Scholz
Königsberger Straße 9 63796 Kahl
Tel.: 06188 4469797
E-Mail: werner@ebertonline.com
www.sdw-frankfurt-main.de

Stadt Frankfurt am Main
GrünGürtel
(Veranstaltungen für Kinder)
Geschäftsadresse:
Umweltamt
Galvanistraße 28
60486 Frankfurt am Main
Tel.: 069 212-39100
E-Mail: umwelttelefon@stadt-frankfurt.de

StadtWaldHaus der Stadt Frankfurt
(Führungen, Aktionstage, GrünGürtel-Lernstation)
Kuhpfadschneise im Stadtwald
Tel.: 069 212-34550
E-Mail: stadtwaldhaus@stadt-frankfurt.de
www.stadtwaldhaus-frankfurt.de

Vogelkundliche Beobachtungsstation Untermain e. V.
(Führungen, Vogelzählungen)
Marktstraße 15
60388 Frankfurt am Main
E-Mail: mails@vogelkunde-untermain.de
www.vogelkunde-untermain.de

Umweltexploratorium e. V./Aeronauten-Werkstatt
(GrünGürtel-Lernstation)
Im Hangar am Alten Flugplatz
Am Burghof 55
60437 Frankfurt am Main
E-Mail: info@aeronauten.org
www.aeronauten.org

Umweltlernen in Frankfurt e. V.
(Veranstaltungen, Workshops für Schulen und Kitas)
Seehofstraße 41
60594 Frankfurt am Main
Tel.: 069 212-30130
www.umweltlernen-frankfurt.de

VHS Frankfurt
(Themenführungen in den GrünGürtel)
Sonnemannstraße 13
60314 Frankfurt am Main
Tel.: 069 212-71501
E-mail: vhs@frankfurt.de
www.vhs.frankfurt.de

Weitere Anbieter:
www.erlebnis-wandern.net
www.frankfurter-stadtevents.de
www.kulturothek-frankfurt.de
www.wandermarie.de
www.wanderdate.de

Fahrplanauskunft für Bus und Bahn

TraffiQ-hotline
Tel.: 01805 069960 (0,14 Euro/Minute)
www.traffiq.de

Taxiruf

Taxi Frankfurt e.G.
Tel.: 069 2300-01 oder -33
www.taxi-frankfurt.de

Leihfahrräder

Call a Bike/Deutsche Bahn
Tel.: 07000 5225522
www.callabike.de

Next Bike
Tel.: 030 69205046
www.nextbike.de

MainVelo
Tel.: 06101 48958
www.mainvelo.de

Fahrradverleih am Goetheturm
Tel.: 0176 50528599
E-Mail: goetherad@googlemail.de
Mehr Infos unter www.adfc-frankfurt.de

Museen

Heimatmuseum Bergen-Enkheim
Altes Rathaus Marktstraße
60388 Frankfurt am Main
www.heimatmuseum-bergen-enkheim.de

Heimatmuseum Schwanheim
Alt Schwanheim 6
60529 Frankfurt am Main
Tel.: 069 357134
www.museen-in-hessen.de

Feuerwehrmuseum Frankfurt am Main
Alter Flugplatz, Gebäude 547
Am Burghof 55
60437 Frankfurt am Main
Tel.: 069 503001
www.feuerwehrmuseum-frankfurt.de

Museum für Komische Kunst
Weckmarkt 17
60311 Frankfurt
Tel.: 069 212-30161
www.caricatura-museum.de

GrünGürtel-Charta

GrünGürtel-Verfassung

Die Stadtverordneten der Stadt Frankfurt am Main haben am 14. November 1991 die GrünGürtel-Verfassung einstimmig beschlossen. Sie besteht aus vier Teilen: der GrünGürtel-Charta (hier abgedruckt), einem Text zur öffentlich-rechtlichen Sicherung, einem Flächenplan und dem GrünGürtel-Plan (hier abgebildet).

GrünGürtel-Charta

Im Bewusstsein ihrer Verantwortung für die nachkommenden Generationen erklärt die Stadtverordnetenversammlung der Stadt Frankfurt am Main hiermit ihren Entschluss, rings um die Kernstadt freie Flächen als „GrünGürtel Frankfurt" langfristig zu sichern und zu entwickeln.
Dem steigenden Bedarf an Flächen für Wohnungsbau, Gewerbe, Industrie und Verkehr steht ein begrenztes Naturraumpotential gegenüber, das quantitativ und qualitativ gestärkt werden muss; deshalb ist die Sicherung und Entwicklung des Frankfurter GrünGürtels zwingend geboten.
Der GrünGürtel ist die Vision eines freien und offenen Raumes, in dem sich die städtische Gesellschaft mit ihren vielfältigen Lebensformen und ihrem historisch gewachsenen Umweltbewusstsein verwirklicht. Er ist für die Stadt Symbol und Verpflichtung, für die Beanspruchung – Nutzung und Belastung – des Naturhaushaltes Verantwortung zu übernehmen.
Der GrünGürtel ist Lebensraum für Pflanzen und Tiere, zum Teil für solche, die bereits selten oder vom Aussterben bedroht sind. Im GrünGürtel entwickelt sich die Natur. Hier wird sie geschützt und gepflegt. Der GrünGürtel ist Entstehungsgebiet für Grundwasser und Kaltluft. Er wirkt sich positiv auf das Stadtklima aus. Aufgrund der südlich abfallenden Topographie sowie der Fluss- und Bachtäler fließt frische Luft in die Wohngebiete und in das Stadtzentrum hinein.
Im GrünGürtel wird der gewachsene Boden als bedeutsame Lebensgrundlage geschützt. Der GrünGürtel ist wichtiger, vielfältig nutzbarer Raum für die Frankfurter Bevölkerung und die angrenzenden Gemeinden. Er ist Ort der

land- und forstwirtschaftlichen sowie gartenbaulichen Nutzung. Als Raum des Alltags, der Freizeit und der Erholung sowie der Bewegung im Freien hat er umfassende Bedeutung.
Der GrünGürtel lebt durch die Teilhabe der Bewohnerinnen und Bewohner Frankfurts und der Nachbargemeinden an seinem Entwicklungsprozess und als Teil der Wohn- und Arbeitswelt von der Vielfalt der Interessen, Eigenheiten und Differenzen seiner Nutzer.
Der GrünGürtel ist zugleich Teil der Stadt, der Region RheinMain und Übergang zwischen beiden. Der Stadtwald im Süden, die Auenlandschaften von Nidda und Main und das Hügelland im Nordosten sind prägende Elemente des GrünGürtels. Sie gliedern und zeichnen das Raumbild der Stadt. Der GrünGürtel begünstigt die Bewahrung und Bildung von lokalen Identitäten und verbindet sie zukünftig – von den Eigenheiten der Landschaften her – im Bewusstsein zu einem gesamtstädtischen Naturraum. Insgesamt stellt der GrünGürtel einen unverzichtbaren Ausgleichsraum für das dicht bebaute Stadtgebiet von Frankfurt dar. Durch die Festsetzung der Fläche des GrünGürtels bleibt deren naturschutzrechtlicher Status unberührt. Die gesamte Fläche des GrünGürtels wird mit den zur Verfügung stehenden Mitteln rechtlich gesichert und erhalten.
Die Herausnahme eines oder mehrerer Grundstücke aus der Fläche bedarf der besonderen Beschlussfassung der Stadtverordnetenversammlung. Sie ist nur dann möglich, wenn Grundstücke in mindestens gleichem Ausmaß und vergleichbarer Qualität an anderer Stelle im GrünGürtel einbezogen werden.

1. Räumliche Wirkung

Der GrünGürtel, die innerstädtischen Grünverbindungen und die äußeren Grünzüge sind die Teile eines zusammenhängenden und sich ergänzenden städtischen Grünsystems. Der GrünGürtel setzt sich aus Teilräumen mit eigener Identität zusammen. Als eine der obersten Aufgaben wird der durch naturräumliche Gegebenheiten und traditionelle Bewirtschaftung geprägte Charakter der Kulturlandschaft geschützt und pfleglich entwickelt. Die Teilräume sind Niddatal, Heiligenstock, Berger Rücken, Mainaue, Bornheimer Hang, Sachsenhäuser Rücken und der Stadtwald. Der GrünGürtel ist durch radiale und zirkuläre Grünverbindungen mit den Quartieren der Kernstadt verbunden. Als Ergänzung des GrünGürtels dienen sie seiner innerstädtischen, sicheren Erreichbarkeit und der Biotopvernetzung nach innen.
Nach außen verbinden Grünzüge den GrünGürtel mit den Freiräumen der Region. Ressourcenschutz, landschaftsräumliche Gliederung und regionale Erreichbarkeit durch autofreie Verbindungen sind für die Grünzüge maßgeblich.
Mit dem GrünGürtel wird eine weitere, für die Stadt und die Region wichtige Orientierungs- und Raumstruktur dem gewachsenen Geflecht der verschiedenen Raumebenen hinzugefügt. Der GrünGürtel ist wichtiger Bestandteil und Kern des regionalen Grünzugverbundes der Städtelandschaft Rhein-Main. Der GrünGürtel soll zukünftig dazu dienen, Ränder zu öffnen und Stadtteile vom Netz der Landschaft her zu verbinden – untereinander, mit dem Stadtzentrum und der Region. Die Stadtpolitik wendet sich der Gestaltung und Entwicklung der Übergangszonen zwischen Kernstadt und Peripherie zu.

2. Ökologische Werte

Die ökologischen Werte des GrünGürtels, wie Biotop- und Artenvielfalt, Grundwasserreservoir, Grundwassersysteme und klimatische Potentiale, werden gestärkt und verbessert.
Die vorhandenen Reste naturnaher Landschaften und vielfältiger Biotope werden erhalten und zum Biotopverbund nach innen und nach außen vernetzt. Wichtige typische Landschaftselemente wie etwa Baumgruppen, Streuobstwiesen, Feldhecken und Auen werden in ihrem Bestand nachhaltig gesichert. Weitere Flächenversiegelungen werden vermieden, unnötige Versiegelungen beseitigt. Die gewachsene Bodenstruktur wird erhalten und vor Belastungen durch Schadstoffe bewahrt. Die Gewässer- und Grundwasserqualität wird wesentlich verbessert. Gewässer werden nach den Grundsätzen des naturnahen Wasserbaus behutsam entwickelt. Klimawirksame Freiflächen werden in ihrer Wirkung und Funktion geschützt. Die Grünflächen werden naturnah gestaltet und umweltverträglich gepflegt. Der Wert des Waldes wird durch eine naturgemäße Bewirtschaftung erhalten. Bei der Verjüngung von Waldbeständen wird die Naturverjüngung und bei der Bestands-

begründung die florengerechte Baumartenwahl bevorzugt. Darüber hinausgehend wird die Entwicklung von Naturwaldzellen gefördert.
Beschädigungen des Stadtwalds durch Zerschneidungen der Fläche und Flächenverluste werden ausgeglichen und in Zukunft verhindert.
Die Landwirtschaft leistet einen Beitrag zum Erhalt und zur Entwicklung der Freiflächen. Die Stadt wird in Zusammenarbeit mit der Landwirtschaft auf eine umweltverträgliche Nutzung der landwirtschaftlichen und gartenbaulichen Flächen hinwirken. Mit dem GrünGürtel ist ein Raum des Dialogs zwischen Stadt und Landwirtschaft gegeben. Mit landwirtschaftlichen Modellbetrieben kann hierfür ein Forum geschaffen werden. Die historischen Parkanlagen sollen in ihrem Bestand regeneriert und erhalten werden, um die komplexen Pflanzengemeinschaften und die dadurch beabsichtigte Gestalt auf Dauer zu bewahren.
Für die städtische Bevölkerung bedeutet der GrünGürtel die ökologische Erneuerung stadtnaher Natur: als Aufforderung und Beispiel für die ganzheitliche Gestaltung eines neuen Verhältnisses von Stadt und Landschaft im Modernisierungsprozess der gegenwärtigen Gesellschaft.

3. Sozialer Nutzen

Der GrünGürtel ist Raum alltäglicher Nutzung durch die Bewohnerinnen und Bewohner sowie die Beschäftigten von Frankfurt und der Region. Die vielfältigen sozialen, kulturellen und ökologischen Funktionen der Landschaft werden in ihrer Gesamtheit angenommen. Der Stadtwald ist geprägt durch die dichte Überlagerung von Schutz-, Erholungs- und Wirtschaftsfunktionen und spielt hierdurch eine für das Gemeinwohl bedeutsame Rolle. Für die Landwirtschaft im GrünGürtel gilt es, ein Entwicklungskonzept zu verfolgen, das die Integration der unterschiedlichen Funktionen in die landwirtschaftliche Nutzung sicherstellt. Der GrünGürtel macht in unmittelbarer Stadtnähe landwirtschaftliche Erzeugung erfahrbar – dies ist Teil seines Erholungswerts – und trägt nicht zuletzt mit lokalen Produkten zur Bereicherung der Versorgung Frankfurts bei.
Privat genutztes Gartenland erfüllt soziale Funktionen. Der GrünGürtel bildet einen Rahmen für eine offene und umweltverträgliche Bewirtschaftung im Sinne einer gärtnerischen Nutzung. Neuausweisungen von Gartenanlagen werden zukünftig unter Berücksichtigung der ökologischen Eignung des Standorts, des gesamtstädtischen Bedarfs aus den Belangen des GrünGürtels entwickelt.
Im GrünGürtel werden vielfältige, umweltverträgliche Betätigungsmöglichkeiten mit offenem Raum zur Eigeninitiative für alle Bevölkerungsgruppen nach ihren Lebensgewohnheiten eröffnet. Bewegung, Sport und Spiel im Freien leisten einen Beitrag zur Gesundheitsvorsorge. Bestehende Sportanlagen werden in ihrer Fläche und ihrer Funktionsfähigkeit für den Sport erhalten.
Grundsätzlich sollen die Flächen des Grün-Gürtels für alle zu jeder Zeit unentgeltlich zugänglich sein. Eingezäunte Flächen wie Kleingartenanlagen, Sportanlagen und dergleichen lassen sich durch Wege, die tagsüber offen sind, durchgängig machen. Der Anteil der eingezäunten Flächen im GrünGürtel soll langfristig verringert werden.
Für die verschiedenartigen Nutzungen werden jeweils spezifische soziale Infrastrukturen bereitgestellt, die umweltverträglich sind, aber auch gesellschaftlichen Anforderungen wie dem Gleichheits- und Freiheitspostulat Rechnung tragen.
Im GrünGürtel werden vielfältige Orientierungen angeboten, die den wechselnden Bedürfnissen der Nutzer entgegenkommen.
Der GrünGürtel ermöglicht gesellschaftliche Teilhabe an seinen Ressourcen. Der GrünGürtel ist ein mehrschichtiges Gebilde mit unterschiedlichen Dimensionen: Wahrnehmungsraum – Stimmungsraum –Handlungsraum.

4. Planungsgrundsätze

Die Planungen gehen davon aus, dass der GrünGürtel kein starres statisches Gebilde, sondern Gegenstand und Träger einer stetigen Entwicklung ist. Landschaften sind nicht starr, sondern in Bewegung, entwickeln und verändern sich.
Die Planungen ermöglichen und unterstützen die Erhaltung und Herstellung von Selbstorganisation und Partizipation der Nutzer. Der GrünGürtel fördert den Dialog zur Zukunft der Region. Angestrebt werden regelmäßige Konsultationen mit den angrenzenden Gemeinden, um – im gemeinsam verstandenen Interesse

für eine weitsichtige regionale Umweltgestaltung – die Verbindung des GrünGürtels mit den entsprechenden Freiflächen in der Region herzustellen und für die Zukunft zu sichern.
Entwicklungsziele von relevanten Institutionen und Trägern öffentlicher Belange sowie Fachplanungen werden durch die Zielfortschreibung der GrünGürtel-Verfassung geprüft und gegebenenfalls in seine Zielsetzung aufgenommen. Bereits laufende oder projektierte städtische Programme werden nach den in dieser Verfassung niedergelegten Prinzipien fortgeführt und ergänzt.
Sanierungs- und Neubaumaßnahmen sollen die Grenze zum GrünGürtel ökologisch und sozial verträglich, ressourcenschonend und behutsam gestalten. Der sinnlichen Erfahrbarkeit dieser Maßnahmen kommt im Rahmen der Vorbildfunktion besondere Bedeutung zu: An den Rändern des GrünGürtels wird der Übergang von der bebauten Stadt zum städtischen Landschaftsraum sichtbar und erlebbar.
Öffentliche Projekte, zum Beispiel Sportanlagen, übernehmen hierbei Leitfunktionen. Wo Sportflächen an besonders sensiblen Punkten des GrünGürtels liegen, wird eine Umgestaltung im Sinne der Durchlässigkeit und möglichst weitgehenden Entsiegelung bei Erhaltung der Funktionsfähigkeit der Anlage angestrebt.
Für die Fortentwicklung der übrigen Sportstätten im GrünGürtel gilt, dass zusätzliche Spielflächen die Durchlässigkeit nicht beeinträchtigen dürfen und sich auf die natürliche Landschaftsstruktur beziehen müssen. Erweiterungen und Neubauten von Funktionsgebäuden sollen durch eine entsprechende Neuordnung der Flächen zu einer geringeren Versiegelung der Gesamtanlage beitragen und die Anlage besser in Natur und Landschaft einpassen.
Die Nutzung alltäglicher Aufenthaltsorte im GrünGürtel wird im Sinne von Sicherheit und Erreichbarkeit mit dem ‚Verkehr der kleinen Mobilitäten' verbessert. Radiale und zirkuläre Fuß- und Radwege erschließen den gesamten GrünGürtel. Die Straßen im GrünGürtel werden als Alleen angelegt.
Verkehr und Erschließung im GrünGürtel werden umweltverträglich umgestaltet und dem Gelände angepasst. Barrieren werden beseitigt und die Fahrgeschwindigkeit beschränkt. Dies wird ebenso für überregionale Verkehrsstraßen angestrebt. Die Erschließung wird in das Netz der Stadtstraßen und des öffentlichen Personennahverkehrs mit der gleichen Sorgfalt, die den innerstädtischen Verkehrsmaßnahmen zukommt, eingebunden.
Die Planungen arbeiten die im GrünGürtel sichtbaren Brüche, Ränder und Übergänge in ihrer besonderen visuellen, sozialen und ökologischen Bedeutung heraus. Die Planungen sollen den Verdrängungs- und Anziehungsprozessen begegnen, die durch die Einrichtung des GrünGürtels sowohl außerhalb als auch in seinem Inneren ausgelöst werden.

Autorinnen, Autoren und der Fotograf

Mechthild Baukholt
Diplom-Ingenieurin Landespflege, 1955 in Hofheim/Ts. geboren. Hat alle Facetten des Planungsrechts in der Bauleitplanung kennengelernt und sich dann der Regionalparkplanung zugewandt. Herzensangelegenheit war die „Hohe Straße" von den ersten Entwürfen im Jahr 2000 bis zur Fertigstellung 2006. Lieblingsorte: Berger Hang, Schwanheimer Unterfeld und der Main.
✉ mechthild. baukholt@region-frankfurt.de

Rainer Berg
Diplom-Biologe, 1959 in Frankfurt geboren. Seit 1992 im Frankfurter Stadtwald für Öffentlichkeitsarbeit zuständig; seit 1995 Leiter des Informationszentrums StadtWaldHaus/Fasanerie; Lieblingsbeschäftigung im GrünGürtel: die Umweltbildung für Kinder, Jugendliche und Erwachsene. Lieblingsorte: StadtWaldHaus, Fasanerie, Rohsee und Stadtwaldweiher.
✉ rainer.berg@stadt-frankfurt.de

Jürgen Blum
Diplom-Biologe, 1966 in Frankfurt geboren. Nach ersten beruflichen Erfahrungen mit dem GrünGürtel und einem Ausflug in die Landwirtschaft seit 2002 bei „Umweltlernen" in Frankfurt mit Schülerinnen und Schülern tätig. Lieblingsorte: Niedwald und Heiligenstock.
✉ juergen.blum@stadt-frankfurt.de

Dirk Bönsel
Diplom-Geograf, geboren 1962 in Lauterbach/ Hessen. Botaniker in der Arbeitsgruppe Biotopkartierung der Stadt Frankfurt am Main, innerhalb der Abteilung Botanik und molekulare Evolutionsforschung im Forschungsinstitut Senckenberg. Lieblingsorte: Berger Südhang, Lohrberg, Heiligenstock, Rohsee, Clee'isches Wäldchen und Schwanheimer Düne.
✉ dboensel@senckenberg.de

Stefan Cop
Fotograf, geboren 1962 in Lörrach. Nach dem Fotografiestudium seit 1992 in Frankfurt als Werbefotograf tätig. Seit 2004 fotografiert und entdeckt er mit großer Leidenschaft den GrünGürtel. Lieblingsorte: Heiligenstock (wegen des schönen Abendlichts), Berger Südhang (wegen des weiten Blicks), Volkspark Niddatal (liegt direkt vor der Haustür und ist somit ideal zum Laufen, Nachdenken und für kleine Fluchten).
✉ stefancop@yahoo. de, www.stefancop.com

Onno Faller
Freie Ausstellungskuratorin, 1965 in Karlsruhe geboren. Entwickelt Ausstellungen, Pfade und Spiele insbesondere für Familien und Kinder. Seit 2008 arbeitet sie als Kuratorin im bioversum Kranichstein in Darmstadt, das sie selbst konzipiert hat. Lieblingsort: das Sichler Tretbecken im Kronberger Quellenpark.
✉ onno.faller@t-online.de

Barbara Fiselius
Diplom-Biologin, 1956 in Bad Säckingen im Schwarzwald geboren. Langjährige Tätigkeit im Naturschutz, besonderer Schwerpunkt: Streuobst. Lieblingsorte: MainÄppelHaus am Lohrberg und die Streuobstwiesen vom Berger Südhang.
✉ über www.MainAeppelHaus-Lohrberg.de

Christoph T. Herrmann
1978 in Stuttgart geboren. Studierte Architektur und Kulturphilosophie, arbeitete als Fotograf, gründete ein Softwareunternehmen zur ganzheitlichen Architekturgenese und erforscht urbanes Leben. Schließlich landete er in Berlin, campierte im GrünGürtel und versorgte 2009/2010 als Mitarbeiter des Projektbüros Friedrich von Borries die Projektgruppe GrünGürtel mit neuen Ideen und Visionen für die Fortentwicklung des GrünGürtels.
✉ cth@cityage.eu

Eva-Maria Hinrichs
Diplom-Ingenieurin Landespflege, geboren 1963 in Cloppenburg. Seit 1991 im Umweltamt der Stadt Frankfurt tätig, dort von Beginn an mit dem Schützen und Entwickeln des Frankfurter GrünGürtels befasst. Ihr Lieblingsthema ist die Landwirtschaft. Lieblingsorte: Heiligenstock, Alter Flugplatz und Schwanheimer Düne.
✉ eva-maria.hinrichs@ stadt-frankfurt.de

Klaus Hoppe
Diplom-Landschaftsplaner, geboren 1960 in Offenbach (!), Studium der Landschaftsplanung an der Gesamthochschule Kassel unter anderem bei Prof. Lucius Burckhardt. Seit1991 in Diensten der Stadt Frankfurt am Main, erst im Planungsamt, dann im Umweltamt als Leiter der Projektgruppe GrünGürtel und seit 2013 bei der Freien und Hansestadt Hamburg als Leiter von Landschaftsplanung und Stadtgrün. Lieblingsort: Alter Flugplatz

Simone Jacob
Landschaftsarchitektin, geboren 1975 in Aschaffenburg; Ausbildung zur Gärtnerin in Frankfurt und Studium der Landespflege in Geisenheim; lange im Planungsbüro tätig, seit 2013 im Frankfurter Grünflächenamt unter anderem für die Öffentlichkeitsarbeit zuständig. Lieblingsort: der Hafenpark.
✉ simone.jacob@stadt-frankfurt.de

Kochwerkstatt
Onno Faller und Dorothee Becker gründeten die „Kochwerkstatt Gesellschaft für Kochen als Kunstgattung" 2001 mit dem Ziel, das handwerkliche Kochen als Kulturerbe zu pflegen und es als künstlerisches Ausdrucksmittel zu fördern. Lieblingsort: unter der Tillylinde am Schwanheimer Fähranleger.
✉ www.kochwerkstatt.org

Klaus Konrad
Elektro-Ingenieur, geboren 1938 in Oranienburg. Seit 1959 in Frankfurt und der Natur verbunden, beim adfc ehrenamtlich tätig, wo er durch das Organisieren von Wanderungen und Radtouren den GrünGürtel kennenlernte. Lieblingsorte: Schwanheimer Wiesen, Rohsee und Schwanheimer Düne.
✉ kl_konrad@web.de

Heiko Kramer
Diplom-Biologe, 1955 in Bremen geboren. Quellenschützer bei der Naturschutzbehörde, Blümchensucher beim Forschungsinstitut Senckenberg, alles Mögliche bei der GrünGürtel GmbH. Nun bei der Stadtentwässerung einer derjenigen, die versuchen, aus dem Niddakanal wieder einen Fluss zu machen. Lieblingsbeschäftigung im GrünGürtel: mit dem Fahrrad den Heiligenstockweg ins Niddatal hinunter fahren.
✉ heikoxkramer@web.de.

Gerhild Kunz
Diplom-Geografin, geboren 1970 in Alpen/Niederrhein. Nach verschiedenen beruflichen Stationen zurückgekehrt in die Rhein-Main-Region, wo sie aufwuchs. Seit 2008 beim Regionalpark RheinMain im Bereich Öffentlichkeitsarbeit und Tourismus tätig. Lieblingsorte: Alter Flugplatz, Ich-Denkmal.
✉ Gerhild. Kunz@regionalpark-rheinmain.de

Andreas Malten
Diplom-Biologe, 1955 in Wesel am Rhein geboren. Kam 1972 zur Ausbildung nach Frankfurt und ist seitdem dort aktiv. Studium der Biologie, freiberuflicher Zoologe und Gutachter. Interessen: die Tierwelt Hessens, insbesondere Spinnen, Weberknechte, Laufkäfer, Reptilien, Amphibien. Koordinator der Arbeitsgruppe Biotopkartierung am Senckenberg Forschungsinstitut. Lieblingsorte: Schwanheimer Düne, Alter Flugplatz und Rohsee.
✉ amalten@senckenberg.de

Peter Mertens
Elektro-Ingenieur, geboren 1948 in Frankfurt-Höchst. Wohnt seit 1980 in Neu-Isenburg. Interessen: mit dem Fahrrad durch die Landschaft streifen, aber auch ab und an zu Fuß. Im adfc Frankfurt ehrenamtlich tätig. Hier organisiert er Touren und setzt sich für den Radverkehr in Frankfurt und Umgebung ein. Lieblingsorte: die Weiher im Stadtwald, Alter Flugplatz.
✉ mertensp.nib@t-online.de

Autorinnen, Autoren und der Fotograf

Albrecht Schaal
Landschaftsarchitekt, 1962 in Tübingen geboren. Von 1988 bis 1991 im Büro für Freiraumplanung Prof. Eberhard + Partner angestellt, dann bis 1997 im Umweltamt der Stadt Frankfurt (GrünGürtel Projekt), anschließend Geschäftsführer der Hessischen Landesgartenschau 2002 in Hanau. Selbständig seit 2004. Lieblingsort: Schwanheimer Wiesen.
✉ schaal@gruenhochdrei.de

Holger Scheel
Diplom-Ingenieur Forst, 1958 in Bielefeld geboren. Vom Teutoburger Wald über das Bergische Land und die Südeifel in den Frankfurter Stadtwald gekommen, dort seit 1991 Leiter der Revierförsterei Schwanheim. Bruno H. Schubert Preis 2010 mit der BUND-Waldkindergruppe „Die Frischlinge". Liebt Flatterulmen. Lieblingsort: das Altheeg.
✉ holger.scheel@stadt-frankfurt.de

Maren Schilling
Diplom-Ingenieurin Landespflege, geboren in Koblenz am Rhein. Aufgewachsen im Pfälzer Wald, nach Gärtnerlehre in Weihenstephan studiert. Seit 1988 im Planungsbüro des Frankfurter Grünflächenamts mit allen Themen des öffentlichen Grüns befasst. Von hier aus in die Projektgruppe GrünGürtel entsendet, zur Umsetzung von Planungs- und Bauprojekten, wie dem Alten Flugplatz, ihrem Lieblingsort.
✉ maren.schilling@stadt-frankfurt.de

Dr. Renate Rabenstein
Diplom-Biologin und Diplom-Pädagogin, geboren 1957 in Hanau. Berufliche und freiberufliche Tätigkeiten unter anderem am Senckenberg Forschungsinstitut; akkreditierte Lehrerfortbildungen für die Heraeus-Bildungsstiftung, Bruno H. Schubert-Preis 2010 mit der BUND-Waldkindergruppe „Die Frischlinge" in Frankfurt-Schwanheim. Lieblingsorte: Schwanheimer Wiesen und umgebender Wald mit Objekten der Komischen Kunst.
✉ renate.rabenstein@senckenberg.de

Philippe Tiedemann
Abiturient, 1992 in Hamburg geboren. Leistete 2010/2011 ein einjähriges freiwilliges Ökologisches Jahr im Umweltamt Frankfurt ab. Dort lernte er verschiedene Bereiche des Amtes und des GrünGürtels kennen. Lieblingsorte: Alter Flugplatz und Schwanheimer Unterfeld.
✉ phil-t@hotmail.de

Jutta Vahrson
Zivilisationswissenschaftlerin, Filmkritikerin, Autorin. Hessin seit 1962. Recherchen in Städten haben die Begeisterung für Urban Nature Writing und Reiseberichte befördert; Frankfurt sieht sie als Kosmos für Entdeckungswillige. Lieblingsorte: die Kaukasische Flügelnuss im Solmspark, das Oberräder Kräuterterritorium, die Berger Warte und jede Merkwürdigkeit, die sie finden kann.
✉ www.haiweiss.de & www.butterbrotbooks.de

Bertram Weisshaar
Diplom-Ingenieur Landschaftsplanung, geboren 1962 in Trossingen/Baden-Württemberg. Seit 1996 freiberuflich tätig als Künstler und Spaziergangsforscher in Deutschland und im europäischen Ausland. Lieblingsorte: die transitorischen Orte im GrünGürtel, an denen ablesbar wird, wie sich die Welt verändert.
✉ b.weisshaar@atelier-latent.de
www.atelier-latent.de und
www.spaziergangswissenschaft.de

Ingrid Wentzell
Diplom-Mineralogin, 1956 keine hundert Meter vom GrünGürtel entfernt geboren. Sie hat Altlasten saniert, die Lokale Agenda koordiniert und ist seit 2000 Mitarbeiterin in der Projektgruppe GrünGürtel im Frankfurter Umweltamt für die Öffentlichkeitsarbeit verantwortlich. Lieblingsorte: Alter Flugplatz und Schwanheimer Wiesen, denn diese liegen direkt vor ihrer Haustür.
✉ ingrid.wentzell@stadt-frankfurt.de.

Prof. Dr. Friedrich von Borries
Diplom-Architekt, 1974 in Berlin geboren. Ist Professor für Designtheorie und kuratorische Praxis an der Hochschule für Bildende Künste in Hamburg. 2008 war er Generalkommissar für den deutschen Beitrag auf der Architekturbiennale in Venedig. 2009/2010 entwickelte sein Büro im Auftrag des Umweltamts der Stadt Frankfurt am Main ein neues Leitbild für den GrünGürtel. Lieblingsort: die A661.
✉ kontakt@friedrichvonborries.de

Rainer Zimmermann
Diplom-Ingenieur Landespflege, 1955 in Stuttgart geboren. Nach vierjähriger Tätigkeit in einem Planungsbüro seit 1986 bei der Stadt Frankfurt am Main: die ersten 14 Jahre im Grünflächenamt, seit 2000 im Umweltamt; in beiden Ämtern war und ist er kontinuierlich mit der Vorbereitung und Entwicklung von Projekten im GrünGürtel beschäftigt. Lieblingsort: Heiligenstock.
✉ rainer. zimmermann@stadt-frankfurt.de

Prof. Dr. Georg Zizka
Diplom-Botaniker, 1955 in Frankfurt am Main geboren. Leiter der Abteilung Botanik und molekulare Evolutionsforschung am Senckenberg Forschungsinstitut und Universitätsprofessor am Institut für Ökologie, Evolution und Diversität der Goethe-Universität, Fachbereich Biowissenschaften. Projektleiter Biotopkartierung der Stadt Frankfurt am Main. Lieblingsorte: Rohsee, Berger Hang, Alter Flugplatz.
✉ georg.zizka@ senckenberg.de

Abbildungsnachweis

Fotografien

Die Fotografien sind von Stefan Cop; mit folgenden Ausnahmen

Mechthild Baukholt: S. 261
Heiko Bogun: S. 244
Michael Butterhof: S. 36
Bernd Ehlers: S. 260, 263 links, rechts
Daniel Herrmann: S. 118, 141
Infraserv GmbH & Co Höchst KG: S. 54,55
Institut für Stadtgeschichte Frankfurt am Main: S. 44
Simone Jacob: 23, 121
Regina Károlyi: S. 75 2. von oben
Klaus Koch: S. 73, 75 unten
Kochwerkstatt Gesellschaft für Kochen als Kunstgattung: S. 163 oben
Stefanie Kösling: 131
Dieter Ludwig: S. 75 4.von oben
Andreas Malten: S. 31, 75 1. und 3.von oben, 76
MainÄppelHaus Lohrberg Streuobstzentrum e. V.: S. 115
Hella Meinhardt: S. 196
Victoria-Noémi Nagy: S. 162
Naturschule Hessen: S. 14, 175
Edith Ochs: S. 172
Privatbesitz der Familie Heuser/Wentzell: S. 142 rechts
Projektbüro Friedrich von Borries: S. 137
Regionalpark Ballungsraum RheinMain GmbH: S. 245
Iris Rosebrock: S. 183
Manfred Sattler: S. 149 oben,
Albrecht Schaal: S. 95
Jessica Schäfer: S. 11, 18, 82, 143, 153 unten, 171 unten, 207, 254 rechts und links
Peter Schubert: S. 171 oben
Anita Sperling: S. 111
StadtWaldHaus: S. 47
Dr. Silke Steinecke: 147
Roland Szabo: S. 38, 79, 197, 198, 199 oben, Mitte, unten, 200
Tiefbauamt der Stadt Frankfurt am Main, Abt. Wasserbau. Aus den Beständen der Stadtentwässerung Frankfurt am Main: S. 173
Transparent Design Frankfurt: S. 151, 163 3., 4. und 5. von oben
Bertram Weisshaar: S. 163 3. von oben
Ingrid Wentzell: S. 40 links, 42, 43, 49 oben, 59, 70 unten, 72, 74, 77, 81, 117 oben, 119, 139 unten und oben, 155, 194 rechts, 201, 205, 219
Rainer Zimmermann: S. 156, 185

Karten

Kleine GrünGürtel-Übersichtskarte, Innenseite des Einbandes: Stadtvermessungsamt und Umweltamt der Stadt Frankfurt am Main

Tourenkarten
Umweltamt der Stadt Frankfurt am Main; mit folgenden Ausnahmen
Volkspark Niddatal, S. 193: Grünflächenamt der Stadt Frankfurt am Main, Grafikdesign Alice Meister
Regionalpark, S. 245: Regionalpark Ballungsraum RheinMain GmbH,
Hohe Straße, S. 261: Regionalverband Frankfurt RheinMain

GrünGürtel-Karte aus GrünGürtel-Verfassung, S. 273: Umweltamt der Stadt Frankfurt am Main, 14.11.1991

Spezialausgabe der GrünGürtel-Freizeitkarte, beigefügt
Kartengrundlage: Stadtvermessungsamt der Stadt Frankfurt am Main
Themen: Umweltamt der Stadt Frankfurt am Main

Zeichnungen und Grafiken

Frankfurter GrünGürtel-Tier: Robert Gernhardt
GrünGürtel-Tier-Zeichnungen: Philip Waechter
Höhenprofile: Daniel Nachtigal
Schild Landwirtschaft, S. 150 : Zubinski Gbr

Register
Orte

Register
Orte

Register
Personen

Register
Pflanzen & Tiere

Danke!

Ein Buch entwickelt sich doch schnell zu mehr Arbeit als vermutet. Glücklicherweise haben sehr viele Menschen geholfen, eine anfangs karge Idee mit Inhalten zu füllen. Bei ihnen allen bedanke ich mich sehr herzlich, denn ohne sie wäre dieser Führer durch den GrünGürtel nicht möglich gewesen!

Zum einen sind da die Autorinnen und Autoren der wunderbaren Texte: Mechthild Baukholt, Rainer Berg, Jürgen Blum, Dirk Bönsel, Onno Faller und Dorothee Becker, Barbara Fiselius, Christoph T. Herrmann und Friedrich von Borries, Eva-Maria Hinrichs, Klaus Hoppe, Simone Jacob, Klaus Konrad, Heiko Kramer, Gerhild Kunz, Andreas Malten, Peter Mertens, Albrecht Schaal, Holger Scheel, Maren Schilling, Renate Rabenstein, Philippe Tiedemann, Jutta Vahrson, Bertram Weisshaar, Rainer Zimmermann und Georg Zizka. Barbara Clemenz und Hans-Georg Dannert trugen Wissenswertes zum Kinderprogramm und Stadtklima bei, Peter Postleb Informationen zum Thema Müll. Bei den Korrekturen halfen Heiko Kramer und Holger Scheel sowie Nicole Altmann, Tina Baumann, Roman Brunner, Jürgen Burkert, Reinhard Divisch, Renate Friedrich, Eva-Maria Hinrichs, Klaus Hoppe, Andreas Knöffel, Fritz Küsters, Annerose Pfeffer, Axel Saamer, Anne Sievers, Björn Thomas, Hans Weitzel und Rainer Zimmerman.

Einige der beschriebenen Touren sind für das Buch neu entwickelt worden von: Jürgen Blum, Christoph T. Herrmann und Friedrich von Borries, Klaus Konrad, Peter Mertens, Philippe Tiedemann, Jutta Vahrson mit Manfred Sattler und Tapio Lindehaus, Rainer Zimmermann und von mir selbst. Diese und drei weitere Touren, die ebenfalls nicht ausgeschildert sind, hat der Neu-Frankfurter Philippe Tiedemann getestet.

Die 100 Top Tipps haben mit viel Elan die Autorinnen und Autoren, Stefan Cop, Ingolf Grabow und die Kolleginnen und Kollegen der Projektgruppe GrünGürtel (Klaus Hop-pe, Heike Appel, Rüdiger Cibis, Eva-Maria Hinrichs, Maren Schilling, Sylvia Krämer, Björn Thomas, Rainer Zimmermann) zusammengetragen.

Zum anderen gibt es die anschaulichen Karten, die aus den Händen von Andrea Schreiber-Karl, Dagmar Kurowski und Thomas Weidemann stammen. Weitere stellten der Regionalverband FrankfurtRheinMain (Hohe Straße), der Regionalpark Ballungsraum RheinMain (Regionalpark) und das Grafikbüro Alice Meister im Auftrag des Grünflächenamts der Stadt Frankfurt am Main (Volkspark Niddatal) zur Verfügung.

Reich bebildert ist das Buch vor allem mit Fotografien von Stefan Cop, aber auch zahlreiche weitere Fotografinnen und Fotografen haben Beiträge geleistet. Einige Menschen ließen sich freundlicherweise porträtieren: Andreas Damm, Thorsten Freitag, Uschi Frenzel-Erkert und Thomas Erkert, Jan Wehnert und Frank Robst, Armin Rupp, Susanne Schmidt und Hatiche und Ahmed Sümen.

Die Anregung zu der neuen Version von „Kreuz und Quer durch den Frankfurter GrünGürtel" kam vom CoCon-Verlag; Anna Vinçon, Joachim Schulmerich und der Verleger Daniel Nachtigal haben das Buch von Anfang an mit Schwung begleitet.
Für die frische Gestaltung sorgten Daniel und Manfred Nachtigal.

Ein herzliches Dankeschön geht an Klaus Wichert, den ehemaligen Leiter des Umweltamtes, und insbesondere an Klaus Hoppe, den ehemaligen Leiter der Projektgruppe GrünGürtel, der die Entstehung des Buchs immer mit Rat und Tat förderte.

Ganz herzlich bedanke ich mich bei meinem Mann Holger Scheel, der mich zusammen mit unserer Hündin Aspe auf vielen Touren durch den GrünGürtel begleitete und mir immer wieder hilfreich zur Seite stand.

Ingrid Wentzell

Die Landschaften des Frankfurter GrünGürtels

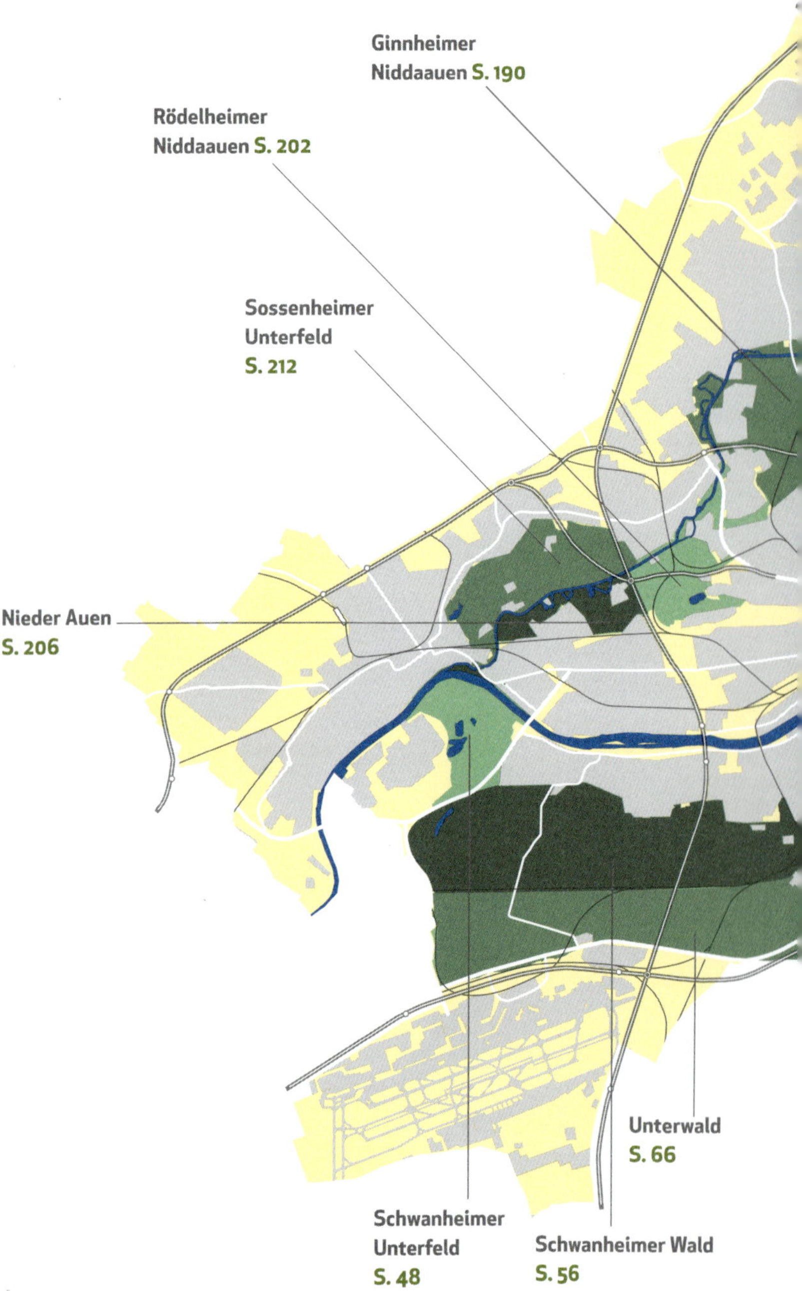